高职高专经济管理类创新教材

仓储与配送管理

王 艳主 编

程 丽 雍朝康 王二平 副主编

清華大学出版社

北 京

内 容 简 介

本书以物流仓储及配送从业人员应掌握的基本理论、实践技能和管理能力为主线，以物流企业仓储与配送运作及管理的实际案例为引导，结合职业教育教学改革的基本要求，注重理论联系实践。本书从物流仓储及配送的“知识+技能”的核心入手，每个教学项目按教学目标—思维导图—引导案例—知识学习—实践训练—巩固提升6个部分展开，知识与技能培养循序渐进，逐步夯实学习者的基本理论、实践技能以及管理能力。

本书共8个教学项目，以循序渐进地培养能力为导向确定项目顺序，依次为仓储概述、仓储商务作业、在库作业管理、流通加工与配送、仓储配送成本管理、仓储安全管理、仓储规划设计、现代仓储物流。

本书是《国家职业教育改革实施方案》中倡导使用的新型活页式、工作手册式教材，图文并茂、理实一体化设计，既可作为应用型本科院校、高等职业院校、中等职业学校的物流管理、采购与供应管理、快递运营管理、连锁经营管理、电子商务等财经商贸类相关专业的教学用书，也可作为企业在职人员参考、学习和培训用书，还可供从事物流相关工作的有关人员参考使用。

图书在版编目(CIP)数据

仓储与配送管理 / 王艳主编. —北京：清华大学出版社，2023.6
高职高专经济管理类创新教材
ISBN 978-7-302-63737-0

I. ①仓… II. ①王… III. ①仓库管理—高等职业教育—教材 ②物资配送—物流管理—高等职业教育—教材 IV. ①F253 ②F252.14

中国国家版本馆CIP数据核字(2023)第094972号

责任编辑：施　猛　张　敏
封面设计：常雪影
版式设计：孔祥峰
责任校对：马遥遥
责任印制：丛怀宇

出版发行：清华大学出版社
网　　址：http://www.tup.com.cn，http://www.wqbook.com
地　　址：北京清华大学学研大厦A座　　**邮　　编：**100084
社 总 机：010-83470000　　**邮　　购：**010-62786544
投稿与读者服务：010-62776969，c-service@tup.tsinghua.edu.cn
质 量 反 馈：010-62772015，zhiliang@tup.tsinghua.edu.cn
印 装 者：三河市铭诚印务有限公司
经　　销：全国新华书店
开　　本：185mm×260mm　　**印　　张：**17.25　　**字　　数：**453千字
版　　次：2023年6月第1版　　**印　　次：**2023年6月第1次印刷
定　　价：59.00元

产品编号：097869-01

前言

《国家职业教育改革实施方案》指出，坚持以习近平新时代中国特色社会主义思想为指导，把职业教育摆在教育改革创新和经济社会发展中更加突出的位置；改革开放以来，职业教育为我国经济社会发展提供了有力的人才和智力支撑。本书秉承立德树人的中心工作，贯彻党的二十大精神和习近平新时代中国特色社会主义思想，融入思政教育元素，将学习者的专业技能培训、素质素养教育、创新创业能力培养等融汇于教材。

本书是《国家职业教育改革实施方案》中倡导使用的新型活页式、工作手册式教材，全书图文并茂、理实一体化设计。本书融通“岗课赛证创”，将实际工作岗位、专业课程体系、职业技能大赛、职业技能等级证书、创新创业教育浸润其中，以物流仓储与配送岗位应具备的岗位职业能力为依据，遵循学习者的认知规律，紧密结合职业教育中物流仓储与配送相关知识和技能要求，同时，根据专业岗位人才培养理念，坚持校企合作共赢、责任共担的原则，合理规划项目及内容。按照仓储概述、仓储商务作业、在库作业管理、流通加工与配送、仓储配送成本管理、仓储安全管理、仓储规划设计、现代仓储物流等项目及任务安排设计教材内容，使学习者掌握仓储运作的基本操作要领和配送管理实务的基本流程。各项目又细化为若干学习子任务，以任务为单位组织教学实施，以教材配套资源、实践训练流程等为教材载体，按相关岗位职业标准要求完善教材，让学习者在掌握仓储与配送技能的同时，牵引相关专业知识与技能，使其在学习过程中加深对专业知识、技能的理解和应用，培养其综合职业能力，为其终身学习打下良好基础。

本书内容采用新型活页式教材样式编撰，打破传统教材的固定模式，在功能、内容、结构、形式、理念等方面均有创新性和前瞻性，主要体现为以下几个方面：在功能上，活页式教材强调使用者实践能力的培养，以单个任务为教学单元，以新的形式将任务贯穿始终，以实践和应用不断强化学生对理论知识的理解和基础知识的融汇，以学习者的实践能力培养为驱动，教学形式在不断新颖化；在内容上，融通“岗课赛证创”，突出以数字化形式驱动，提供多种形式的数字化全套教学资源包，如学习视频、知识检测题、实践训练任务、案例等，同时，教材内容与当前行业企业的岗位要求紧密衔接，在内容选择上充分考虑行业企业岗位实际需求、证书标准衔接，突出针对性与实用性；在结构上，充分展现新形态教材，包含教学目标、思维导图、引导案例、知识学习、实践训练、巩固提升等，各学校或单位可结合自身的资源平台状况、学习者学情、教学反馈等情况对内容进行灵活调整；在形式上，体例安排新颖灵活，主体教材内容可实时更新，实现与社会需求同步接轨，同时实践实训、知识检测、能力评价、巩固提升训练等环节可实现与主体形式相统一；在理念上，师生角色发生转变，教材以打造新形势下适应社会发展需要的高素质职业技能人才为导向，从教材的内容设计、教学方式重塑、教学角色转变等方面调整创新，以学习者为中心，以学习者的综合能力提升为目标，注重素质素养教育、创新创业能力培养与专业技能同步提升。

本书以物流仓储及配送从业人员应掌握的基本理论、实践技能和管理能力为主线，以物流企业仓储与配送运作及管理的实际案例为引导，结合职业教育教学改革的基本要求，注重理论联系实践，从物流仓储及配送的“知识+技能”的核心入手，每个教学项目按教学目标—思维导图—引导案例—知识学习—实践训练—巩固提升 6 个部分展开，知识与技能培养循序渐进，逐步夯实学习者的基本理论、实践技能以及管理能力。

本书由成都工贸职业技术学院(成都市技师学院)王艳担任主编并统稿，由重庆青年职业技术学院程丽、四川交通技师学院(四川交通运输职业学校)雍朝康、成都递易物流有限公司王二平担任副主编。具体编写分工如下：王艳负责项目 1 至项目 7 的文本编撰(除知识检测外)、项目 1 至项目 4 的学习视频录制；程丽负责项目 8 的文本编撰(除知识检测外)、项目 5 至项目 8 的学习视频录制；雍朝康负责项目 1 至项目 8 的知识检测题及参考答案编写；王二平负责对全部项目的实践内容进行把关和指导。

本书在编写过程中得到了成都递易物流有限公司的大力支持，以及物流行业、企业专家的倾力指导，同时参考了大量企业案例和其他学者的文献资料，编者在此一并表示感谢。

书中不妥之处在所难免，恳请同行和广大读者批评指正，以便修改完善。反馈邮箱：wkservice@vip.163.com。

王　艳

2023 年 5 月

目　录

项目1 仓储概述

教学目标

❖ 知识目标

1. 了解仓储及仓储管理的概念。
2. 理解仓储在物流和供应链中的角色和功能。
3. 掌握仓库的各种类型。
4. 熟悉仓库各类设施设备及其使用。
5. 了解仓储经营的概念及方法。

❖ 能力目标

1. 能够识别和划分各种类型的仓库。
2. 能够对仓储管理的目标进行简要分析。
3. 能够在仓储管理实践中灵活分析并遵循仓储管理的原则。
4. 能够在掌握仓储设备后合理地选择使用各类仓储设备。
5. 能够合理地运用仓储经营的方法。
6. 能够对已有的物流金融服务模式进行简要分析。

❖ 素质目标

1. 具有精益的物流服务的意识。
2. 具有良好的职业素养和学习能力，能够运用科学的方法和技巧领悟新知识和新技能。
3. 具有团队协作精神和能力，能够与组员协调分工并完成任务。
4. 具有独立分析问题、解决问题的能力，以及勇于创新、敬业乐业的工作作风。

❖ 思政目标

1. 具有深厚的爱国情怀和民族自豪感，树立精益物流服务的意识及科学发展观。
2. 具有敬业精神和工匠意识，意识到仓储设施设备及活动规范化操作的重要性。
3. 树立仓储规范经营的法律意识。

思维导图

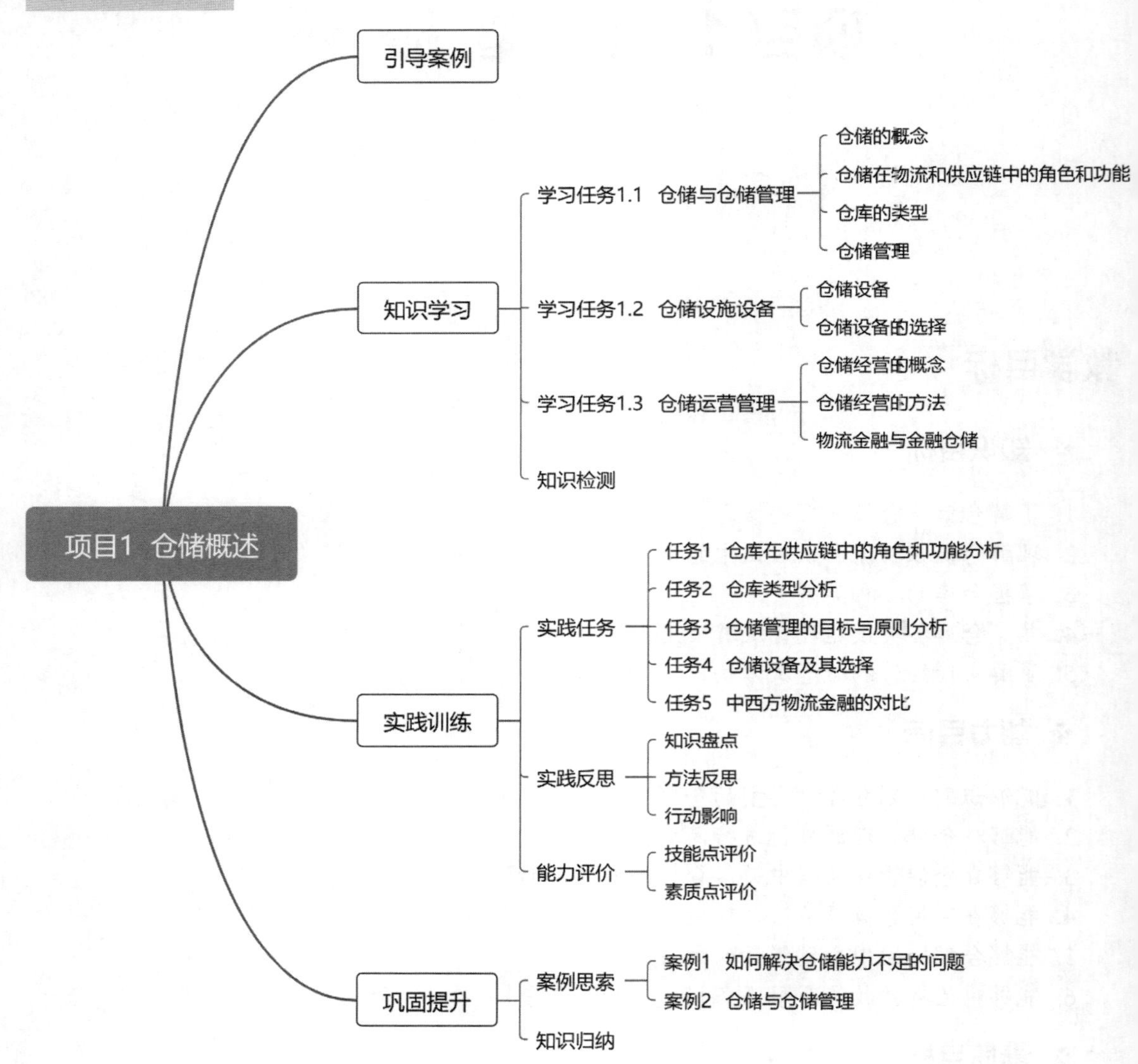

引导案例

张平从某职业学院物流专业毕业后，通过校园招聘会被缔义物流公司聘为仓储部实习生，实习期为 2 个月。在实习期间，张平要进行岗前培训和学习，实习考核合格方可被聘为正式员工。

张平在实习的第一天到人事处报到后就来到公司的培训部进行岗前业务培训。培训部的陈部长要求实习生完成以下任务：

(1) 描述仓储及仓储功能。

(2) 作为一名仓储业务人员，查阅资料了解仓储行业发展现状及发展趋势。

知识学习

学习任务 1.1 仓储与仓储管理

扫码观看学习视频

1.1.1 仓储的概念

国家标准《物流术语》(GB/T 12527—2020)对仓储的定义：仓储(warehousing)是利用仓库及相关设施设备进行货物的入库、存储、出库的作业。仓储是通过仓库对商品与物品的储存与保管。“仓”即仓库，为存放、保管、储存物品的建筑物和场地的总称，可以是房屋建筑、洞穴、大型容器或特定的场地等，具有存放和保护物品的功能。“储”即储存、储备，表示收存以备使用，具有收存、保管、交付使用的意思。

仓储是集中反映工厂物资活动状况的综合场所，是连接生产、供应、销售的中转站，对促进生产、提高效率起着重要的辅助作用。仓储是产品生产、流通过程中因订单前置或市场预测前置而使产品暂时存放的活动。同时，围绕着仓储实体活动，清晰准确的单据账目、报表，以及会计部门核算的准确信息也进行着，因此仓储是物流、单证流、信息流的合一。

传统仓储是指利用仓库对各类物资及其相关设施设备进行物品的入库、储存、出库的活动；现代仓储则是在传统仓储的基础上增加库内加工、包装、物品养护、分拣、配装、信息处理等环节的活动。

1.1.2 仓储在物流和供应链中的角色和功能

仓储是物流网络活动中的节点，出现在不同运输方式转换之间、采购与生产之间、生产与销售之间、批发与零售之间等。仓库的存在是物流各环节不均衡性的表现，仓储也正是解决这种不均衡性的手段。

1. 仓储在物流和供应链中的主要角色

1) 库存控制中心

仓储是物流与供应链中的库存控制中心，库存成本是供应链的主要成本之一。通常情况下库存成本约占物流总成本的三分之一。因此，仓储在供应链框架下降低供应链总成本的主要任务包括减少库存、管理库存、控制库存成本。

2) 增值服务中心

现代仓储是物流与供应链中的增值服务中心，它不仅提供传统的存储服务，还提供与制造业的延迟策略相关的后期客户服务、包装、组装、打码、贴唛、分装、切割等增值服务，以提高客户满意度，从而提高供应链上的服务水平。一般来说，物流与供应链中的绝大部分增值服务都发生在仓储活动过程中。

3) 调度中心

仓储是物流与供应链的调度中心，仓储直接与供应链的效率和反应速度相关。通常人们希望现代仓储系统处理物品的准确率能达到99%，并且能对特殊需求做出快速反应。“当日达”配送已经成为很多仓储物流的业务形式，实现仓库管理人员不断提高仓储服务的及时性、精确度、灵活性和对客户需求的反应程度等方面的目标。

4) 应用中心

仓储是现代物流技术与设备的主要应用中心，供应链一体化管理通过现代管理技术和科技手段的应用更多地体现在仓储中。质量管理、流程管理、逆向物流管理等手段进一步提高了仓储效率，促进了供应链运作一体化，而互联网技术、自动分拣技术、RFID(radio frequency identification，无线射频识别)技术、光导分拣技术、软件技术、虚拟仿真技术等科技手段和设备的应用，进一步加速了仓储效率的提高。

2. 仓储在物流和供应链中的功能

1) 货物保管

(1) 保护货物。仓储能保护货物的质量与数量，减少货物因存储而发生的变化，使其免遭虫害、日光、雨水、灰尘等的侵袭，保证货物处于适宜的温度、湿度环境等。

(2) 保障生产和销售。为保障货物在生产领域的加工顺利进行，需要预先备留一定的库存物资，这就形成了原材料仓储；在生产线上完成加工的货物，要及时下线进入产成品仓库储存保管，以保证准时交货及市场供应需求，这就形成产成品仓储；为保障流通领域中的销售顺利进行以及能及时满足客户的需求，需要储备一定量的货物，这就形成零售和批发仓储。

(3) 调节市场供求关系，维持市场稳定。仓储具有调节供求关系、维持市场稳定的功能。当供不应求时，企业将仓储货物投入市场；当供大于求时，则将货物暂时储存保管，待市场需求增加后再投放市场。

(4) 调节消费和生产时间差。采用仓库进行存货，通过调整季节性供需以平衡供求矛盾，从而取得时间效益。例如，夏瓜和冬枣存在季节性生产与全年性消费的矛盾，凉席和暖宝宝存在全年性生产与季节性消费的矛盾，这些现象就需要利用仓库储存来调节消费及生产的时间差，平衡消费和生产之间的矛盾。

2) 运输整合与衔接

仓储可以比作运输的“驿站”，货物在流通过程中需要与仓储紧密配合。运输衔接的功能集中体现在集货中心、转运中心、分拨中心、转载设施等。

(1) 运输整合。利用集货中心将多个供应商供应的货物整合起来，集成一票运输，其目的是充分利用运输工具的容积和承载量，获得运输的规模经济效益。

(2) 转运与分拣。利用分拣转运中心实现不同运输线路之间的货物中转与分拨。例如，在分拣转运中心根据货物的流向和交货时间进行配货、分拣以及打包等，再分别配载到不同的运输工具上，最后运往各个目的地。

(3) 集结客户订单。如果客户的购买量比较小，为了实现从供应地的批量运输，可通过建立基层仓库集结客户订单，通过将多个客户的小批量订单进行整合，从而取得运输的规模经济效益。

(4) 衔接干线运输与支线运输。利用区域分拨中心衔接干线运输和支线运输。干线整车运输取得运输规模经济效益，降低了物流成本；支线零担运输实现送货到家，提高了服务水平。

(5) 衔接不同运输方式。不同的货物在流通过程中需要采用的运输方式不同，这就需要利用仓库来衔接不同的运输方式，解决运力不平衡的矛盾。仓库作为转载设施，主要是实现不同运输工具之间货物的换装，从而衔接不同的运输方式。

3) 客户服务

提供客户服务的仓库主要承担售后仓库、货物组装配置、增值服务、配送服务等责任。

(1) 售后仓库。这类仓库能够进行市场调查、处理客户退换货申请、提供售后服务等。例如，家用电器制造商赋予销售地仓储中心进行商品使用维修及售后服务的职能等。

(2) 货物组装配置。这类仓库通过设备组装，改变货物的最终配置，满足客户的个性化要求。如汽车销售公司根据客户订单要求进行内部配件及装饰的组装等。

(3) 增值服务。流通加工中心能够为客户提供增值服务，例如提供商品的捆绑、组装、再包装、分割、贴标等服务。

(4)配送服务。通过配送来响应最终客户的订单，将货物直接送达客户手上。

1.1.3 仓库的类型

1. 按保管货物的种类和数量分类

1) 专业仓

专业仓是指用于存放某一种或某一类货物的仓库。

2) 综合仓

综合仓是指用于存放多种不同属性货物的仓库。

2. 按仓库所处的领域分类

1) 流通领域仓库

流通领域仓库是指除了具有保管功能外，具有面对厂商而集中客户需求实行流通加工、配送等功能的仓库。流通领域仓库的特征是货物的保管期较短、货物的出入库频率高、出入库量较大。

2) 生产领域仓库

生产领域仓库是指生产企业的原材料、半成品、在制品和产成品的仓库。

3. 按仓库保管条件分类

1) 普通仓库

普通仓库是指用于存放无特殊保管要求及条件的货物的仓库。

2) 特种仓库

特种仓库是指用于存放易燃、易爆、有毒、有辐射性、有腐蚀性等的特殊货物的仓库。

3) 气调仓库

气调仓库是指用于存放对库内氧气和二氧化碳浓度有要求的货物的仓库。

4) 保温、冷藏、恒湿恒温库

保温、冷藏、恒湿恒温库是指用于存放对环境的温度和湿度有要求的货物的仓库。

读一读：二氧化碳气调仓库用于存储大米

大米传统保管仓库主要靠自然通风，但效果不理想，主要表现为保存时间不够长、存储的大米营养成分和口味容易发生变化，2～3年后便成为陈粮。二氧化碳气调仓库是在密闭的仓库内注入浓度达20%的二氧化碳，以此起到抑制虫害和霉菌的作用，长时间保留大米的营养价值，还不影响食用口感。

4. 根据所有权形式分类

1) 公共仓库

公共仓库是指由某个企业投资建立、独立运营、面向社会提供货物储存服务，并收取租赁费用的仓库。租用公共仓库的优劣势如表1-1所示。

表 1-1 租用公共仓库的优劣势

优劣势	具体表现	特点
优势	可根据淡旺季对仓储空间需求进行灵活调整仓库容量；仓库租赁客户可共享公共仓储的规模经济效益，降低自身的仓储成本和运输成本；当运输方式、供应链条发生变化或企业财务状况发生变化时，允许客户通过轻易地改变仓库的数量和位置来适应变化；可减轻企业投资压力	灵活性、可扩展性、规模经济效益
劣势	增加企业控制仓储活动及库存的难度；在公共仓库里，有时不能得到个性化的服务，如客户需要更严格的温湿度调节服务等要求可能无法实现	

基于公共仓库的特点，公共仓库越来越受到企业的欢迎，并且现在许多公共仓库可根据客户要求设计和提供特定的存储服务。

读一读：仓库代管业务

某云仓物流公司位于上海市嘉定区，公司专注于仓库代管业务，定位为仓储物流管理业务，凭借专业的仓库物流管理人才，为客户提供货物的仓储、物流跟踪、分拣、包装、发货、盘点、客户反馈等服务，为客户节省了大量的仓储与人力成本。此外，公司还为客户提供实时仓储信息服务，方便客户对仓储状态实时掌握，以信息化技术提升配送环节的客户满意度，同时提升客户存储货物的品牌价值。

2) 自有仓库

自有仓库是指贸易公司、生产企业等自投资金组建，由自己进行管理，为自身提供存储服务的仓库。自有仓库的优劣势如表 1-2 所示。

表 1-2 自有仓库的优劣势

优劣势	具体表现	适用条件
优势	企业具有更高程度的控制权；仓储的经营策略和作业流程可以根据客户需求和货物属性进行灵活的调整，能够提升企业形象	企业资金实力雄厚，希望拥有更多的仓储控制权；货物属性特殊，对仓储环境要求专用性强；仓储作业专业化程度高，库存周转量大，需求较为稳定
劣势	仓库容量是固定的，不能随着企业需求的增加或减少而及时扩大或缩小；仓库的位置和结构存在局限性，不能随着供应链结构的变化而及时变化；仓库的建设前期投入大，企业有资金压力	

读一读：京东物流速度为何如此快

京东物流为何能够同时处理全国如此多的订单，还能够以最快的速度把包裹送到客户手中呢？

如果我们了解京东的“亚洲一号”，就可以得到答案。京东于 2007 年开始建设并经营自有的物流仓储体系，2013 年在上海市嘉定区筹建“亚洲一号”物流中心，2014 年 10 月一期竣工并正式投入使用。该物流中心是京东首个全流程无人仓(见图 1-1)，通过在仓库内应用智能储存、分拣设备和智能仓库管理系统，实现高密度储存、快速拣货、自动补货、多重复核等目的，产能可达百万级。在上海的“亚洲一号”物流中心投入使用后，京东又在广州、武汉、成都等地建设了多座“亚洲一号”，实现对全国物流服务的覆盖。

图1-1 物流中心全流程无人仓

3) 合同仓库

合同仓库是一种契约模式的仓库，运营方式为客户将仓储业务外包给公共仓库，在一定时期内，按照一定的合同约束，由公共仓库为客户提供定制化的仓储服务。合同仓库是公共仓库定制化的延伸，许多第三方物流公司都提供这种定制化的仓储服务。

合同仓库兼有公共仓库和自有仓库之间，既可有公共仓库的灵活性，又可通过协议实现个性化服务需求，此类仓库通过为企业提供“量身定制”的流程设计与仓储服务，增强企业对库存或配送管理的控制能力。同时因为合同仓库的固定资产投入较少，所以其对库存周转量的要求也较低。

读一读：手机备件库业务外包

SM 手机制造厂商为了改善售后服务，计划在华北地区设立手机备件库，以提高对售后维修站订单的响应速度。经过分析，该手机制造厂商计划将售后备件仓储与配送物流业务外包给 DY 物流公司。DY 是一家第三方物流公司，拥有 8000 平方米的仓库和优秀的仓储管理团队。

根据 SM 手机制造厂商的要求，DY 物流公司将 8000 平方米的仓库划分为 10 个存储区，由 SM 手机制造厂商指定每一种备件存放的仓储位置。仓库存储区的地面、存放环境均按照 SM 手机制造厂商的要求进行改造，以使防静电、防尘、温湿度控制等要求达标。SM 手机制造厂商提出的关键绩效指标中包含拣货准确率、库存准确率、及时配送率、丢失破损率等。

5. 按库房建筑结构分类

1) 简易仓库

简易仓库是一种构造简单、造价低廉、在仓库存储不足而又不能及时建库的情况下采用的临时代用仓库，如固定或活动的简易货棚等，如图 1-2 所示。

图 1-2 简易仓库

2) 平房仓库

平房仓库通常是指只有一层楼的仓库。平房仓库结构简单，建造费用低，有效高度一般不超过 6m，被广泛采用，如图 1-3 所示。

图 1-3 平房仓库

3) 楼房仓库

楼房仓库是指两层及两层以上，楼层间物料移动主要依靠坡道或者垂直运输机械的仓库。楼房仓库可以减少土地占用面积，但其建造成本较高。楼房仓库如图 1-4 所示。

图 1-4 楼房仓库

4) 罐式仓库

罐式仓库通常呈球形或柱形，主要用来储存石油、天然气和液体化工品等，如图 1-5 所示。

图 1-5 罐式仓库

6. 按仓库建筑形式分类

1) 封闭式仓库

封闭式仓库俗称“库房”，其特点是封闭性好，适宜存放对保管条件要求比较高的货物。封闭式仓库如图 1-6 所示。

图 1-6 封闭式仓库

2) 半封闭式仓库

半封闭式仓库俗称“货棚”，如图 1-7 所示。半封闭式仓库的保管效果逊于封闭式仓库，但出入库作业比较方便，建造成本较低，适宜存放对温度、湿度要求不高且出入库频繁的货物。

图 1-7 半封闭式仓库

3) 露天式仓库

露天式仓库俗称“货场”，如图 1-8 所示。露天式仓库的装卸作业极其方便，适宜存放较大型的货物。

图 1-8 露天式仓库

7. 按库内货物存放形态分类

1) 地面型仓库

地面型仓库又称“平库”，一般指单层地面库，多使用非货架型的保管设备，适用于存期短、周转频率高的货物储存。地面型仓库如图 1-9 所示。

图 1-9 地面型仓库

2) 货架型仓库

货架型仓库又称“立库”，是指用货架保管货物的仓库。相对于地面型仓库，货架型仓库可以提高仓库的空间利用率，但会增加货物存取成本。货架型仓库如图 1-10 所示。

图 1-10 货架型仓库

3) 自动化立体仓库

自动化立体仓库是一种采用高层货架存放货物、以巷道堆垛起重机为主、结合入库出库周边设备进行作业的仓库。自动化立体仓库造价较高。自动化立体仓库如图 1-11 所示。

图 1-11 自动化立体仓库

8. 按仓库功能分类

1) 转运中心

转运中心承担着货物在不同运输方式间或同种运输方式间的联合(接力)运输的责任，货物在转运中心进行装卸中转、集散与配载。转运中心的运作模式如图 1-12 所示。

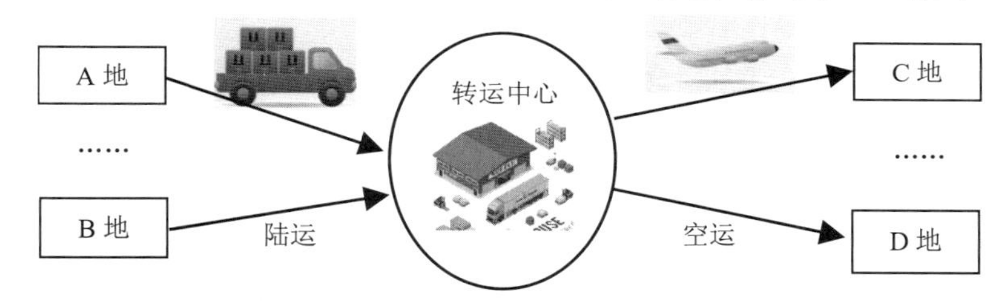

图 1-12 转运中心的运作模式

2) 集货中心

将零星货物集中成批量货物称为“集货”。集货中心设在生产点数量很多、每个生产点产量有限的地区，具有运输整合作用。集货中心的运作模式如图 1-13 所示。

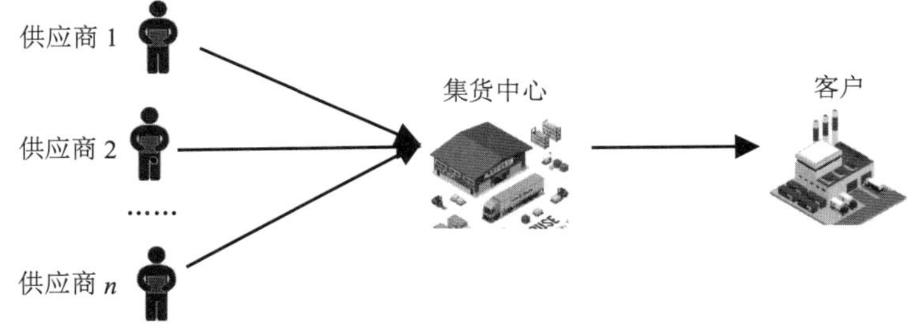

图 1-13 集货中心的运作模式

3) 加工中心

加工中心的主要工作是进行流通加工。设置在供应地的加工中心主要进行以方便物流运输为主要目的的加工，设置在消费地的加工中心主要进行便于销售、强化服务、满足客户个性化需求的加工。加工中心的运作模式如图 1-14 所示。

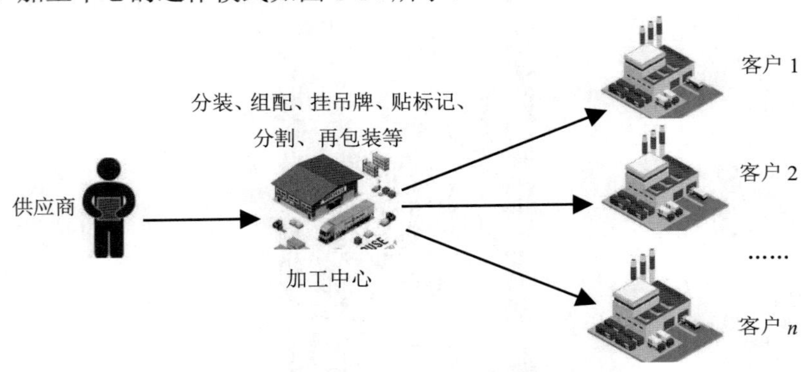

图 1-14 加工中心的运作模式

4) 分货中心

将大批量运到的货物分成批量较小的货物称为“分货”。分货中心是从事分货工作的物流节点，能够降低企业的运输费用。上游企业可以采用大规模整车运输的方式将货物运到分货中心，然后按下游企业生产或销售的需要进行分装。分货中心的运作模式如图 1-15 所示。

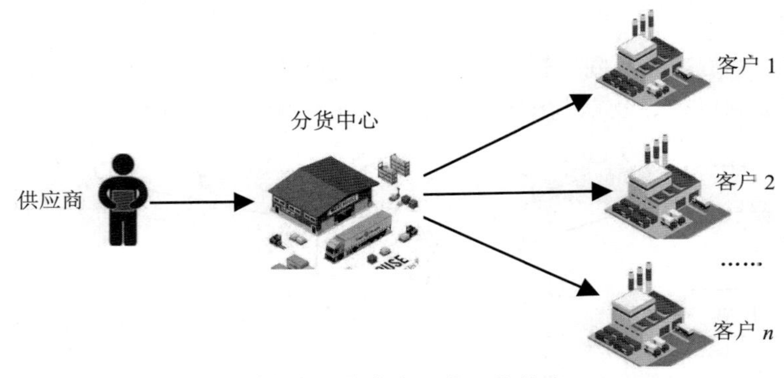

图 1-15 分货中心的运作模式

5) 物流中心

物流中心是从事物流活动的场所或组织。物流中心面向社会提供物流服务，覆盖范围大，以少品种、大批量配送为主，且存储、吞吐能力强。

6) 配送中心

配送中心是从事配送业务的物流场所或组织。配送中心面向特定的用户提供服务，覆盖范围小，以多品种、小批量配送为主，储存为辅。

1.1.4 仓储管理

1. 仓储管理的概念

仓储管理(inventory management)是指对仓储设施布局和设计以及仓储作业所进行的计划、组织、协调与控制。

仓储的核心价值是保证在合适的时间、合适的地点有合适的货物，为企业创造时间效益和空间效益。但仓储也是成本中心之一，仓储管理的根本目标是在不断满足客户需求的同时尽可能降低仓储成本，这就要求对仓储活动进行科学的计划、组织、协调与控制。

2. 仓储日常管理

仓储日常管理包括仓库安全管理和作业现场管理。

仓库安全是保障仓库生产作业顺利开展、仓储企业获得经济效益的前提。仓库安全管理包括仓储设施设备安全管理、作业人员安全管理、仓库安全保卫与消防管理。作业现场管理是指对作业现场实施7S(即整理、整顿、清扫、清洁、素养、安全、节约)管理。

3. 客户对仓储服务的要求

客户对仓储服务的要求可归纳为两个方面：一方面是时间的要求，如要求收货发货及时，以提高周转效率和提升客户体验感；另一方面是作业精确度的要求，如要求准确收发货物，提供存货信息及时、准确等。

4. 仓储管理的目标

现代物流企业仓储管理需要掌握仓储管理的科学方法才能更好地实现以下7个目标，如表1-3所示。

表1-3 仓储管理的目标

序号	仓储管理的目标	目标诠释
1	交付的货物正确	交付给客户的货物是客户需要的，企业要通过仓储管理尽量做到发货无误
2	交付的数量正确	交付给客户的货物数量正确，不多发货或少发货
3	交货的地点正确	将货物准确地送到客户指定的收货点，如生产线、店铺或者售后维修站等
4	交货的时间正确	按客户要求的时间准时交货，不提前，不延误
5	物流费用要合适	通过仓储管理，控制物流费用，降低物流成本
6	提供良好的服务	仓库是服务机构，仓储管理要以客户为中心，注重客户体验
7	保证良好的质量	良好的质量表现在货物的保管质量、装卸作业质量、盘点质量、日常报表和登账是否准确及时等。对于仓储机构来说，保证货物质量稳定是关键

5. 仓储管理的基本原则

1) 安全原则

仓储活动中不安全因素有很多，如货物的易燃易爆性、串味、腐蚀性等，以及设备违规操作带来的危险性等。因此，仓储管理要加强安全教育，制定安全制度，贯彻执行“安全第一、预防为主”的安全生产方针。

2) 效率原则

有效率才会有效益。仓储的效率体现在仓容利用率、破损率、收发货效率、货物周转率等方面。

3) 效益原则

追求利润最大化是任何经营管理活动的目的，仓储也不例外。

4) 质量原则

仓储活动中的各项作业都必须有质量标准，并严格按照标准作业。

5) 服务原则

仓储活动本身就是向社会提供服务。仓储管理要以客户为中心，研究如何提供服务、改善服务、提高服务质量，同时还要注意平衡服务水平与服务成本之间的关系。

扫码观看学习视频

学习任务 1.2　仓储设施设备

想一想：2022 年 9 月 1 日，李文所在的新立物流有限公司与万金油商贸有限公司签订了仓储合同。新立物流有限公司承诺为万金油商贸有限公司提供一个专业库房用于储存电器产品。目前库房已修建完毕，建筑面积为 4500 平方米，需要购置必需的仓储设施设备。李文考虑的问题有：

(1) 仓库常用设备有哪些？这些设备的用途是什么？

(2) 新立物流有限公司应该为新仓库选择和准备哪些基础设施设备才能开展正常的仓储业务呢？

1.2.1　仓储设备

1. 货架

1) 货架定义

货架(goods shelf)是指用立柱、隔板或横梁等组成的立体储存物品的设施。

利用货架存储货物的好处有以下几个：充分利用仓库的立体空间，提高仓储空间利用率，扩大仓库储存能力；货物存储在货架上可完整保证货物本身的性能，减少货物损失；货架上的货物存取方便，便于清点计量和按先进先出的原则出入库。

2) 货架的分类

货架的种类较多，常见的分类方法如下所述。

(1) 按货架的承载能力分类。

货架按承载能力可分为轻型货架、中型货架和重型货架。

轻型货架是指每层货架的承载能力在 150 千克以下的货架。

中型货架是指每层货架的承载能力在 150～500 千克的货架。

重型货架是指每层货架的承载能力在 500 千克以上的货架。

做一做：在某品牌化妆品储存专区，防晒霜以箱为单位存放在层格式货架上，包装单位为 32 件/箱，质量为 12 千克/箱，假设一排货架有 4 层，每层码 18 箱，试计算：

(1) 货架每层承重为多少千克？

(2) 一排货架存储量为多少箱？

(3) 已知防晒霜最高库存量为 270 箱，应该设计几排货架存放防晒霜？

(2) 按货架的高度分类。

货架按高度可分为低层货架、中层货架和高层货架。

低层货架是指高度在 5 米以下的货架。

中层货架是指高度在 5～15 米的货架。

高层货架是指高度在 15 米以上的货架。

(3) 按结构特点和用途分类。

货架按结构特点和用途可分为托盘式货架、重力式货架、阁楼式货架、悬臂式货架、贯通式货架、移动式货架和流利式货架。

① 托盘式货架是指专门用于存放堆码在托盘上货物的货架。托盘式货架(见图 1-16)多采用杆件组合，不但安装拆卸容易，而且层高可调节，存取方便，费用较经济，适用于多种物料的存储。

图 1-16 托盘式货架

做一做： 在某品牌护肤品存储区，保湿露以托盘方式存储，已知包装单位为 16 件/箱，质量为 14 千克/箱，每层码 8 箱，每托盘码 5 层，假设货架每层可存放 5 个托盘，试计算：

(1) 每托盘码放箱数和每托盘质量最大为多少？

(2) 托盘货架每层载重应设计为多少？

② 重力式货架，又叫自重力货架，是由托盘货架演变而来的，货架横梁上安装滚筒式轨道，轨道成 3°～5°倾斜，后高前低的货架(见图 1-17)。在重力式货架上，使用叉车将托盘货物放到货架进货口，利用自重，托盘从进口自动滑行至另一端的取货口，能实现先进先出的存储方式。

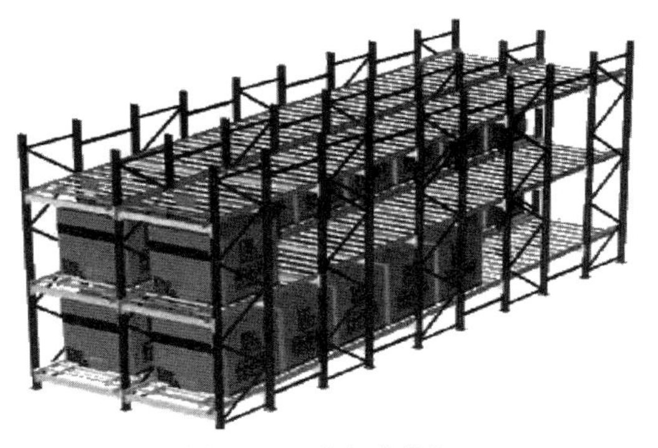

图 1-17 重力式货架

重力式货架中组与组之间没有作业通道，可增加60%的空间利用率；可保证货物先进先出；货架的深度和层数可按需要确定；适用于以托盘为载体、少品种大批量同类货物的存储。

想一想：成都某仓储中心食品仓库存放从生产线送来的食品成品，现面向区域经销商做B2B配送，货物以整托盘方式存储和配送，每次进出货量大，品种较单一，存取商品有先进先出要求。请为该仓库选择一种高密度货架。

____

____

③ 阁楼式货架，即在已有的工作场地或货架上利用钢架和楼板将空间隔为两层或三层，下层货架结构支撑上层楼板，配楼梯、扶手和物品提升电梯等，如图1-18所示。阁楼式货架能提高空间利用率，通常上层适用于存放电子器材、机械零配件等轻量物品，不适合重型搬运设备运行，上层物品搬运需配合升降机等垂直输送设备。

图1-18　阁楼式货架

读一读：四川某物流配送中心药品仓库存储区天花板高度为10米，分货作业区只需要5米的高度。因此在仓库中设立两层阁楼式货架，一层用作出入库频率高的A类货物分货作业，二层用作出入库频率较低的B、C类货物分货作业。两层的货物由箱式连续式垂直升降机传送。

④ 悬臂式货架，是由在立柱上装设单侧或双侧悬臂而成的存储设备，如图1-19所示。悬臂式货架一般适合于存储长形物料、环形物料、板材和不规则物料。悬臂式货架适合空间小、高度低的库房。

图1-19　悬臂式货架

⑤ 贯通式货架，将所有货架合并在一起，使同一层、同一列的货物相互贯通，托盘搁置于货架的水平突出构件上，叉车可直接进入货架每列存货通道作业，如图1-20所示。贯通式货架能大幅度提高空间利用率，适用于储存少品种大批量同类型货物，货物可从同一侧存入取出，

也可从一侧存入另一侧取出。

图 1-20 贯通式货架

⑥ 移动式货架，是指可在轨道上移动的货架，如图 1-21 所示。移动式货架能提高仓库面积的利用率，适用于库存品种多、出入库频率较低的仓库。

图 1-21 移动式货架

⑦ 流利式货架，即将货物置于滚轮上，利用一边通道存货，另一边通道取货，通道有约 5°的倾斜角，货物在重力作用下自动向前滑移的货架(见图 1-22)。流利式货架的低端为出货端，高端为入货端。流利式货架可实现货物先进先出，并实现一次补货、多次拣货，存储效率高。

图 1-22 流利式货架

2. 托盘

1) 托盘的定义

托盘(pallet)是指在运输、搬运和存储过程中，将物品规整为物品单元时，作为承载面并包括承载面上辅助结构件的装置。

采用托盘进行装卸搬运的作用有以下几个：便于机械操作，既减少货物堆码次数，又减小劳动强度，提高装卸效率；以托盘为单位保管的商品，单位件数变少、质量变大，且每个托盘所装数量相等，便于点数和理货交接，可减少货损货差，能更有效地保护商品。

2) 托盘尺寸

托盘尺寸直接影响托盘与其他物流设备的协调配合性，应与货车车厢尺寸、叉车货叉尺寸、站台设施大小等匹配。

国际上常用的托盘尺寸如表 1-4 所示。

表 1-4 国际托盘尺寸

托盘种类	托盘尺寸	应用地区
长方形托盘	1200mm × 800mm	欧洲
长方形托盘	1200mm × 1000mm	加拿大、墨西哥、欧洲局部地区
正方形托盘	1100mm × 1100mm	日本、韩国
正方形托盘	1140mm × 1140mm	欧洲，以及亚洲日本、韩国
正方形托盘	1067mm × 1067mm	澳大利亚

在我国，托盘规格主要有 800mm×1000mm、800mm×1200mm、1000mm×1200mm 三种。

做一做：已知沙宣定型喷雾剂集装箱单位为 36 件/箱，箱子尺寸为 380mm × 278mm × 174mm，托盘尺寸为 1200mm × 800mm，请问一个托盘可以码放多少箱沙宣定型喷雾剂？托盘设计载重应为多少？

____

____

3) 常见的托盘类型

(1) 按托盘材料分类。

托盘按材料可分为塑料托盘(见图 1-23)、金属托盘(见图 1-24)、木质托盘(见图 1-25)、纸质托盘等(见图 1-26)。

图 1-23 塑料托盘

图 1-24 金属托盘

图 1-25 木质托盘

图 1-26 纸质托盘

想一想：以上4种材质的托盘的优缺点各是什么？

____

____

(2) 按托盘结构分类。

托盘按结构可分为平托盘(见图 1-27)、柱式托盘(见图 1-28)、箱式托盘(见图 1-29)、轮式托盘(见图 1-30)和特种专用托盘，如油桶专用托盘(见图 1-31)。

图 1-27 平托盘

图 1-28 柱式托盘

图 1-29 箱式托盘

图 1-30 轮式托盘

图 1-31 油桶专用托盘

3. 装卸搬运设备

1) 叉车

叉车是指有各种叉具、能够对物品进行升降和移动以及具有装卸作用的搬运车辆。叉车是应用较广泛的一种仓储装卸搬运设备。叉车在配备各类取货装置如货叉、铲斗、臂架、吊杆、货夹等叉车属具的条件下，可一机多用，适应各种形状和大小货物的装卸作业。采用叉车进行装卸搬运，能提高堆垛高度，充分利用仓库空间，同时叉车的成本低、投资少，能获得较好的经济效益。

按动力装置不同，叉车可分为内燃叉车(见图 1-32)和电瓶叉车(见图 1-33)。

图 1-32 内燃叉车

图 1-33 电瓶叉车

按结构和功能不同，叉车可分为平衡重式叉车(见图 1-34)、插腿式叉车(见图 1-35)、前移式叉车(见图 1-36)、侧面式叉车(见图 1-37)等。

图 1-34 平衡重式叉车

图 1-35 插腿式叉车

图 1-36 前移式叉车

图 1-37 侧面式叉车

2) 手动液压叉车

手动液压叉车俗称“地牛”，是指有两个货叉状的插腿，可插入托盘底部，插腿前端有两个小直径行走轮的搬运车，如图1-38所示。手动液压叉车广泛用于仓库、码头、商店等场合。

3) 自动导引搬运车

自动导引搬运车也称为自动导引车(automatic guided vehicle，AGV)，是具有自动引导装置，能够沿设定路径行驶，车体上具有编程和停车选择装置、安全保护装置以及各种物品移载功能的搬运车辆，如图1-39所示。

图1-38 手动液压叉车

图1-39 自动导引搬运车

4) 液压堆高车

液压堆高车是指通过手摇或脚踩的方式达到升降作用的简易式叉车，如图1-40所示。液压堆高车适用于工厂、车间、仓库、车站、码头等处的货物搬运和堆垛。

5) 手推车

手推车是指以人力为主，在地面上水平运输物料的搬运车，如图1-41所示。它轻巧灵活，是短距离搬运较小物品的搬运工具，无提升能力，承载能力在500千克以下。

图1-40 液压堆高车

图1-41 手推车

4. 输送设备

输送设备是以连续的方式沿着一定的线路从装货点到卸货点均匀输送散料或成件包装货物的机械设备，主要用于入库作业和出库作业。常见的输送机有带式输送机(见图1-42)、链式输送机(见图1-43)、辊道式输送机(见图1-44)。

图 1-42 带式输送机

图 1-43 链式输送机

图 1-44 辊道式输送机

5. 起重设备

起重设备是用来垂直升降货物或兼做货物水平位移的机械设备，如起重机。起重机可满足货物的装卸、转载等作业要求，主要适用于装卸大件笨重货物，借助于各种吊索具也可用于装卸其他货物，如图 1-45 所示。

图 1-45 起重机

1.2.2 仓储设备的选择

1. 仓储设备选择的原则

(1) 适用性原则。

(2) 先进性原则。

(3) 最小成本原则。

(4) 可靠性和安全性原则。

2. 仓储货架的选择

选择货架要充分考虑仓库的性质、货物的储放需求、货物储放的经济性与安全性等因素。各类货架适用储存货物的具体描述如表1-5所示。

表1-5 各类货架适用储存货物描述

货架类型	适用储存的货物
托盘式货架	适用于存放整托盘货物
重力式货架	货架的深度和层数可按需要确定，适用于以托盘为载体、少品种大批量的同类货物
阁楼式货架	可有效利用空间，适用于存放轻量货物
悬臂式货架	适用于长条状或长卷状货物
贯通式货架	适用于量多样少货物，不适合太长或太重的货物
移动式货架	能充分利用通道空间，适用于库存品种多、出入库频率较低的仓库
流利式货架	适用于小件货物储存，方便存取，可实现一次补货，多次拣货

3. 装卸搬运设备的选择

1) 选择原则

(1) 根据作业量进行选择。作业量大时，选择作业能力较高的大型专用设备；作业量小时，选择构造简单、成本低廉又能保持相当生产能力的中小型通用设备。

(2) 根据搬运距离进行选择。长距离搬运一般选用牵引车和挂车等装卸搬运设备，较短距离搬运可选用叉车、跨运车等装卸搬运设备，短距离搬运可选用手推车等装卸搬运设备。为了提高设备的利用率，应当结合设备种类和特点，使行车、货运、装卸、搬运等工作密切配合。

(3) 根据货物种类、性质进行选择。货物的物理性质、化学性质和形状包装各种各样，在选择装卸搬运设备时，尽可能符合货物特性的要求，以保证作业安全和货物完好。

(4) 根据作业性质和作业场所进行选择。以搬运作业为主可采用输送带等设备；以装卸作业为主，可选择吊车；装卸搬运作业均存在的场所，可选择叉车等设备。

2) 叉车的选择

选择叉车时，必须详细了解各类叉车的性能，考虑叉车的负载能力、最大举升高度、行走及举升速度、机动性等因素，以便做出设备投资的决策。选择不同类型的叉车时，应考虑的因素对比如表1-6所示。

表1-6 叉车类型选择考虑因素对比

叉车类型	考虑因素
平衡重式叉车	需要较大的作业空间，主要用于露天货场作业
前移式叉车	转弯半径小，一般用于室内作业
侧面式叉车	主要用于长形货物的搬运
插腿式叉车	尺寸小、转弯半径小，适用于工厂车间、仓库内效率要求不高，但需要有一定堆垛、装卸高度的场合

扫码观看学习视频

学习任务 1.3　仓储经营管理

想一想：李文进入公司已有两个月，培训后对仓库及设备基本熟悉，现需要进一步了解企业的经营方法、理念及策略等知识。培训部要求李文等实习生思考以下问题并提出自己的看法。

(1) 现代仓储企业有哪些经营方法？

(2) 如何进行金融仓储服务？

1.3.1　仓储经营的概念

仓储经营是指在仓库管理活动中，运用先进的管理原理和科学的方法，对仓储经营活动进行计划、组织、指挥、协调、控制和监督，充分利用仓储资源，以实现最佳的协调与配合，降低仓储成本，提高仓储经营效益的活动过程。

仓储企业经营管理的目的是使企业的仓储资源得以充分利用，在仓储产品交换中获得最大收益，投入最小的成本，实现经营的利润最大化。

1.3.2　仓储经营的方法

常见的仓储经营方法有以下 4 种。

1. 保管仓储

保管仓储是指保管人储存存货人交付的仓储物，存货人支付仓储费的一种仓储经营方法。

保管仓储的经营特点：保持仓储物原状；收入主要来自仓储费；仓储过程均由保管人进行操作；仓储物只能是动产。

2. 消费仓储

消费仓储是指存货人不仅将一定数量、品质的种类物交付保管人储存保管，还与保管人相互约定，将储存物的所有权转移给保管人，在合同期届满时，保管人以相同种类、相同品质、相同数量替代品返还的一种仓储方法。

消费仓储有两种主要经营模式：一是仓储保管人直接使用仓储物进行生产、加工；二是仓储经营人在仓储物的价格升高时将仓储物出售，在价格降低时购回。

消费仓储的经营特点：以种类物作为仓储对象，仓储期间转移所有权与保管人；以物的价值保管为目的，保管人要以数量、品质、种类相同的物进行返还，并以该产品的储藏价值等值产品用以归还。

3. 混藏仓储

混藏仓储是成本最低的仓储方法，是指存货人将一定品质、数量的种类物交付保管人储藏，而在储存保管期限届满时，保管人只需以相同种类、相同品质、相同数量的替代物返还的一种仓储经营方法。

混藏仓储的经营特点：仓储的对象是种类物；仓储的保管物并不随交付而转移所有权；一

种特殊的仓储方式，能物尽其用，降低仓储成本。

4. 仓库租赁仓储

仓库租赁仓储是通过出租仓库、场地，出租仓库设备，由存货人自行保管货物的仓储经营方式。

仓库租赁仓储的经营特点：仓储物品种多且具有高度的专业性要求；自营成本高；客户有租赁需要；物流社会化发展程度高。

仓库租赁仓储的租赁模式有整体租赁、部分租赁和货位租赁三种。

1.3.3 物流金融与金融仓储

1. 物流金融

物流金融(logistics finance)是指在物流业的运作过程中，各种金融产品的应用和发展使货币资金在物流领域的运动。这些资金运动包括各种存款、贷款、投资、信托、租赁、抵押、贴现、保险、证券的发行和交易，以及金融机构参与物流业的中间业务。

物流金融涉及三个主体：物流企业、客户和金融机构。物流企业和金融机构联合起来，为有资本需求的企业提供融资。物流与金融的紧密结合，可以有效地支持社会商品流通，促进流通体制的顺利改革。

物流金融是物流与金融相结合的产品，是第三方物流服务的一次革命。物流企业开展金融服务的模式有三种，即仓单质押模式、保兑仓模式、融通仓模式。

1) 仓单质押模式

仓单质押是指业主公司的承诺货物存储在物流公司的仓库，然后依靠仓库单向银行申请贷款，银行依据商品和其他相关因素的价值承诺向客户提供一定比例的贷款。在这一过程中，抵押货物的监督和保管由物流公司负责。仓单质押流程如图1-46所示。

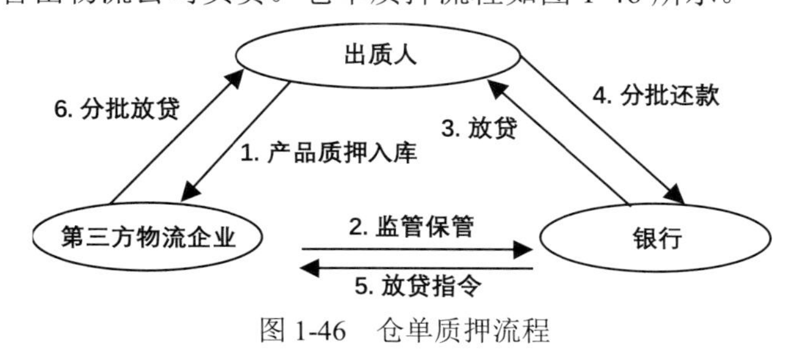

图1-46 仓单质押流程

读一读：在仓单质押模式下，金融机构通过评价企业的规模、信用状况、经营现状、资产负债等指标，依据管理能力和综合抗风险的能力，对物流企业授予一定的信用额度，物流企业可以直接使用这些授信额度向制造商或销售商提供灵活的融资业务。

2) 保兑仓模式

仓单质押的延伸就是保兑仓。在保兑仓模式下，买方(经销商)支付一定金额的定金后，银行开具承兑汇票，接收方为制造公司，制造公司接受银行的承兑；制造公司收到票汇后，依照汇票承兑银行的指定，把货物转到指定的物流公司的仓库，就可以把这些货物转变为仓单抵押；最后，物流公司根据银行的指示把货物分批发给经销公司。

3) 融通仓模式

融通仓是指物流公司被金融机构直接授权贷款数额，然后根据客户是否满足资格，进行质押贷款和最后的结算。在这种模式下，给银行提供信用担保的是物流公司，这些被授权的信用额度最后直接用于为达到条件的企业提供更方便的质押贷款服务。因此，金融机构能从担保贷款计划的流程中解放出来。

2. 金融仓储

1) 金融仓储的含义与作用

金融仓储是指融资企业以存货或由仓储公司出具的仓单为质押标的，从金融机构取得融资，而仓储公司对质押期间的质押物进行监管的活动。

金融仓储的作用主要有以下几个：提高仓储企业的服务能力，为仓储企业提供了新的利润空间；为中小企业融资开辟了新天地，盘活中小企业存货，避免关联担保风险，降低融资门槛与融资成本；为银行开展动产抵押质押贷款业务提供了保障，降低银行信贷风险，提高银行利润空间；通过供应链各方的协作，降低企业原材料、半成品和产品的资本占用率，提高资本利用率，实现资本优化配置。

2) 金融仓储的质押条件

(1) 申请人具有一定数量的自有资金，是独立核算的企业法人、其他经济组织或个体工商户。

(2) 仓储公司经银行认可，具有良好的信誉和承担责任的经济实力。

(3) 质押仓单应具备的条件：①出质人拥有完全所有权的货物仓单，且记载内容完整；②出具仓单的仓储公司原则上必须是银行认可的具有一定资质的专业仓储公司。

(4) 质押仓单项下的货物必须具备的条件：①所有权明确，不存在与他人在所有权上的纠纷；②规格明确，便于计量；③市场价格稳定，波动小，不易过时，市场前景较好；④产品合格并符合国家有关标准，不存在质量问题；⑤用途广泛，易变现；⑥无形损耗小，不易变质，易于长期保管。

3) 金融仓储的特征

(1) 信息化。信息化是智能化的前提，信息化使全部抵质押物品都能在仓储企业的信息管理系统中体现，同时也方便对质押物品进行定位、监控和管理。

(2) 规范化。仓储公司进行质押时都需要遵守统一、规范的程序，并由仓储公司中的专业人员监管质押物品，确保质押物品的质量、数量、特性等指标符合质押标准，保证质押物品的安全。

(3) 广泛性。金融仓储的广泛性主要体现为两点：一是在对抵质押物种类的选择上，限制较少，无论是借款企业的原材料、半成品、产成品，还是农牧产品，理论上都可以作为抵质押物品；二是金融仓储服务模式中服务对象的广泛性，理论上只要借款企业的动产符合质押的条件，就可以开展融资业务。

❖ 知识检测

一、判断题

(　　) 1. 仓储(warehousing)是利用仓库及相关设施设备进行货物的入库、存储、出库的作业。

(　　) 2. 仓储是集中反映工厂物资活动状况的综合场所，是连接生产、供应、销售的中转站，对促进生产提高效率起着重要的主导作用。

(　　) 3. 仓储是产品生产、流通过程中因订单后置或市场预测后置而使产品暂时存放的活动。

(　　) 4. 传统仓储是指利用仓库对各类物资及其相关设施设备进行物品的入库、储存、出库的活动。

(　　) 5. 仓储的核心价值是保证在合适的时间、合适的地点有合适的货物，为企业创造增值效益。

(　　) 6. 仓库安全是保障仓库生产作业顺利开展、仓储企业获得经济效益的前提。

(　　) 7. 公共仓库的特点是固定性、可扩展性、规模经济效益。

(　　) 8. 仓库按库内货物存放形态分为地面型仓库、货架型仓库、自动化立体仓库。

(　　) 9. 轻型货架的每层货架的承载能力在500千克以下。

(　　) 10. 叉车是应用较广泛的一种仓储装卸搬运设备。

二、单选题

(　　) 1. 下列体现仓储在物流和供应链中的货物保管功能的是哪一项？

A. 运输整合　　B. 保障生产和销售

C. 转运与分拣　　D. 集结客户订单

(　　) 2. 下列不按仓库保管条件划分的是哪一项？

A. 公共仓库　　B. 普通仓库

C. 特种仓库　　D. 气调仓库

(　　) 3. 下列不属于按仓库建筑形式分类的是哪一项？

A. 封闭式仓库　　B. 半封闭式仓库

C. 楼房仓库　　D. 露天式仓库

(　　) 4. 下列按货架承载能力划分的是哪一项？

A. 低层货架　　B. 高层货架

C. 托盘货架　　D. 重型货架

(　　) 5. 高层货架通常的高度在多少米以上？

A. 15米　　B. 12米

C. 10米　　D. 5米

(　　) 6. 重型货架的每层货架的承载能力在多少千克以上？

A. 200千克　　B. 250千克

C. 500千克　　D. 800千克

(　　) 7. 下列不属于我国托盘规格尺寸的是哪一项？

A. 800 毫米×1000 毫米　　B. 1000 毫米×1000 毫米

C. 800 毫米×1200 毫米　　D. 1000 毫米×1200 毫米

(　　) 8. 下列按托盘结构划分的是哪一项？

A. 塑料托盘　　B. 金属托盘

C. 木质托盘　　D. 柱式托盘

(　　) 9. 按动力装置不同，叉车可分为哪两类？

A. 内燃叉车和电瓶叉车　　B. 平衡重式叉车和插腿式叉车

C. 前移式叉车和侧面叉车　　D. 手动液压叉车和液压堆高车

(　　) 10. 下列不属于仓储经营方法的是哪一项？

A. 保管仓储　　B. 采购仓储

C. 消费仓储　　D. 混藏仓储

三、多选题

(　　) 1. 仓储在物流和供应链中的主要角色有哪些？

A. 库存控制中心　　B. 增值服务中心

C. 调度中心　　D. 应用中心

(　　) 2. 仓储在物流和供应链中的功能有哪几种？

A. 货物保管　　B. 运输整合与衔接

C. 调度服务　　D. 客户服务

(　　) 3. 仓库按所处的领域可分为哪几类？

A. 专业仓　　B. 流通领域仓库

C. 特种仓库　　D. 生产领域仓库

(　　) 4. 仓库按功能分可分为哪几类？

A. 转运中心　　B. 集货中心

C. 加工中心　　D. 分货中心

(　　) 5. 仓储管理的基本原则有哪些？

A. 安全原则　　B. 效率原则

C. 效益原则　　D. 质量原则

E. 服务原则

实践训练

❖ 实践任务

任务 1　仓库在供应链中的角色和功能分析

任务描述：学生自行查阅资料，选定一种仓库类型，着手分析其功能；组建团队，分组收集并整理不同类型仓库的资料，研究并归总仓库在供应链中的角色和功能；完成任务单(见表 1-7)，将分析成果做成 PPT 并进行展示。

表 1-7　仓库在供应链中的角色和功能

研究目标	研究成果
1. 仓库在供应链中的角色研究	
2. 仓库在供应链中的功能研究	
3. 零部件集货中心和区域分拨仓的区别	

任务 2　仓库类型分析

任务描述：学生以小组为单位，结合所学知识，分析各种仓库的特点、适用性，以及实际仓储活动中是如何选择仓库类型的。请将研究成果要点记录在表 1-8 中，以小组为单位将研究成果做成 PPT 并进行展示。

表 1-8　仓库类型

研究目标		研究成果
1. 仓库的分类	按保管货物的种类和数量划分	
	按仓库所处的领域划分	
	按仓库保管条件划分	
	按所有权形式划分	
	按库房建筑结构划分	
	按仓库建筑形式划分	
	按库内货物存放形态划分	
	按仓库功能划分	
2. 仓库的选择		

任务3 仓储管理的目标与原则分析

任务描述：仓储日常管理一般包括仓库安全管理和作业现场管理。仓库安全是保障仓库生产作业顺利开展、仓储企业获得经济效益的前提；作业现场管理是指对作业现场实施7S(即整理、整顿、清扫、清洁、素养、安全、节约)管理。为掌握仓储管理的科学方法，学生小组从目标和原则上分析如何更好地实现仓储管理。请将研究成果要点记录在表1-9中，并根据研究成果编写论述报告。

表1-9 仓储管理的目标与原则

研究目标	研究成果
1.仓储管理的目标	
2. 仓储管理的原则	

任务4 仓储设备及其选择

任务描述：学生以小组为单位，结合所学知识，分析各类仓储设备的特性、适用情况，以及实际仓储活动中是如何选择仓储设备的。请将研究成果要点记录在表1-10中，以小组为单位将研究成果做成PPT并进行展示。

表 1-10 仓储设备及其选择

<table>
<tr><th colspan="2">研究目标</th><th>研究成果</th></tr>
<tr><td rowspan="4">1.仓储设备的类型</td><td>货架及其类型</td><td></td></tr>
<tr><td>托盘及其类型</td><td></td></tr>
<tr><td>装卸搬运设备及其类型</td><td></td></tr>
<tr><td>输送设备及其类型</td><td></td></tr>
<tr><td>2.仓储设备的选择</td><td colspan="2"></td></tr>
</table>

任务 5 中西方物流金融的对比

案例描述：由于西方由于允许混业经营，开展存货质押融资业务的主体十分多元化，既存在银行、保险公司、基金和专业信贷公司借款给中小企业并委托专业的第三方机构和物流仓储公司对质押存货和借款人进行评估和管理控制，又存在物流公司兼并银行或银行成立专门的金融公司独立开展物流金融业务，这样就使得中小企业的融资渠道更加广阔和畅通，融资对象也从最原始阶段的农户，扩展到批发零售型的流通型企业，进而扩展到供应商和生产型的企业，形成针对供应链上中小企业的全方位融资体系。

资料来源：姚星垣. 国外金融仓储的理论与实践[J]. 浙江金融，2010(03)：14-15.

思考回答：

请查阅资料，分析中西方物流金融各自特点。

❖ 实践反思

1. 知识盘点：通过对仓储概述项目的学习，你掌握了哪些知识点？请画出思维导图。
2. 方法反思：在完成仓储概述项目的学习和实践过程中，你学会了哪些分析和解决问题的方法？
3. 行动影响：在完成仓储概述项目的学习任务后，你认为自己在思想、行动及创新上，还有哪些地方需要完善？

❖ 能力评价

评价总成绩=技能点评价得分(占比 50%)+素质点评价得分(占比 50%)

1. 技能点评价

使用说明：按评价指标技能点赋分(见表 1-11)，满分为 100 分。其中，研究成果作品文案(如报告、PPT 等)满分为 80 分，展示陈述满分为 20 分。

表 1-11 技能点评价

技能点评价指标		分值	得分
作品文案	对仓储所在行业判断的准确性	10 分	
	对仓库类型描述的准确性	10 分	
	对仓储设施设备描述的准确性	10 分	
	对仓储管理目标判断的准确性	10 分	
	对仓储管理原则提炼的准确性	10 分	
	对仓储的经营模式判断的准确性	10 分	
	对仓储及其经营模式描述的准确性	10 分	
	对仓储项目实践任务展示的完整性	10 分	
展示陈述	汇报展示及演讲的专业程度	5 分	
	语言技巧和非语言技巧	5 分	
	团队合作配合程度	5 分	
	时间分配	5 分	
合 计		100 分	

2. 素质点评价

使用说明：请按素质点评价指标及对应分值打分，分为学生自评 30 分、组员评价 30 分、教师评价 40 分，满分为 100 分，如表 1-12 所示。

表 1-12 素质点评价

素质点评价指标		分值	得分
学生自评	团队合作精神和协作能力：能与小组成员合作完成项目	6 分	
	交流沟通能力：能良好表达自己的观点，善于倾听他人的观点	6 分	
	信息素养和学习能力：善于收集并借鉴有用资讯和好的思路想法	6 分	
	独立思考和学习能力：能提出新的想法、建议和策略	6 分	
	职业精神和创新创业能力：具有敬业、勤业、创业、立业的积极性	6 分	
组员评价	团队合作精神和协作能力：能与小组成员合作完成项目	6 分	
	交流沟通能力：能良好表达自己的观点，善于倾听他人的观点	6 分	
	信息素养和学习能力：善于收集并借鉴有用资讯和好的思路想法	6 分	
	独立思考和创新能力：能提出新的想法、建议和策略	6 分	
	职业精神和创新创业能力：具有敬业、勤业、创业、立业的积极性	6 分	
教师评价	对学生的综合素质进行评价(包括团队合作精神和协作能力、交流沟通能力、信息素养和学习能力、独立思考和创新能力、职业精神和创新创业能力)	40 分	
合 计		100 分	

巩固提升

❖ 案例思索

案例1 如何解决仓储能力不足的问题

某药品和杂货零售商成功实现其并购计划之后销售额急剧上升，现在需要扩大分拨系统以满足需要。

有一种设计是利用6个仓库供给全区约1000家分店。公司既往的物流战略是全部使用自有仓库和车辆为各分店提供高水平的服务，因而此次公司计划投入700万美元新建一个仓库，用来缓解仓储不足的问题。新仓库主要供给匹兹堡邻近的市场，通过配置最先进的搬运、存储设备和进行流程控制降低成本。管理层已经同意了这一战略，已经开始寻找修筑新仓库的地址。但是，公司同时进行的一项网络设计研究显示，新仓库并没有完全解决仓储能力不足的问题。这时有人建议采用混淆战略——除使用自建仓库外，部分地区利用营业型租借仓库，这样做的总成本比全部自建仓库的总成本要低。于是公司将部分产品转移至营业型仓库，然后安装新设备，腾出足够的自有空间，以满足可预示的需求。新设备的成本为20万美元。这样，公司成功地经过混淆战略避免了单调仓储模式下可能投入的700万美元的巨额投资。

资料来源：郑丽. 仓储与配送管理实务[M]. 北京：清华大学出版社，2021.

思考回答：

1. 仓储在物流和供应链中扮演什么角色？

____

____

2. 仓储在物流和供应链中的功能是什么？

____

____

案例2 仓储与仓储管理

仓储是集中反映工厂物资活动状况的综合场所，是连接生产、供应、销售的中转站，对促进生产、提高效率起着重要的辅助作用。仓储也是产品生产、流通过程中因订单前置或市场预测前置而使产品、物品暂时存放的综合场所。同时，围绕着仓储实体活动，清晰准确的报表、单据账目、会计部门核算的准确信息也进行着，因此仓储是物流、信息流、单证流的合一。进行仓库管理时需要在一定的目标下、遵循一定的原则开展仓储业务活动，这样才能使仓储管理更加科学合理。

思考回答：

1. 什么是仓储，什么是仓储管理？

____

____

2. 仓储管理的目标和原则分别是什么？

____

____

❖ 知识归纳

学习完仓储概述项目后，归纳总结本项目的重点知识、难点知识及课堂要点等。

项目 2　仓储商务作业

教学目标

❖ 知识目标

1. 理解仓储合同的含义与种类。
2. 掌握仓储合同的主要条款和双方当事人的义务和权利。
3. 掌握仓单的含义、功能、内容。
4. 理解通用仓储仓单、金融仓储仓单的业务流程。

❖ 能力目标

1. 能够根据实际需要撰写、签订仓储合同。
2. 能够跟踪仓储合同执行情况，杜绝或解决执行合同中产生的问题。
3. 能够根据收到货物的情况设计或填写仓单。
4. 能够识别仓单和转让仓单的真实性。
5. 能够根据存货人需要，办理仓单质押等业务。

❖ 素质目标

1. 具有仓储商务活动中的法律意识。
2. 具有良好的职业素养和学习能力，能够运用科学的方法和技巧领悟新知识和新技能。
3. 具有团队协作精神和能力，能够与组员协调分工并完成任务。
4. 具有独立分析问题、解决问题的能力。
5. 具有勇于承担仓储合同的责任以及履行相应的义务的意识。
6. 具备敢于创新、勇于拼搏、敬业乐业的工作作风。

❖ 思政目标

1. 具有深厚的爱国情怀和民族自豪感，树立精益物流服务的意识及科学发展观。
2. 具有爱岗敬业意识和精益求精的工匠精神，对仓储合同签订原则及内容条款要字斟句酌。
3. 树立规范经营的法律意识，充分认识仓储合同及仓单的法律意义。

思维导图

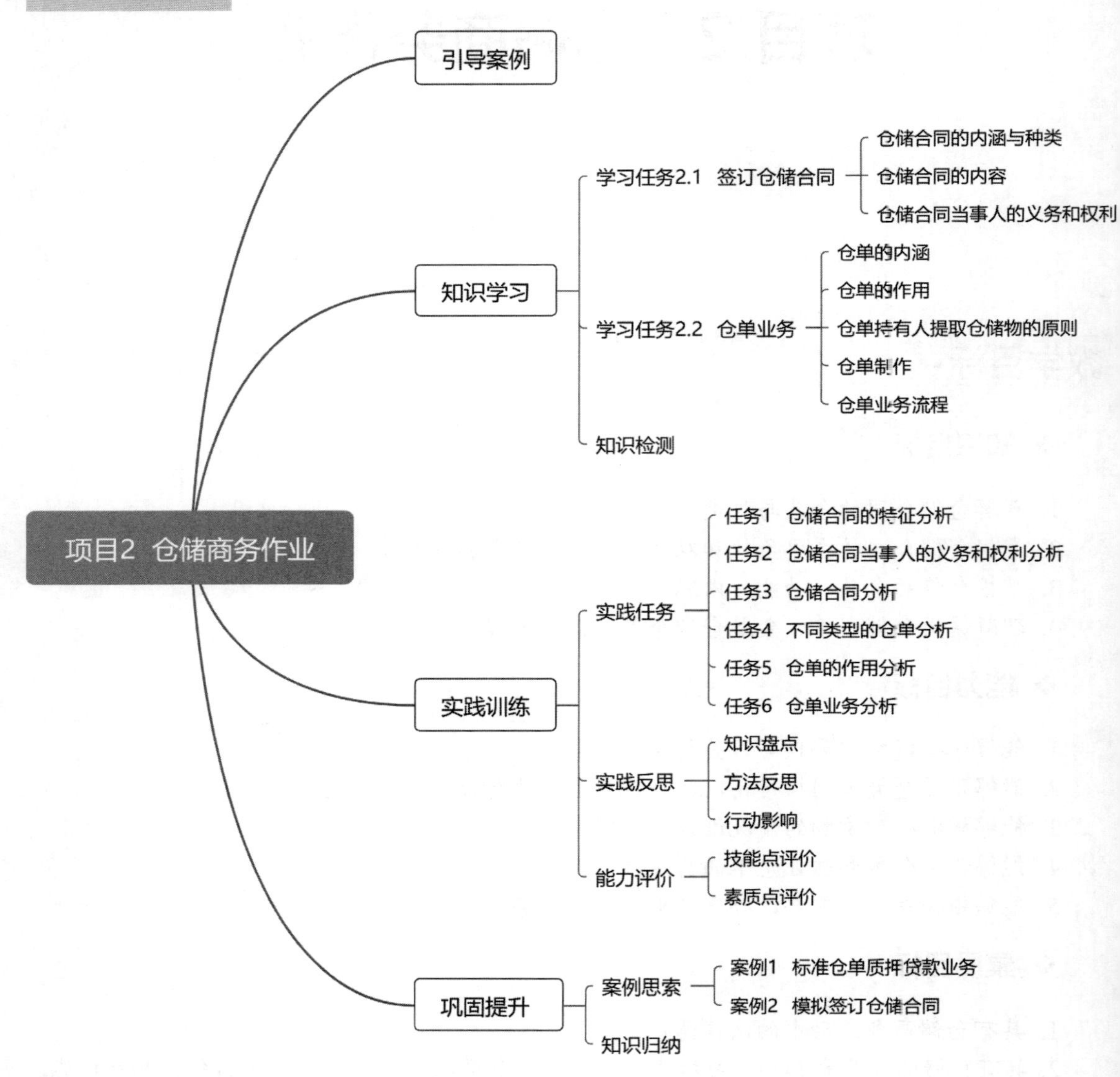

引导案例

新立物流有限公司主营仓库租赁及仓储保管业务，于昨日收到万金油商贸有限公司货物仓储保管委托书，货物存放期1年。公司安排业务部经理李玉负责该业务洽谈。李玉应完成的任务有以下内容：

(1) 与万金油商贸有限公司代表谈判协商，确定相关仓储保管条款。

(2) 撰写仓储合同，并双方签署。

(3) 完成仓单业务。

知识学习

学习任务 2.1　签订仓储合同

扫码观看学习视频

2.1.1　仓储合同的内涵与种类

1. 仓储合同的内涵

1) 仓储合同的定义

《中华人民共和国民法典》(以下简称《民法典》)第九百零四条规定："仓储合同是保管人储存存货人交付的仓储物，存货人支付仓储费的合同。"仓储合同又称仓储保管合同。

仓储合同标的是指仓储保管行为(空间、时间、保管要求)。

仓储合同标的物是指存货人交存的物品，且必须是有形的实物动产。

2) 仓储合同的特征

(1) 仓储合同的保管人必须是拥有仓储设备并具有从事仓储业务资格的企业、组织或自然人，依法取得从事仓储保管业务的经营资格。

(2) 仓储保管的对象必须是动产，不动产不能作为仓储合同的标的物。

(3) 仓储合同是双务有偿合同。仓储合同的当事人双方分别具有提供服务和给付保管报酬的义务，存货人与仓储保管人就仓储货物意见达成一致，合同即告成立生效。

(4) 仓单是存货人货物交付或提取的唯一凭证，具有仓储物所有权凭证的作用，是仓储合同中最为重要的法律文件之一。

2. 仓储合同的种类

仓储合同依据不同的标准有不同分类。不同种类的仓储合同具有不同的种类特征，也具有不同的法律效力。按仓储经营方式分类，仓储合同可分为一般仓储合同、混藏仓储合同、消费仓储合同和仓库租赁合同。

1) 一般仓储合同

一般仓储合同是指以特定物或特定化的种类物为标的物，合同期限届满时，保管人的原物返还于存货人的仓储合同。

2) 消费仓储合同

消费仓储合同是指存货人不仅将一定数量品质的种类物交付仓储保管人储存保管，还与保管人相互约定，将储存物的所有权也移转与保管人，在合同期届满时，保管人以相同种类、相同品质、相同数量的替代品返还的仓储合同。

3) 混藏仓储合同

混藏仓储合同是指存货人将一定品质数量的种类物交付保管人储藏，而在储存保管期限届满时，保管人只需以相同种类、相同品质、相同数量的替代物返还的仓储合同。

4) 仓库租赁合同

仓库租赁合同是指仓库所有人将所拥有的仓库以出租的方式开展仓储经营，由存货人自行保管商品时签订的合同。仓储人只提供基本的仓储条件、进行一般的仓储管理，如环境管理、安全管理等，并不直接对所存放的商品进行管理。

知识链接

保管合同与仓储合同的区别如表2-1。

表2-1 保管合同与仓储合同的区别

合同类型	共同点	不同点			
		时效性	有偿性	保管人身份	保管对象
保管合同	都是由保管人保管物品的合同，两者的标的都是保管人的保管行为	实践性合同，合同自保管物交付时成立	可以是无偿合同，也可以是有偿合同	不要求具有特定身份	动产、不动产均可
仓储合同		诺成性合同，合同自双方签订时成立	有偿合同	有仓储设备并专门从事该类业务的企业、组织或自然人	保管对象必须是动产

2.1.2 仓储合同的内容

仓储合同的内容通常以条款方式呈现，合同的主要条款是检验合同合法性、有效性的重要依据。根据《仓储保管合同实施细则》，仓储合同主要有以下条款。

1. 当事人基本信息

合同当事人双方是履行仓储合同的主体，共同承担合同责任，在合同中需要明确存货人及保管人的名称、地址、电话的基本信息。

2. 存储货物的详细信息

合同中应明确货物的品名、品种、数量、质量、包装等详细信息。品名通常以货物全称为准；货物数量采用标准计量单位；货物质量标准应符合国家或行业、企业标准；货物包装应符合要求。

3. 保管方货物验收项目

合同中应明确保管方正常的货物验收项目及验收标准、方法等。正常的货物验收项目有以下几个：货物的品名、规格、数量、外包装状况，以及无须开箱拆捆直观可见可辨的质量情况；包装内的货物品名、规格、数量，以外包装或货物上的标记为准；外包装或货物上无标记的，以供货方提供的验收资料为准；散装货物按国家有关规定或合同规定验收；检验方法可采取全检或按比例抽检两种，具体可在合同中明确规定；对于验收期限，国内货物不超过10天，国外到货不超过30天，法律或合同另有规定者除外。

4. 特殊保管条件及要求

可仓储保管的货物种类繁多，不少货物因为本身的性质需要采取特殊的保管条件或保管要求，所以在合同中必须明确规定保管条件和保管要求。

5. 货物出入库约定

合同中应约定货物的入出库手续、时间、地点、运输方式等。其中，对储存时间没有约定或约定不明确的，存货人可随时提取仓储物，保管人也可随时要求存货人提取仓储物，但应给对方必要的准备时间。

6. 费用约定

合同中应明确货物储存过程中的计费项目、标准和结算方式，以及支付时间等。费用约定可按保管方制定的标准执行，也可由当事人双方协商确定。

7. 货物损耗处理

损耗的处理是指实际发生的损耗超过标准或者没有超过标准规定时，如何划分经济责任，以及对实物如何进行处理。通常在货物验收过程中，在途损耗不超过货物自然减量标准和损耗在规定磅差范围内的，仓库可按实际验收数验收入库；如果超过规定的，应核实并做出验收记录，按照规定处理。

8. 责任划分

双方应在合同中约定违约行为和承担的相应违约责任，明确承担违约责任的方式，约定违约金的数额和计算方法。承担违约责任方式包括以下几种：违约金、赔偿金或赔偿实际损失、继续履行、采取补救措施、定金惩罚等。

9. 合同有效期限

合同的有效期限即货物的保管期限。存货方过期不取走货物，应承担违约责任。

10. 合同变更和解除

保管方或存货方如需要对合同进行变更或解除，必须经双方协商。

11. 争议处理方式

双方当事人应在合同中约定争议处理方式，即有关合同争议的诉讼或仲裁约定。

知识链接

仓储合同订立的原则

(1) 平等原则。当事人双方法律地位平等是合同订立的基础，是任何合同行为都需要遵循的原则。任何一方采取恃强凌弱、以大欺小或者行政命令的方式订立的合同都是无效合同。任何一方不能采取歧视的方式选择订立合同的对象。

(2) 等价有偿原则。仓储合同是双务合同，合同双方都要承担相应的合同义务，享受相应的合同利益。保管人的利益体现在收取仓储费和劳务费两方面。在仓储过程中保管人的劳动、资源投入的多少，决定了保管人能获得多少报酬。等价有偿原则也体现在当事人双方合同义务和权利对等上。

(3) 自愿与协商一致原则。生效合同是指当事人完全根据自身的需要和条件，通过广泛协商，在整体上接受合同的约定时所订的合同。任何采取胁迫、欺诈等手段订立的合同都将是无效的合同。若合同未经协商一致，将来在合同履行中就会发生严重的争议，甚至会导致合同无法履行。

(4) 合法和不损害社会公共利益原则。当事人在订立合同时要严格遵守相关法律法规，不得发生侵犯国家主权、危害环境、超越经营权、侵害所有权等违法行为。合同主体在合同行为中不得有扰乱社会经济秩序、妨碍人民生活、违背道德的行为。

2.1.3 仓储合同当事人的义务和权利

1. 保管人的主要义务和权利

1) 主要义务

(1) 验收和接收货物。保管人应当按照约定对货物进行验收，如验收与约定不符的，应当及时通知存货人。验收合格的，对存货人交付的货物予以接收。

(2) 给付仓单。存货人交付货物，仓储保管人按规定出具仓单。

(3) 仓储和保管。保管人应按合同约定的保管条件和方式妥善保管货物，不得擅自改变保管条件和方式。对于易燃、易爆、有毒、有腐蚀性、有放射性等危险物品，保管方应当具备相应的资格和保管条件，并应依照法定或者约定的要求进行储存操作。

(4) 返还货物。仓储期满，保管人应当将货物返还给存货人或交付给仓单持有人。如仓储合同未约定储存期限，则存货人或仓单持有人有权随时提取货物，仓储保管人也有权随时要求存货人或仓单持有人提货，但应给予必要的准备时间。

(5) 危急处置。保管人发现仓储物有变质或其他损坏等危险时，应当及时通知存货人或仓单持有人；此危险危及其他仓储物的安全和正常保管的，保管人应当催告存货人或仓单持有人做出必要的处置；情况紧急的，仓储保管人可自行做出必要处置，但应当将该情况及时通知存货人或仓单持有人。

(6) 容忍义务。在仓储期间，存货人和仓单持有人要求检查货物或提取样品的，保管人应当无条件允许并配合。

2) 主要权利

(1) 要求存货方按合同规定及时交付货物的权利。

(2) 验收货物的权利。

(3) 收取仓储费的权利。

(4) 要求存货人告知货物情况并提供相关验收资料的权利。

(5) 要求存货方对货物进行必要包装的权利。

(6) 要求存货人按期提取货物的权利。

(7) 具有提存权，即储存期间届满，存货人或者仓单持有人不提取货物的，保管人可以催告其在合理期限内提取；逾期不提取的，保管人可以提存仓储物。

2. 存货人的主要义务和权利

1) 主要义务

(1) 说明义务。储存易燃、易爆、有毒、有腐蚀性、有放射性等危险物品或者易变质物品，存货人应当说明该物品的性质，并提供有关资料。违反此项义务的，仓储保管人可拒收仓储物，也可采取相应措施以避免损失，由此而产生的费用由存货人承担。

(2) 支付费用的义务。存货人应按合同约定支付仓储费；逾期提货的，应加付仓储费；提前提取的，不减收仓储费。

(3) 提取货物的义务。仓储期间届满时存货人应提取仓储物，逾期不提取的，保管人可提存货物。

2) 主要权利

(1) 要求保管人妥善保管货物的权利。

(2) 要求保管人及时验收货物的权利。

(3) 对保管货物有查验、取样的权利。

(4) 对保管物的领取权利。

(5) 获取仓储物孳息的权利。《民法典》第九百条规定：“保管期限届满或者寄存人提前领取保管物的，保管人应当将原物及其孳息归还寄存人。”

(6) 合同中规定由保管方送货或代办托运的，存货人有权要求对方将货物送到指定地点或办理托运手续。

扫码观看学习视频

学习任务 2.2　仓单业务

想一想： 依据签订的仓储合同，新立物流有限公司收到万金油商贸有限公司需要存放的货物，并开出仓单。过了两个月，万金油商贸有限公司要求进行仓单分割，分割为货量平均的两份仓单。又过了 5 日，万金油商贸有限公司把所存货物的一半转让给了港通商贸有限公司。又过了 10 日，万金油商贸有限公司把所存货物剩余的一半向新立物流有限公司申请仓单质押。根据委托方要求，新立物流有限公司业务员李文是否需要完成下列任务：

(1) 是否需要以新立物流有限公司业务员身份设计并开出仓单？

(2) 是否有义务协助万金油商贸有限公司办理仓单分割、转让、质押等业务？他应该怎么做？

2.2.1　仓单的内涵

1. 仓单的定义

仓单是仓储方出具的，保管人收到仓储物后给存货人开具的提取仓储物的权利凭证，通常指由保管人在收到仓储物时向存货人签发的表示已经收到一定数量的仓储物的法律文书。

从性质上讲，仓单为一种有价证券，具有证券的文义性、无因性、流通性等性质。根据我国《民法典》规定，仓单上应当载明存货人的名称或姓名和住所。因此，仓单为记名证券。

仓单联数应为三联，分别为会计记账联、正本提货联、会计底卡联。

知识链接

《民法典》第九百一十条规定：“仓单是提取仓储物的凭证。存货人或者仓单持有人在仓单上背书并经保管人签字或者盖章的，可以转让提取仓储物的权利。”

2. 仓单的分类

1) 按仓储业务范围不同划分

按仓储业务范围不同，仓单可分为通用仓储仓单、金融仓储仓单。

(1) 通用仓储仓单，即用于普通仓储业务中的仓单。仓储物的出库单、入库单都视为通用仓储仓单。通用仓储仓单就是所有交割仓库都可以用的仓单。

(2) 金融仓储仓单，即用于企业融资货物质押、货物转让、期货交割，与货物共同整进整出的仓单。金融仓储主要是指融资企业以存货或由仓储公司出具的仓单为质押标的，从金融机构取得融资的活动，仓储公司对质押期间的质押物进行监管。

2) 根据制作仓单的机构是否为期货交易所划分

根据制作仓单的机构是否为期货交易所，仓单可分为标准仓单和普通仓单。

(1) 标准仓单是指由期货交易所统一制定，并指定交割仓库在完成商品入库验收、确认合格后签发给货主的提货凭证。因其有期货交易所的信誉保证，其流通性、变现性较强。

(2) 普通仓单是指期货交易所之外的仓储机构出具的，载明存货人或持单人享有提取货物权利的凭证。

小提示

仓储合同的订立可以采用书面形式，也可以采用口头形式或者其他形式。

仓单在仓储合同中具有重要作用，存货人交付仓储物后，保管人应给付仓单。仓单实际上既是仓储物所有权的一种凭证，又是存货人或者持单人提取仓储物的凭证。存货人或者仓单持有人在仓单上背书并经过保管人签字或者盖章的，即可转让提取仓储物的权利。

2.2.2 仓单的作用

仓单是合同的证明、物权凭证、提货凭证、有价证券。仓单作为仓储保管的凭证，其作用主要表现在以下几个方面。

(1) 仓单是仓储合同存在的证明。仓单是存货人与保管人双方订立的仓储合同存在的一种证明，只要签发仓单，就证明了合同的存在。

(2) 仓单是货物所有权的凭证。它代表仓单上所列货物，谁占有仓单就等于谁占有该货物，仓单持有人有权要求保管人返还货物，有权处理仓单所列的货物。仓单的转移也就是仓储物所有权的转移。因此，保管人应该向持有仓单的人返还仓储物。也正由于仓单代表着其项下货物的所有权，仓单可作为一种有价证券，也可按照《民法典》的规定设定权利质押担保。

(3) 仓单是提取仓储物的凭证。仓单持有人向保管人提取仓储物时，应当出示仓单。保管人一经填发仓单，则持单人对于仓储物的受领，不仅应出示仓单，还应缴回仓单。仓单持有人为第三人，而该第三人不出示仓单的，除了能证明其提货身份外，保管人应当拒绝返还仓储物。

(4) 仓单是保管人向存货人出具的货物收据。当存货人交付的仓储物经保管人验收后，保管人就向存货人填发仓单。仓单是保管人已经按照仓单所载状况收到货物的证据。

(5) 仓单是处理保管人与存货人或提单持有人之间关于仓储合同纠纷的依据。

2.2.3 仓单持有人提取仓储物的原则

根据《民法典》规定，仓单持有人在提取仓储物时应遵循以下几条原则。

(1) 仓单持有人应当在储存期间届满时提取仓储物。

(2) 仓单持有人提前提取仓储物的，不减收仓储费。

(3) 对超过储存期间的仓储物，虽经保管人采取必要的措施，仍无法避免仓储物出现损坏、变质等现象的，其损失由仓单持有人承担。

(4) 仓单持有人逾期提取仓储物的，应当支付超期保管的仓储费。

(5) 仓单是提取仓储物的凭证，仓单持有人提取仓储物，应当凭仓单，并缴回仓单。

在仓储关系当中，仓单是证明保管人与存货人或提单持有人之间存在仓储关系的有效凭证。假若日后产生纠纷，仓单就是处理纠纷的凭证。

2.2.4 仓单制作

1. 仓单的基本结构

1) 仓单格式

(1) 字体颜色。字体颜色宜采用黑色。

(2) 底纹。仓单正本提货联可印制底纹。

(3) 联数。仓单联数应为三联，包括会计记账联、正本提货联和会计底卡联。

2) 填写要求

(1) 仓单上所记载的要素不应更改，更改的仓单无效。必备要素未记载或记载不全的仓单无效。

(2) 仓单中货物价值金额应以中文大写和数字同时记载，两者应一致；两者不一致的仓单无效。

(3) 仓单上的记载事项应真实，不应伪造、变造。

2. 仓单内容

仓单一般都有一定的形式，其记载事项必须符合《民法典》及物权凭证的要求，使仓单关系人明确自己的权利并适当行使自己的权利。仓单内容表示的单元信息，即仓单要素(包括必备要素、可选要素)，如表 2-2 所示。

表 2-2 仓单要素的内容及用语

<table>
<tr><th>要素类型</th><th>序号</th><th>要素内容</th><th>可选择用语</th><th>填写要求</th></tr>
<tr><td rowspan="12">必备要素</td><td>(1)</td><td>“仓单”字样</td><td>仓单</td><td></td></tr>
<tr><td>(2)</td><td>凭证权利提示</td><td>凭单提货</td><td></td></tr>
<tr><td>(3)</td><td>仓单编号</td><td>编号、NO.</td><td></td></tr>
<tr><td>(4)</td><td>仓单填发日期</td><td>填发日期</td><td>大写</td></tr>
<tr><td>(5)</td><td>存货人名称</td><td>存货人</td><td>实名全称</td></tr>
<tr><td>(6)</td><td>保管人名称</td><td>保管人、签发人</td><td>实名全称，可置于仓单顶部并使用保管人或签发人标志</td></tr>
<tr><td>(7)</td><td>仓储物名称</td><td>名称、品种</td><td></td></tr>
<tr><td>(8)</td><td>仓储物数量</td><td>数量</td><td></td></tr>
<tr><td>(9)</td><td>仓储物计量单位</td><td>单位</td><td>宜采用 GB 3101 和 GB 3102 中规定的法定计量单位</td></tr>
<tr><td>(10)</td><td>仓储物包装</td><td>包装</td><td></td></tr>
<tr><td>(11)</td><td>仓储场所</td><td>地址</td><td></td></tr>
<tr><td>(12)</td><td>保管人签章</td><td>保管人签章</td><td></td></tr>
<tr><td rowspan="17">可选要素</td><td>(1)</td><td>存货人住所</td><td>住所</td><td></td></tr>
<tr><td>(2)</td><td>仓储物规格</td><td>规格、产地、生产厂家、生产日期、等级、含量</td><td></td></tr>
<tr><td>(3)</td><td>仓储物标记</td><td>标记、商标</td><td></td></tr>
<tr><td>(4)</td><td>仓储物价格</td><td>单价、金额、货值</td><td></td></tr>
<tr><td>(5)</td><td>储存期间</td><td>储存期、储存时间</td><td></td></tr>
<tr><td>(6)</td><td>仓储物损耗标准</td><td>损耗标准</td><td></td></tr>
<tr><td>(7)</td><td>仓储物保险金额</td><td>保险金额</td><td></td></tr>
<tr><td>(8)</td><td>仓储物保险期间</td><td>保险期间</td><td></td></tr>
<tr><td>(9)</td><td>仓储物保险人名称</td><td>保险人</td><td></td></tr>
<tr><td>(10)</td><td>货品编码</td><td>货品编码、商品编码</td><td></td></tr>
<tr><td>(11)</td><td>仓单经办人</td><td>经办、填发、记账、复核</td><td></td></tr>
<tr><td>(12)</td><td>仓单背书人</td><td>被背书人</td><td rowspan="5">采用电子化仓单的企业，应在系统内保留连续背书的记录，并可供查询确认</td></tr>
<tr><td>(13)</td><td>仓单背书人签章</td><td>背书人签章</td></tr>
<tr><td>(14)</td><td>仓单背书保管人签章</td><td>保管人签章</td></tr>
<tr><td>(15)</td><td>仓单持有人提示取货签章</td><td>仓单持有人提示取货签章</td></tr>
<tr><td>(16)</td><td>仓单持有人证件号码</td><td>证件号码</td></tr>
<tr><td>(17)</td><td>仓储费率</td><td>仓储费率</td><td></td></tr>
</table>

(续表)

要素类型	序号	要素内容	可选择用语	填写要求
可选要素	(18)	“保兑”字样	保兑	应印制在正本提货联正面显著位置
	(19)	仓单保兑人签章	保兑人	实名全称
	(20)	关联仓储合同	关联合同号	
	(21)	附件	附件	粘贴在指定处，加盖骑缝章
	(22)	其他要素	根据合同需要选用	其他要素的选用与填写不应违反本标准要求

注：可选要素中序号为(12)(13)(14)(15)(16)(17)的项目应作为可转让、质押仓单的必选要素。

3. 仓单示例

通用仓储仓单示例见图 2-1。图 2-1 为仓单正面(此仓单背面无内容)。

凭单提货

XXX 公司仓单

填发日期(大写)　　年　　月　　日　　　　NO.

存货人：　　　　账号：

储存期：　　　　至仓库地址：

仓储物名称	规格	单位	数量	包装	体积	质量	备注

正本提货联

货值合计金额(大写)　　　　¥(小写)

保管人(签章)

注：仓储物(已/未)办理保险，

保险金额¥__________元，

保险期限：________，保险人：________。

记账：　　　　复核：

-------------------骑缝章加盖处

(附件粘贴处)

图 2-1　通用仓储仓单示例

查一查：请查阅金融仓单示例，对比分析通用仓储仓单与金融仓单的异同。

____

____

____

____

4. 仓单生效

仓单生效必须具备两个关键要素。

(1) 保管人必须在仓单上签字或者盖章。保管人在仓单上签字或者盖章表明保管人对收到存货人交付仓储物的事实进行确认。保管人未签字或者盖章的仓单说明保管人还没有收到存货人交付的仓储物，故该仓单不发生法律效力。当保管人为法人时，由其法定代表人或其授权的代理人及雇员签字；当保管人为其他经济组织时，由其主要负责人签字；当保管人为个体工商户时，由其经营者签字。盖章指加盖保管人单位公章。签字或者盖章由保管人选择其一即可。

(2) 仓单必须包括一定的法定必要记载事项。

依《民法典》第九百零九条的规定，仓单的法定记载事项共有 9 项。

第一，仓单上必须有保管人的签名或者盖章。

第二，存货人的姓名或者名称和住所。

第三，仓储物的品种、数量、质量、包装及其件数和标记。

第四，仓储物的损耗标准。

第五，储存场所。

第六，储存期限。

第七，仓储费。

第八，仓储物已经办理保险的，其保险金额、期间以及保险人的名称。

第九，填发人、填发地和填发日期。

2.2.5　仓单业务流程

1. 通用仓储仓单业务

通用仓储仓单的提货流程如图 2-2 所示。

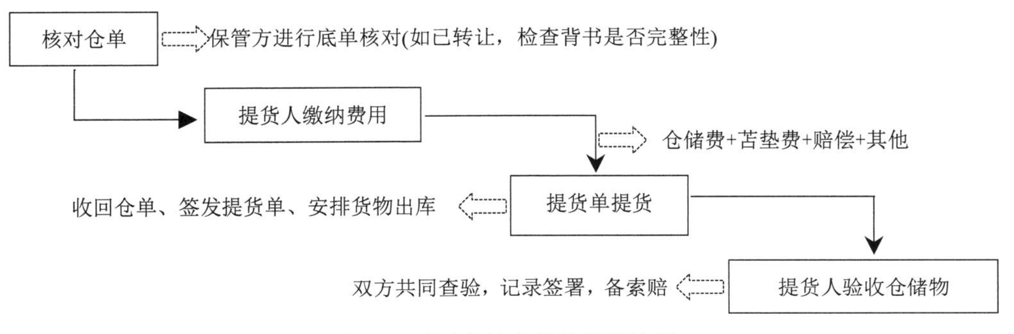

图 2-2　通用仓储仓单的提货流程

2. 金融仓储仓单业务

1) 货物转让

存货人转让仓单必须在仓单上背书，并经保管人签字或者盖章，两者缺一不可。一张仓单可多次背书转让。

2) 货物质押

货物质押即仓单质押，是以仓单为标的物而成立的一种质权。

想一想：仓单质押行为合法吗？

根据《民法典》的规定，仓单可以作为权利凭证进行质押，以仓单质押的，应当在合同约定的期限内将权利凭证交付质权人，质押合同自凭证交付之日起生效。因此，仓单质押作为担保贷款的一种类型是有法律依据的。根据《中华人民共和国经济合同法》的规定，只要银行和企业双方共同协商签订抵押贷款合同时，具体载明有关仓单质押方面的条款，并明确相互的责任和任务，则合同既已签订，就具有了法律约束力。

知识链接

标准仓单与现货仓单

标准仓单是由交易所统一制定的，由期货交易所指定交割仓库按规定程序签发的符合合约规定质量的实物提货凭证。即指定交割仓单在完成入库商品验收，确认合格后签发给货物卖方的实物提货凭证。标准仓单经交易所注册后有效，并采用记名方式。标准仓单的生成通常需要经过入库预报、商品入库、验收、指定交割仓库签发和注册等环节。标准仓单持有人可选择一个或多个交割仓库不同等级的交割商品提取货物。

现货仓单是一份在现在或将来的一段时间内可以到指定仓库内购入或销出仓单所规定的标准货物的凭证。现货仓单交易是以一定保证金的形式对现货仓单进行买卖，其与期货交易极为相似，既是一种商品交易手段，又是一种金融投资手段。现货仓单交易的优势有以下几个：①提高商品交易效率，降低交易成本；②增强交易透明度，遏制暗箱操作，克服了欺诈、回扣、三角债等交易中的弊端；③保证交易商品质量，有效杜绝假冒伪劣商品的上市；④带动一批产业，活跃市场经济；⑤供需双方通过互联网交易，扩大市场容量，形成全国统一的大市场；⑥避免商品大范围迂回运输，节约人力、物力和财力。

资料来源：百度百科. https://baike.baidu.com/item/%E6%A0%87%E5%87%86%E4%BB%93%E5%8D%95/3466819.

❖ 知识检测

一、判断题

(　　) 1. 仓储合同是保管人储存存货人交付的物品，存货人支付仓储费的合同。
(　　) 2. 我们居住的商品房也可以委托仓储保管。
(　　) 3. 不同种类的仓储合同具有不同的种类特征，也具有不同的法律效力。
(　　) 4. 合同当事人双方是履行仓储合同的主体，共同承担合同责任，在合同中需要明确当事人的基本信息。
(　　) 5. 仓储保管人有权对存货人的货物进行检查验收。
(　　) 6. 仓储合同当事人双方发生争议时必须依靠法院诉讼判决。
(　　) 7. 仓单是提取仓储物的凭证。存货人或者仓单持有人在仓单上背书并经保管人签字或者盖章的，可以转让提取仓储物的权利。
(　　) 8. 仓单不能作为处理保管人与存货人之间关于仓储合同纠纷的依据。
(　　) 9. 必备要素未记载或记载不全的仓单是无效仓单。
(　　) 10. 一张仓单不可以多次背书转让。

二、单选题

(　　) 1. 下列哪项是存货人货物交付或提取的唯一凭证，具有仓储物所有权凭证的作用？
A. 仓储合同　　B. 存货目录
C. 验收证明　　D. 仓单

(　　) 2. 除法律或合同另有约定外，仓储保管人验收国内货物的期限不超过多少天？
A. 10　　B. 15
C. 20　　D. 30

(　　) 3. 采取恃强凌弱、以大欺小或者行政命令的方式订立仓储合同违背了什么原则？
A. 自愿与协商一致原则　　B. 等价有偿原则
C. 平等原则　　D. 合法原则

(　　) 4. 下列哪项不是仓储保管人履行合同义务？
A. 验收货物义务　　B. 容忍义务
C. 出具仓单义务　　D. 仓储货物说明义务

(　　) 5. 下列哪项是存货人享有的权利？
A. 支付仓储费　　B. 查验、取样货物
C. 验收货物　　D. 要求保管人包装货物

(　　) 6. 存货人或者仓单持有人在仓单上怎样做并经保管人签字或者盖章的，可以转让提取仓储物的权利？
A. 背书　　B. 被背书
C. 修订　　D. 更改

(　　) 7. 下列哪项不是仓储合同违约时承担违约责任的方式？

A. 支付违约金　　B. 继续履行合同

C. 定金惩罚　　D. 重新拟定合同

(　　) 8. 下列哪一项不属于仓单联？

A. 会计记账联　　B. 副本存货联

C. 正本提货联　　D. 会计底卡联

(　　) 9. 仓单联数应为几联？

A. 1　　B. 2

C. 3　　D. 4

(　　) 10. 期货交易所之外的仓储机构出具的，载明存货人或持单人享有提取货物权利的凭证是什么？

A. 通用仓储仓单　　B. 金融仓储仓单

C. 标准仓单　　D. 普通仓单

三、多选题

(　　) 1. 按仓储经营方式，仓储合同可以分为哪几种？

A. 一般保管仓储合同　　B. 混藏仓储合同

C. 消费仓储合同　　D. 仓库租赁合同

(　　) 2. 保管合同与仓储合同的区别主要有哪些？

A. 时效性不同　　B. 保管人性质不同

C. 标的物不同　　D. 标的不同

(　　) 3. 下列哪些凭证可以作为普通仓储业务中的仓单？

A. 采购单　　B. 入库单

C. 供货单　　D. 出库单

(　　) 4. 下列哪些内容属于仓单的必要要素？

A. 仓储物的品种　　B. 储存期间

C. 仓储费　　D. 仓储物的损耗标准

(　　) 5. 仓单的作用有哪些？

A. 合同的证明　　B. 物权凭证

C. 有价证券　　D. 提货凭证

实践训练

❖ 实践任务

任务 1　仓储合同的特征分析

任务描述：仓储合同是保管人储存存货人交付的物品，存货人支付仓储费的合同。仓储合同又称仓储保管合同。仓储合同具有仓储保管的对象必须是动产，不动产不能作为仓储合同的标的物等特征。请结合所学知识，在表 2-3 中详细分析仓储合同与保管合同的异同。

表 2-3　仓储合同与保管合同的异同

<table>
<tr><th rowspan="2">研究目标</th><th colspan="2">研究成果</th></tr>
<tr><th>相同之处</th><th>不同之处</th></tr>
<tr><td>仓储合同</td><td rowspan="2"></td><td></td></tr>
<tr><td>保管合同</td><td></td></tr>
</table>

任务 2 仓储合同当事人的义务和权利分析

任务描述：仓储合同是一种保管合同，合同是约定当事人双方权利和义务关系的一种协议，当事人签订合同就代表其享有一定的权利，当然也需要承担一定的义务。在仓储合同中，有保管人还有存货人。结合所学知识，根据表 2-4 中研究目标完成任务分析。

表 2-4 仓储合同当事人的义务和权利

研究目标		研究成果
保管人	义务	
	权利	
存货人	义务	
	权利	

任务 3 仓储合同分析

任务描述：甲为农副产品进出口公司，乙为综合物流服务商。2022 年 8 月，甲将黄麻出口至印度，甲将包装完好的货物交付乙，乙为甲提供仓储、运输等服务。黄麻为易燃物，储存和运输的场所温度都不得超过常温。甲因听说乙已多次承运过黄麻，便没有将此情况通知乙，也未在货物外包装上做有警示标志。2022 年 9 月 10 日，乙将货物运至其仓储中心，准备联运，因仓库储物拥挤，室温高达 15℃，9 月 12 日货物突然起火，因救助不及，致使货物损失严重。据查，仓库温度过高导致货物自燃。双方就损失的承担各执一词。

从上面这段案例让我们进一步知道仓储合同的重要性，请结合所学知识，回答下列问题。

思考回答：

1. 仓储合同是不是保管合同？区别在哪里？

2. 仓储合同订立的双方分别是谁？

3. 仓储物不同、仓储业务不同，仓储合同格式是不是一样的呢？仓储合同应该包括哪些内容？

任务 4　不同类型的仓单分析

任务描述：仓单是仓储保管人给付给存货收到仓储物的凭证，存货人依仓单记载的内容领取仓储物。仓单的主要功能有两个：一是存货人凭仓单领取仓储物；二是移转保管物。不同类型的仓单用途不一样，请结合所学知识，根据表 2-5 中研究目标完成任务分析。

表 2-5　不同类型的仓单

研究目标	研究成果	
	类型	用途
1. 按仓储业务范围不同划分		
2. 按制作仓单的机构是否为期货交易所划分		

任务5 仓单的作用分析

任务描述：仓单在仓储合同中具有重要作用，存货人交付仓储物后，保管人应当给付仓单。仓单实际上既是仓储物所有权的一种凭证，又是存货人或者持单人提取仓储物的凭证。存货人或者仓单持有人在仓单上背书并经过保管人签字或者盖章的，即可转让提取仓储物的权利。

思考回答：

结合所学知识，请分析仓单在仓储活动过程中的主要作用。

任务6 仓单业务分析

任务描述：某水果店与某仓储公司签订了一份仓储合同，合同约定仓储公司为水果店储存水果5吨，仓储期间为1个月，仓储费为4000元，自然耗损率为6%。水果由存货人分批提取。合同签订以后，水果店按照约定将水果交给仓储方储存，入库过磅为5500千克。仓储公司在接收货物以后，向水果店签发了仓单。根据《民法典》第九百一十条的规定，仓单是提取货物的凭证。合同到期以后，存货人持仓单向仓储公司提货，但提货时因仓单内容和仓储合同内容不符，货物减少，双方发生纠纷。因此，了解仓单业务，熟知签署仓单的注意事项对存货方和保管方均非常重要。请结合所学知识，回答下列问题。

思考回答：

1. 仓单是什么？

2. 一份有效的仓单怎样才能生效？

3. 仓单包括哪些内容？

❖ 实践反思

1. 知识盘点：通过对仓储商务作业项目的学习，你掌握了哪些知识点？请画出思维导图。
2. 方法反思：在完成仓储商务作业项目的学习和实践过程中，你学会了哪些分析和解决问题的方法？
3. 行动影响：在完成仓储商务作业项目的学习任务后，你认为自己在思想、行动及创新上，还有哪些地方需要完善？

❖ 能力评价

评价总成绩=技能点评价得分(占比 50%)+素质点评价得分(占比 50%)

1. 技能点评价

使用说明：按评价指标技能点赋分(见表 2-6)，满分为 100 分。其中，研究成果作品文案(如报告、PPT 等)满分为 80 分，展示陈述满分为 20 分。

表 2-6　技能点评价

技能点评价指标		分值	得分
作品文案	对仓储所在行业判断的准确性	10 分	
	对仓储合同的特征描述的准确性	10 分	
	对仓储合同的种类描述的准确性	10 分	
	对仓储合同当事人的权利和义务判断的准确性	10 分	
	对仓储合同的内容提炼的准确性	10 分	
	对不同仓单的用途判断的准确性	10 分	
	对仓单的作用描述的准确性	10 分	
	对仓单使用业务流程展示的完整性	10 分	
展示陈述	汇报展示及演讲的专业程度	5 分	
	语言技巧和非语言技巧	5 分	
	团队合作配合程度	5 分	
	时间分配	5 分	
合　计		100 分	

2. 素质点评价

使用说明：请按素质点评价指标及对应分值打分，分为学生自评 30 分、组员评价 30 分、教师评价 40 分，满分为 100 分，如表 2-7 所示。

表 2-7　素质点评价

素质点评价指标		分值	得分
学生自评	团队合作精神和协作能力：能与小组成员合作完成项目	6 分	
	交流沟通能力：能良好表达自己的观点，善于倾听他人的观点	6 分	
	信息素养和学习能力：善于收集并借鉴有用资讯和好的思路想法	6 分	
	独立思考和学习能力：能提出新的想法、建议和策略	6 分	
	职业精神和创新创业能力：具有敬业、勤业、创业、立业的积极性	6 分	
组员评价	团队合作精神和协作能力：能与小组成员合作完成项目	6 分	
	交流沟通能力：能良好表达自己的观点，善于倾听他人的观点	6 分	
	信息素养和学习能力：善于收集并借鉴有用资讯和好的思路想法	6 分	
	独立思考和创新能力：能提出新的想法、建议和策略	6 分	
	职业精神和创新创业能力：具有敬业、勤业、创业、立业的积极性	6 分	
教师评价	对学生的综合素质进行评价(包括团队合作精神和协作能力、交流沟通能力、信息素养和学习能力、独立思考和创新能力、职业精神和创新创业能力)	40 分	
合　计		100 分	

巩固提升

❖ 案例思索

案例 1 标准仓单质押贷款业务

中小企业贷款难的问题一直是社会普遍关心的问题之一。某棉花公司主营棉花收购业务，规模属中小型，长期在新疆库尔勒租场收购棉花，直接供应成都周边各县市的纺织厂，为成都市棉纺织行业提供货源。2022 年，随着该公司经营规模的不断扩大，面临为收购棉花缺少短期流动资金的困难。于是，该公司将所有资信材料备齐，向其他银行申请短期贷款，但因为不符合银行要求的担保而被拒之门外。这些银行的考虑是，该公司固定资产少，缺乏有效的抵押物和担保措施，信用不足，贷款风险较大。

该公司抱着试试看的心理找到中国农业银行(以下简称“农行”)，农行马上组织专业客户经理进行实地考察。经调查分析，该公司是一棉花贸易公司，棉花原料具有明显的季节性特点，阶段性库存比较多，所以该公司具有固定资产少、流动资产大的特点，尤其是棉花存货较高，占压大部分流动资金，造成资金紧张；但该公司也有自身的优势，即经营模式比较成熟、经营规模不断扩大、盈利稳定，在成都批发行业中处于上游水平，市场前景较好。该公司存货棉花是大宗原材料商品，价格公开、透明，价值容易确定，并因依托期货交易所变现力较强，如果采取棉花的标准仓单质押贷款，既有利于缓解企业生产经营过程中流动资金紧缺的问题，又有利于银行控制信贷风险。

于是，农行找到了解决该公司融资的方案：企业、农行和期货经纪公司共同签订了三方协议，借款企业将其持有的标准仓单质押于农行在期交所的席位下，期货经纪公司监督标准仓单在贷款期间不得交割、挂失和注销，农行向企业贷款，如企业无法还款，农行将通过期货交易所处置仓单。随即农行组织人员针对该公司已经制作的标准仓单，制定了标准仓单质押贷款的服务方案，得到公司认可。该公司提交了正式的业务申请表和相关的业务申报材料，一个月后最终完成了此笔标准仓单质押贷款的发放，贷款 90 万元，期限 6 个月，利率上浮 30%。综上，通过办理标准仓单业务实现银企“双赢”。

资料来源：百度文库.

思考回答：

1. 标准仓单的意义是什么？

____

____

____

2. 标准仓单有哪些特点？

____

____

____

3. 标准仓单适用于哪种类型的企业？

____

____

____

案例 2 模拟签订仓储合同

阅读以下材料，完成仓储合同内容的编制。

2022 年 8 月 1 日，成都市新兴粮油有限责任公司与缔义物流公司签订一份仓储合同。合同约定：由缔义物流公司为新兴粮油有限责任公司储存保管面粉 15 万千克，保管期限为 2022 年 8 月 2 日至 12 月 2 日，仓储费用为 1200 元/月，任何一方违约，均按仓储费用的 20%支付违约金。2022 年 9 月 1 日，新兴粮油有限责任公司将其所储存的 15 万千克面粉转让给了成都桃李面包厂。

分组完成：

根据案例设定的环境，结合所学知识，按要求分组，模拟成都市新兴粮油有限责任公司和缔义物流公司的合同签署过程，进行仓储合同的洽谈，完成拟定并签订仓储合同。

❖ 知识归纳

学习完仓储商务作业项目后，归纳总结本项目的重点知识、难点知识及课堂要点等。

项目 3 在库作业管理

教学目标

❖ 知识目标

1. 了解入库作业流程及入库准备工作内容。
2. 理解货物入库验收。
3. 理解货物在库内的各种存放方式。
4. 掌握货物堆码的原则及方法。
5. 掌握平置库货位和货架库货位的确定方法。
6. 了解各种装卸搬运的作业方式及其合理化的措施。
7. 了解在库货物的质量变化形式和影响库存货物变化的因素。
8. 理解仓库盘点的目的、内容和方法。
9. 了解常见的库存控制方法。
10. 理解库内货物分拣方式。
11. 了解货物出库前的准备工作和基本要求。

❖ 能力目标

1. 能分析入库货物特点，并做好入库准备；能用合理方法进行入库验收。
2. 会针对所存货物的送货方式、货物属性、入库数量、仓库及设备等条件制订入库作业计划。
3. 会处理货物入库时发生的单证不齐、数量短缺、质量不符等情况。
4. 能够办理入库交接，能用不同方法对货物进行堆码。
5. 能够根据货物特性选择合适的堆码方法。
6. 能够采用常见的堆码方式完成货物堆码操作。
7. 会根据入库作业计划准备货位、苫垫材料及验收与装卸搬运设备。
8. 能够根据入库计划确定货物存储的位置和所需的货位面积。
9. 能够选择合适装卸搬运方案以提高其灵活性。
10. 能够采用合适的措施进行仓储货物保管养护。

11. 会采用合适的盘点方法完成仓储货物盘点，并填写盘点单。
12. 会采用库存控制方法进行库存货物的管理。
13. 会采用一定的分拣方式进行库内货物的分拣。

❖ 素质目标

1. 具有精益求精的仓储技术操作意识。
2. 具有良好的职业素养和学习能力，能够运用科学的方法和技巧领悟新知识和新技能。
3. 具有团队协作精神和能力，能够与组员协调分工并完成任务。
4. 具有独立分析问题、解决问题的能力，以及勇于创新、敬业乐业的工作作风。

❖ 思政目标

1. 具有坚定的理想信念和艰苦奋斗的思想作风，树立精益物流服务的意识及科学发展观。
2. 具有敬业精神和工匠意识，意识到仓储在库作业管理活动规范化的重要性。
3. 树立仓储规范作业管理的专业意识。

思维导图

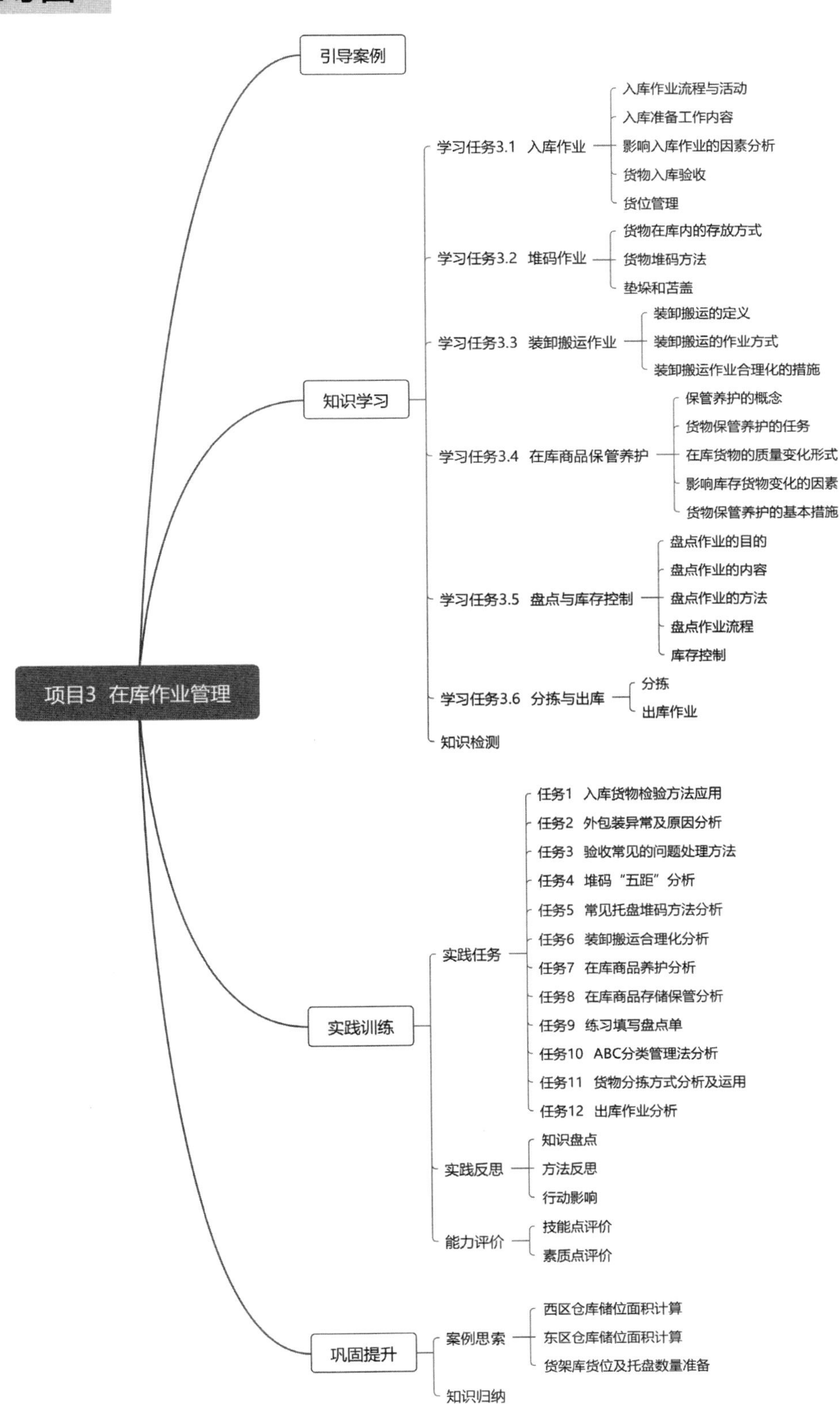
项目3　在库作业管理
引导案例
知识学习
学习任务3.1　入库作业
入库作业流程与活动
入库准备工作内容
影响入库作业的因素分析
货物入库验收
货位管理
学习任务3.2　堆码作业
货物在库内的存放方式
货物堆码方法
垫垛和苫盖
学习任务3.3　装卸搬运作业
装卸搬运的定义
装卸搬运的作业方式
装卸搬运作业合理化的措施
学习任务3.4　在库商品保管养护
保管养护的概念
货物保管养护的任务
在库货物的质量变化形式
影响库存货物变化的因素
货物保管养护的基本措施
学习任务3.5　盘点与库存控制
盘点作业的目的
盘点作业的内容
盘点作业的方法
盘点作业流程
库存控制
学习任务3.6　分拣与出库
分拣
出库作业
知识检测
实践训练
实践任务
任务1　入库货物检验方法应用
任务2　外包装异常及原因分析
任务3　验收常见的问题处理方法
任务4　堆码“五距”分析
任务5　常见托盘堆码方法分析
任务6　装卸搬运合理化分析
任务7　在库商品养护分析
任务8　在库商品存储保管分析
任务9　练习填写盘点单
任务10　ABC分类管理法分析
任务11　货物分拣方式分析及运用
任务12　出库作业分析
实践反思
知识盘点
方法反思
行动影响
能力评价
技能点评价
素质点评价
巩固提升
案例思索
西区仓库储位面积计算
东区仓库储位面积计算
货架库货位及托盘数量准备
知识归纳

引导案例

金立超市负责人告知其物流合作商缔义物流公司，第二天上午将有一批货物送到该公司的西区仓库储存，商品入库通知单如表 3-1 所示。

表 3-1 商品入库通知单

NO：20221009001				计划入库日期：2022 年 10 月 9 日	
商品名称	包装规格/毫米 (长×宽×高)	单价/ (元/箱)	质量/千克	入库数量/箱	备注
农夫山泉矿泉水	295×245×240	18	12	100	限高 10 层
冰川时代纯净水	295×245×240	18	12	100	限高 10 层
李锦记酱油	330×235×180	156	15	50	限高 5 层
力士沐浴露	295×245×275	288	16	80	限高 6 层
供应商：文尧商贸有限公司					

请你以缔义物流公司仓库管理员身份完成以下任务：

(1) 根据商品入库业务要求试着制订该批货物的入库作业计划。

(2) 若货物采用就地堆垛(地坪载荷为 3 吨/平方米)，此批货物需要仓库面积为多少？堆垛多高？

知识学习

学习任务 3.1　入库作业

扫码观看学习视频

3.1.1　入库作业流程与活动

货物入库作业一般包括以下流程：入库申请→入库作业计划及分析→入库准备→接运卸货→核查入库凭证→货物验收→办理交接手续→入库信息处理。

货物入库作业包括以下活动：入库准备、接运货物、验收货物(合格品入库，不合格品返回)、办理入库手续、堆码上架等。为了提高入库作业效率与质量，仓储管理员需要对入库作业活动进行统一的计划、组织、控制和协调。

3.1.2　入库准备工作内容

入库准备工作就是仓储管理员接受入库申请，然后制定货物存储方案，配备作业人员，准备存储货位、作业器具，这样才能在货物到达之后，快速、准确、高效地完成入库作业。

1. 接受入库申请

1) 入库申请

入库申请是存货人对仓储服务产生需求，并向仓储企业发出需求通知。

2) 入库通知单

入库通知单是存货人向仓储企业提出入库申请的书面形式。货主或货主委托方作为入库任务的下达单位，根据仓储协议，在一批货物送达仓库前给仓库下达入库通知单。入库通知单起预报入库信息的作用，内容一般包括日期、货物名称、包装规格、数量、供应商等信息。

2. 制定存储方案

制定存储方案前先要分析入库货物，即掌握入库货物的品种、规格、数量、包装形态、单件体积、到库时间、存期、理化特性、保管要求等，掌握这些信息是做好入库准备工作的前提和基础。

制定存储方案是根据入库货物的品种、数量、特性、保管条件的要求、存期等，选择最适宜的库房，并安排存储货位。

仓储管理人员应根据具体情况，灵活选择货位的使用方式和分配原则。

常用的货位使用方式有固定货位存放方式、分区存放方式、随机货位存放方式。

1) 固定货位存放方式

固定货位存放方式，即每个货物都有相应的固定位置，其他货物不能占用。但在实际中，有些固定货位存放方式允许两种或者更多的货物共用一个位置，其他货物不能占用。

优点：每种货物都有固定的存储位置，便于查找物料所在位置，可提高拣选效率，便于实现先进先出和批号管理，允许相似的货物被归类放置在最合适区域。

缺点：导致蜂窝仓储，储存空间利用率低，规划货位时要按峰值货量计算。

2) 分区存放方式

分区存放方式，即将所有货物按照某种属性或特性加以分类，每一类货物都有固定存放的区域，同属一类的不同货物按一定的原则指派货位，不属同一类的货物不能存放在同一区中。

优点：允许库存货物根据不同特性隔离存放，分批管理；货物被指定在某个区域里存放，但不指定特定位置，查找比较方便，仓储空间利用率较高，是仓库目前采用较多的一种存储方式。

缺点：不是总能满足高效率的货物处理要求，在有些情况下，可能增加管理复杂性，也可能导致蜂窝仓储，需要及时更新库存变化信息。

3) 随机货位存放方式

随机货位存放方式，即货物可随机放在任何空闲的位置上，不分类、分区。这种方式适用于库房空间有限，存储的货物种类少、体积较大、容易识别，需尽量利月存储空间的场合。

优点：由于货位可共用，储存空间的利用率较高。

缺点：出入库管理及盘点工作的难度较大；周转率高的货物可能被存储在距离出入口较远的位置，增加了出入库的搬运距离；具有相互影响特性的货物可能被相邻存储，造成货物的损害或发生危险。

练一练： 金立超市管理员陈易接到入库通知以后，对入库货物进行了分析，结论见表 3-2，结合存储区分区情况(见图 3-1)。请为这些货物分配存储区域。

表 3-2 入库货物存储特性

序号	货物名称	入库数量	存储单元	存储单元	保管要求
1	美宝莲粉底液	70 箱	箱	每层码 18 箱	常温
2	潘婷洗发露	120 箱	托盘	每托码 40 箱	常温
3	大宝洁肤乳	108 箱	托盘	每托码 54 箱	常温
4	春娟宝宝霜	140 箱	托盘	每托码 70 箱	常温
5	自然堂紧肤水	90 箱	托盘	每托码 45 箱	易燃液体，闪点低于 60℃，运输温度低于 41℃
6	欧莱雅修护眼霜	100 箱	托盘	每托码 50 箱	常温
7	蜜露香皂	60 箱	托盘	每托码 30 箱	常温
8	力士沐浴露	64 箱	托盘	每托码 32 箱	常温
9	美宝莲唇笔	120 箱	托盘	每托码 120 箱	常温
10	兰蔻唇膏	78 箱	托盘	每托码 78 箱	常温
11	沙宣定型喷雾	96 箱	托盘	每托码 8 箱	易燃危险品，不可在 0℃以下储存，运输温度低于 32℃

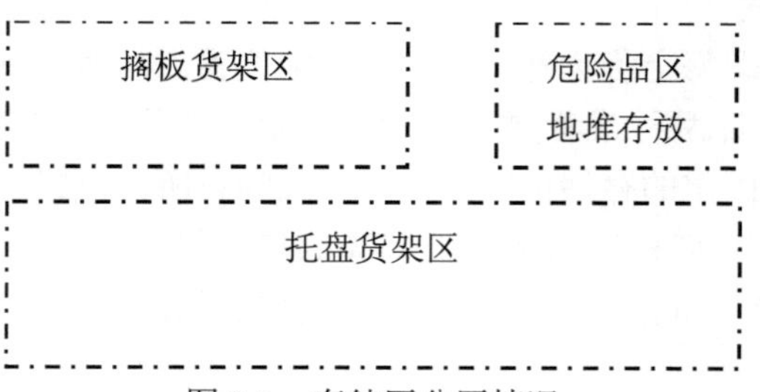

图 3-1 存储区分区情况

3.1.3 影响入库作业的因素分析

1. 供应商的送货方式

供应商的送货方式将直接影响入库作业的组织和计划。对仓库入库作业有影响的供应信息包括日均送货的供应商数量及最大量、送货的车型及车辆台数、每台车平均卸货时间、货物到达的高峰时间、货物的装车方式、中转运输的转运方式等。

2. 货物的种类、特性与数量

货物的种类、特性与数量将直接影响入库计划的制订、接货方式与接货人员的安排、装卸搬运机械及仓储设施设备的配备、库区货位的确定、苫垫材料的选择及温湿度控制等。

3. 仓库设备及存储方式

仓库设备是影响入库作业的主要因素，叉车、输送带、货架储位的可用性，以及人工装卸、无货架堆码等要加以综合考虑。若仓库设备先进，且都是货架储存，其操作过程简单，现场一般干净整齐，仓容利用率高，便于管理；若仓库设备简陋，基本是依赖人工操作，现场一般比较杂乱，仓容利用率低，管理难度大。

3.1.4 货物入库验收

练一练： 假设上午8点，供应商送货车辆准时到达物流公司的西区仓库，请完成以下任务。
(1) 货物入库前验收，需要对入库货物进行质量检验，你会如何检验？
(2) 试着填写检验报告单。

1. 货物入库验收的基本要求

在进行商品验收时，基本的验收要求是“准确、及时、严格、认真”。

1) 准确

“准确”就是验收的各项数据或检验报告必须准确无误，要对入库货物的实际数量和质量状况进行准确核对，并通过书面材料准确地反映出来，做到账、卡、物相符，降低收货差错率，提高企业的经济效益。

2) 及时

“及时”是指到库货物必须在规定的期限内完成验收工作。商品入库验收具有很强的时效性，必须做到及时验收，从而及时发现入库货物中存在的问题，尤其是质量问题，以便及时采取措施。只有及时验收，才能保证货物尽快入库，满足用货单位需要，加快货物和资金周转速度，同时有利于保证在规定的期限内对不合格货物提出退换货或索赔要求。

3) 严格

工作人员在工作时要严格执行验收标准和货物质量标准，货物不合格就不能入库，要对验收发现的问题严格记录，一旦发现货物包装不完整或者有破痕，就将其放到不合格区域，暂时不入库。

4) 认真

工作人员在工作时要认真负责，严格按照验收的方法、过程对货物进行检验。

小提示

供应商运来的货物经过长时间的运输及装卸搬运，可能存在质量或其他方面的问题。为提高仓储保管的质量，货物必须通过验收合格后才能入库储存。验收是仓储作业流程中必要的工作环节，是保证仓储保管质量的第一道关口。仓库通过验收货物，可以保护自己的经济利益，而验收记录是仓库提出换货、退货以及索赔的重要依据。

2. 货物入库验收的标准

为了及时准确地验收货物，必须明确验收的标准，常用的验收标准如下：依据采购合同或订单所规定的具体要求和条件；依据谈判时的样品；依据采购合同中的规格和图解；依据各类产品的国家品质标准或国际标准。通常，合同中会明确规定验收的标准；如果合同中没有规定，则按照国家标准或行业标准。

3. 货物入库验收的内容

1) 数量检验

入库数量准确与否直接关系到配送中心的库存数量控制和流动资产管理，因此数量验收是进货作业中非常重要的内容。

2) 质量检验

配送中心对入库货物进行质量检验主要是检验其质量指标是否符合规定，以便及时发现问题，分清责任，确保到库货物的质量。

质量验收有感官检验法和仪器检验法两种。感官检验法主要是借助于验收人员丰富的货物知识和实践经验，通过视、听、味、触、嗅觉来判断货物的质量。仪器检验法则是利用各种仪器设备，对货物的规格、成分、技术要求标准进行物理、化学、生物的分析及测定。

3) 包装检验

包装检验包括外包装检验和内包装检验。对包装进行检验时，首先检验产品的外部包装是否受损，以判断货物是否受损。其次检验包装是否符合有关标准，主要从包装使用的材料、规格、制作工艺、标志、打包方式等方面来检验。若需要对货物内包装进行拆包检验，一般应有两人以上同时在场操作，以明确责任。

4. 货物入库验收的流程及方法

1) 货物验收作业流程

货物验收作业流程如图 3-2 所示。

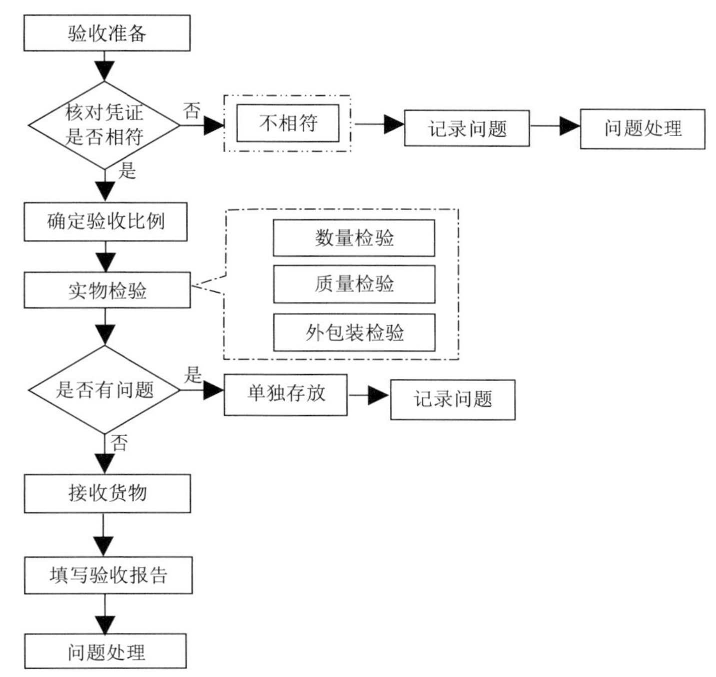

图 3-2　验收作业流程

2) 实物检验方法

实物检验是指根据入库单和有关技术资料对实物进行数量检验、质量检验和外包装检验。

(1) 数量检验。因货物的性质和包装不同，数量检验有 3 种方式，即计件、检斤、检尺，如表 3-3 所示。

表 3-3　数量检验方法

序号	数量检验方式	检验方法
1	计件	对按件数供货或以件数为单位的货物，在数量检验时清点件数
2	检斤	对按质量供货或以质量为计量单位的货物，在数量检验时进行称重，如金属材料、煤炭、硫黄和某些化工货物等
3	检尺	对以体积为计量单位的货物，在数量检验时采用先丈量尺寸，后求体积的方法，如木材、竹材、沙石等

对于不同货物，数量检验采用的比例如下所述。

① 对于大包装数量检验，100%点数。

② 对于内件数量检验，按固定数量进行包装的小件货物，若包装完好，且属于国内货物，可按一定比例抽验，如按 5%～15%比例拆箱查验件数，其余查看外包装是否完好即可；若是贵重货物，可增大抽验比例或全部开箱检验；对于进口货物，则按合同或惯例进行检验。

③ 散装货物 100%检斤，有包装的散料毛检斤率为 100%，回皮率为 5%～10%。

④ 定尺钢材检尺率为 10%～20%，非定尺钢材检尺率为 100%。

⑤ 贵金属材料 100%过净重。

⑥ 有标量或者标准定量的化工货物，按标量计算，核定总质量。

读一读：缔义物流公司数量检验策略

当入库货物为端午粽子时，由于它是固定数量包装，包装规格为 12 个/箱，入库查验时，按 5%比例开箱抽验数量，其余查看外包装是否完好，点箱数即可。

如果入库货物是贵重商品时，则增大抽验比例或全部开箱检验。例如罗技鼠标入库时，整个鼠标的包装规格为 50 个/箱，应逐箱开箱检验鼠标数量是否为 50 个。

(2) 质量检验。质量检验一般包括外观质量检验、尺寸精度检验和内在质量检验。仓库一般只进行外观质量检验和尺寸精度检验。内在质量检验一般分为性能检验和成分检验，由专业技术检验单位进行。

① 外观质量检验方法。外观质量检验方法主要采用感官检验法，即通过人的感官检验货物的外形或装饰有无缺陷。例如，检查液晶显示屏有无划痕，查看货物外观有无撞击痕迹、变形或裂纹等，检查货物是否被雨、雪、油等污染，有无潮湿、霉腐、生虫等问题。对于外观有严重缺陷的货物，要单独存放，等待处理。凡经过外观检验的货物，都应填写外观质量检验单(见表 3-4)。

表 3-4　外观质量检验单

序号	货物名称	抽验比例	检验标准				实测情况	检验结果
			无划痕	无变形	无开胶	无破碎		
1	真皮女鞋	5%	√	√	√			
2	平板电脑	100%	√			√		

② 尺寸精度检验方法。进行尺寸精度检验的货物主要是金属型材、部分机电货物和少数建筑材料。不同型材的尺寸检验各有特点，如椭圆形型材主要检验直径和圆度，管材主要检验壁厚和内径，板材主要检验厚度及其均匀度。尺寸精度检验一般采用抽验的方法进行。

对于不同货物，质量检验的比例如表 3-5 所示。

表 3-5　不同货物的质量检验比例

货物类别	比例
贵重货物、仪器仪表外观质量检验	100%检验
供应商信誉好、质量稳定、新出厂或价值不高的货物	按一定比例抽验
带包装的金属材料	5%～10%抽验
无包装的金属材料	100%目测查验
易霉变、受潮、受污染、受虫蛀货物或受机械性损伤的货物	5%～10%检验
进口货物质量检验	100%检验
入库量在 10 台以内的机电设备	100%检验
入库量在 100 台以内的机电设备	不低于 10%
运输、起重设备	100%检验

(3) 外包装检验。一般情况下的外包装检验主要检查外包装是否有变形、破损、污渍、湿水、发霉等情况。当仓储合同对外包装有具体规定时，要按照合同规定进行验收，如包装器具的形态、材质、质地、厚度等。

常见的外包装异常及原因如下所述。

① 外包装有人为挖洞、撬起、开封，通常是被盗的痕迹。

② 外包装有水渍、发霉，通常是被雨淋或者货物本身有渗透、潮解的现象。

③ 包装有污渍，通常是在运输或存储过程中，由其他货物破损导致相互污染，或由货物本身破损所致。

④ 包装破损、开裂，通常是在运输、搬运过程中，包装受损所致。

外包装检验主要通过用视觉、触觉等方法，通常在卸货的同时就完成查验。

3) 验收问题的处理

在货物检验过程中，如果发现单货不符、数量不符、质量有问题等情况，应按照以下原则分别处理。

(1) 凡是验收中发现问题的货物，一律单独存放，防止与良品混杂或丢失。

(2) 数量短缺的货物，在允许范围内的，可按原数量入账，超出允许范围的，验收人员应做好记录，按实际数量签收。

(3) 实际数量多于入库通知数量的货物，由主管人员通知供货商，退回多发货物或补足发货款。

(4) 凡有质量问题的货物，验收人员应及时办理退换货；经协商，可以维修的，可代为修理。

(5) 货物规格不符或错发时，验收人员应做好验收记录，及时通知供应商，办理退换货，或改单签收。

(6) 如果货物证件未到齐，验收人员应将其单独存放，通知供货商证件不齐，当证件到齐后，再进行验收入库。

(7) 属于承运单位造成的货物数量短缺或外包装破损，验收人员应凭货运记录向承运单位索赔。

(8) 如果属于入库通知以及证件已到而货物未到库的情况，验收人员应及时向主管人员汇报，查询处理。

验收常见问题及处理方法如表 3-6 所示。

表 3-6　验收常见问题及处理方法

问题	数量溢余	数量短缺/有无单货	品质问题	包装问题	规格、品类不符	有货无单	单证与实物不符
处理方法	通知供货商，退回或补货款	按实数签收，向供应商查询	及时办理退换货或维修处理	单独存放，等待进一步检查	改单签收或办理退换货	单独存放，等待进一步查询	及时通知供货商，拒绝收货

想一想：根据相关知识，对表 3-1 中的货物进行数量检验，请问每种货物的验收比例、检验方法分别是什么？

____

____

____

____

3.1.5 货位管理

1. 货位管理的原则

将货物按某种特性聚类后分区存放是货位管理的基本原则。具体的货位管理原则如下：根据周转频率分配货位；基于货物相似性分配货位；基于货物相关性分配货位；按先进先出要求分配货位；按照体积大小分配货位；按照质量特性分配货位；按照货物相容性原则分配货位；按照互补性原则分配货位。

想一想： 日化用品大类中，哪些商品经常会被捆绑销售？食品大类中，哪些商品经常会被捆绑销售？安排这些商品的货位时应如何考虑？

____

____

____

____

2.货位编号

1) 货位编号的定义

货位编号是指对货物存放场所位置按照一定顺序统一编列号码，并做出明显标志。实行储位编码，有利于提高物品收、发效率，减少串号和错发现象，便于仓管员之间的合作互助；也有利于仓储物品的检查监督和盘存统计；更有利于计算机管理信息系统的监督和控制。

2) 货位编号的要求

货位编号好比货物在仓库中的住址，必须符合“标志明显易找、编排循规有序”的原则，具体要求有以下几点。

(1) 标志设置要适宜。

(2) 标志制作要规范。

(3) 编号顺序要一致。

(4) 段位间隔要恰当。

3) 货位编号方式——四号定位法

四号定位法是目前应用较多的货位编号方式，它是采用4组数字号码对库房(货场)、货架(货区)、层次(排次)、货位(垛位)进行统一编号。如果同一仓储企业既有货场，又有库房、货棚等多种形态的仓库，常用C代表货场，K代表库房，P代表货棚。在实际应用中，四号定位法可根据需要灵活运用。

想一想： 在货位编号中，2K-4-3-5和2C-4-3-5分别表示什么？

____

____

____

____

3. 货位准备——储存空间计算

准备货位时，一般根据仓库的分区分类实情，确定入库货物储存的场所，然后根据堆放方式，确定入库货物所需的占用空间。普通货物的堆放方式有就地堆放(平置库)和货架存放(货架库)两种。

1) 平置库货位准备

如果计划就地堆放入库货物，在货物到达前应将存储的位置和所需的货位面积根据入库计划予以确定。

(1) 货物存储的位置主要考虑平置库平面布局、物品在库时间、物品物动量[①]高低等关键因素，高物动量的物品，在库时间一般较短，所以高物动量的物品应放置离通道或库门较近的地方。

(2) 货物所需货位面积必须考虑的因素有仓库的可用高度、仓库地面荷载、物品包装物所允许的堆码层数，以及物品包装物的长、宽、高。

① 占地面积的计算公式为

单位包装物面积=长×宽

单位面积质量=单位商品毛重÷单位面积

② 可堆层数从净高考虑的计算公式为

层数 a=库高÷箱高

可堆层数从包装标识限高考虑的计算公式为

层数 b=包装标识限高

可堆层数从地坪载荷考虑的计算公式为

层数 c=地坪单位面积最高载荷量÷单位面积质量

综上，可堆层数可取值为

可堆层数=min{a，b，c}

占地面积=(总件数÷可堆层数)×单位包装物面积

【例 3-1】西区仓库建筑面积为 6000m^2，地坪载荷为 1.2t/m^2，库高为 5m。现仓库接到一份入库通知单，详见表 3-7。这些货物入库后就地码垛堆存，请你作为仓库管理员计算出至少需要多大面积的储位？如果目标存储区域宽度限制为 8.0m，采用重叠式堆码，请计算预计货垛的垛长、垛宽及垛高各为多少箱？

表 3-7　入库通知单

编码	品名	货品规格/mm	包装材料	单体毛重/kg	包装标识限高/层	数量/箱	备注
0002	汽车配件	500×400×300	杉木	50	6	4000	

解析：

单位包装商品面积=500 × 400=0.2(m^2)

单位面积质量=50 ÷ 0.2=250(kg)

可堆层数从净高考虑：层数 a=5 ÷ 0.3 ≈ 16.67(层)，取 16 层

可堆层数从包装标识限高考虑：层数 b=6(层)

可堆层数从地坪载荷考虑：层数 c=1200 ÷ 250=4.8(层)，取 4 层

① 物动量是运动物体的质量和速度的乘积。

综上考虑，可堆层数应为 4 层。

$$占地面积=(4000 \div 4) \times 0.2=200(m^2)$$

$$垛宽=8 \div 0.4=20(箱)$$

$$垛高=4(箱)$$

$$垛长=4000 \div 20 \div 4=50(箱)，或垛长=200 \div 8 \div 0.5=50(箱)$$

答：此批入库商品就地堆码至少需要 200m^2 的储位面积。如果目标存储区域宽度限制为 8.0m，计划堆成重叠堆码的平台货垛的垛长为 50 箱、垛宽为 20 箱、垛高为 4 箱。

2) 货架库货位准备

如果计划上架存储入库货物，在明确存储位置和所需货位数量的同时，还要准备好相应数量的托盘。

(1) 货架库货位优化。决定计划入库货物的存储位置的关键因素是物动量，高物动量的货物应选择下层货位，中物动量的货物应选择中间层货位，低物动量的货物则应选择上层货位，如图 3-3 所示。

H2-01-12-03　H2-01-11-03	低物动量的货物应选择上层货位 H2-01-10-03　H2-01-09-03	H2-01-08-03　H2-01-07-03
H2-01-12-02　H2-01-11-02	中物动量的货物应选择中间层货位 H2-01-10-02　H2-01-09-02	H2-01-08-02　H2-01-07-02
H2-01-12-01　H2-01-11-01	高物动量的货物应选择下层货位 H2-01-10-01　H2-01-09-01	H2-01-08-01　H2-01-07-01

图 3-3　货架货位选择

(2) 货架库货位及托盘数量准备。为保证计划入库货物能够顺利入库，仓管人员应在入库前准备出足够的货位和上架所需的托盘。

在计算所需货位及托盘数量时应考虑的因素包括以下几项：①所需托盘规格；②计划入库的物品种类及包装规格；③叉车作业要求；④货架货位的设计规格；⑤作业人员的熟练程度与技巧。

需要注意的是，货架库货位与平置库货位不同的地方还包括货位净高的要求，以及叉车作业空间的预留，一般预留空间≥90mm。

【例 3-2】某物流公司计划入库美汁源果粒橙，货物包装规格为 200mm×360mm×270mm，堆码层限 6 层，共 555 箱。该公司托盘货架规格如图 3-4 所示，托盘使用 1200mm×1000mm×160mm 规格。现入库上架这批货物，需要的托盘数量为多少？

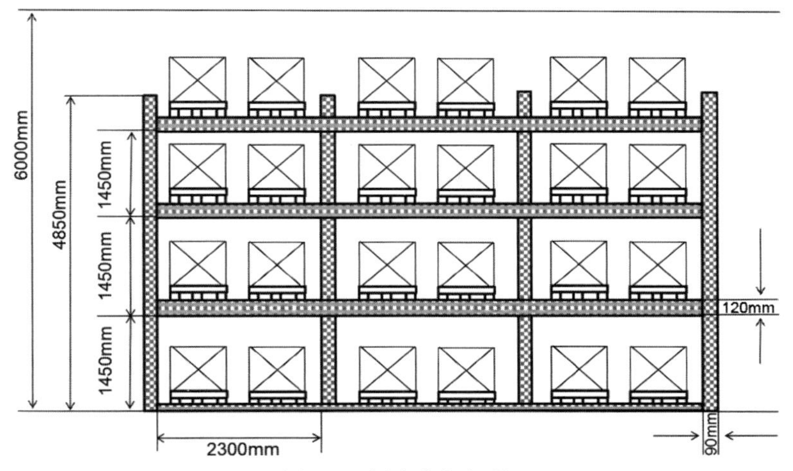

图 3-4　托盘货架规格

解析：

第一步，确定码放规则。

为了实现托盘利用率最大化，做到整齐、牢固、美观，该批货物使用重叠式堆码，所以，在托盘码放时，每层可码放 15 箱，奇偶数层相同，如图 3-5 所示。

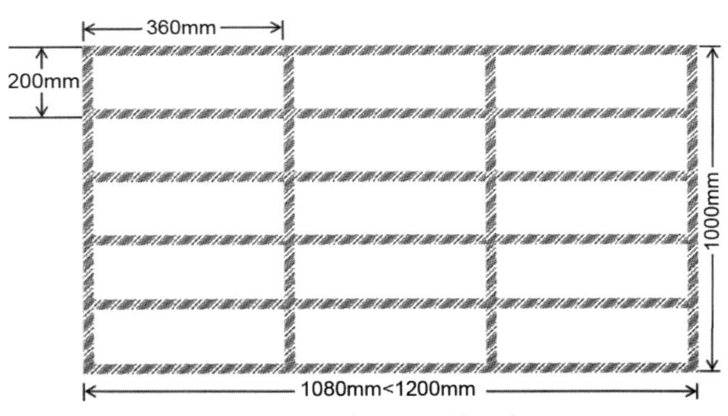

图 3-5　托盘一层码放示意

第二步，确定码放层数。

$$托盘码放层数=\frac{货架每层高度-货架横梁高度-托盘厚度-叉车上架作业空间}{货物包装的高}$$

$$=\frac{(1450-120-160-90)}{270}=4(层)$$

所以，这批货物每个托盘码放应不超过 4 层。

第三步，计算货位数量及所需托盘数量。

$$单位托盘码放数量=每层可码放数量\times托盘码放层数$$
$$=15\times4=60(箱)$$
$$该批货物所需托盘数量=货物总量\div单位托盘码放数量$$
$$=550\div60\approx10(个)$$

即该批货物入库前需准备 10 个托盘(货位)。

学习任务 3.2　堆码作业

扫码观看学习视频

3.2.1　货物在库内的存放方式

1. 垛堆存放

垛堆存放方式是指直接将单件货物整齐码放在地面上，可根据货物的形状、特性及场地情况，堆成各种形式的货垛。垛堆存放方式如图 3-6 所示。

图 3-6　垛堆存放方式

2. 货架存放

货架存放方式是指将货物直接码放在通用或专用货架上。这种方式适用于不宜堆高，包装脆弱、价值高的小件货物，如小百货、小五金、医药品等。货架存放方式如图 3-7 所示。利用货架存放可提高空间利用率，货物的质量由货架承担，可减少相互间的挤压，方便拣货等。

图 3-7　货架存放方式

3. 成组堆码存放

成组堆码存放方式是指将货物码放在成组工具上，利用成组工具(如托盘、集装箱、吸塑等)将货物组成一个更大的堆存单元，从而可以使用机械进行成组装卸、搬运、堆码。这种堆码方式适合于单件不宜采用机械装卸的货物，或者使用托盘、集装箱成组运输的货物。成组堆码货物可以放在横梁式货架上(货架存放)，也可以直接堆放在地面上(地堆存放)，如图 3-8 所示。

图 3-8　成组堆码存放方式

4. 散堆存放

散堆存放是一种将无包装的散货直接堆成货堆的存放方式。这种方式比较适合于露天存放的没有包装的大宗货物，如煤炭、矿石、散粮等。这种堆码方式简便，便于采用现代化的大型机械设备，节约包装成本，提高仓容利用率。散堆存放方式如图 3-9 所示。

图 3-9　散堆存放方式

3.2.2　货物堆码方法

堆码也称为码垛，就是将存放的货物整齐、规范地摆放成货垛的作业。无论是成组堆码，还是地面堆垛，都要确保堆码的质量。

1. 堆码的要求

1) 堆码的原则

对货物堆码时，要遵循合理、牢固、定量、整齐、方便、节约的原则。堆码的原则及说明如表 3-8 所示。

表 3-8 货物堆码原则及说明

序号	原则	说明
1	合理	合理，即搬运活性合理、分垛合理、垛形合理、质量合理、间距合理、顺序合理
2	牢固	牢固，即货垛稳定牢固，适当选择垛底面积、堆垛高度、衬垫材料，使货垛稳定、牢固、不偏不倚、不歪不倒
3	定量	定量，即每层同量，垛、行、层、包等都为整数，每垛有固定的数量，以便于盘点和检查。对于某些过磅称重的货物，不能成整数时，应明确标出质量，分层堆码，或成捆堆码，定量存放
4	整齐	整齐，即货垛排列整齐有序，横看成行、纵看成列，货物外包装上的标志一律朝外，便于查看和拣选
5	方便	方便，即便于后续装卸搬运、日常维护保养、检查盘点和灭火消防
6	节约	节约，即节约堆码劳动力消耗、苫垫材料消耗和堆码货位。力求一次堆码成形，减少重复作业，以节省人力消耗；小心使用苫垫材料，减少损耗和浪费；合理设计堆码方案，节约货位

2) 堆码的“五距”

堆码时还要注意“五距”，即垛距、墙距、柱距、灯距和顶距。

(1) 垛距，指货垛与货垛、货架与货架之间必要的距离。库房的垛距应不小于 0.5m；货架垛距与货架间距应不小于 0.7m。留垛距能够防止货物混淆，便于通风和检查货物。

(2) 墙距。库内货垛与隔断墙之间的内墙距不得小于 0.3m，外墙距不得小于 0.5m。留墙距能够防止渗水，便于通风散潮。

(3) 柱距。货垛或货架与库房内支柱之间应留有不小于 0.3m 的距离。留柱距能够防止货物柱距受潮，保护柱脚。

(4) 灯距。货垛与照明灯之间的必要距离称为灯距。必须严格规定灯距，不得小于 0.5m。留灯距能够防止火灾。

(5) 顶距。平房仓库顶距应不小于 0.3m；多层库房顶距不得小于 0.5m。留顶距主要是为了通风。

2.堆码方法

1) 常见堆码方法

货物的堆垛是指根据货物的特性、包装方式和形式。在明确货物质量、方便作业和充分利用仓容的前提下合理、灵活地确定堆垛方式。常见的堆垛方法如表 3-9 所示。

表 3-9　常见的堆码方法

堆垛方法	特征	图例
重叠式堆码	重叠式堆码是指各层码放方式相同，自下而上重叠码放，一件压一件，上下没有交叉的堆码方法。重叠式堆码的特点是操作简便，可用机械堆码，但货垛稳定性不好。重叠式堆码适于体积较大的箱装、袋装、扁平状货物的码放	
纵横交错式堆码	纵横交错式堆码是指相邻两层货物的摆放旋转 90°，一层横向放置，另一层纵向放置的堆码方法。每层间有一定的咬合效果，牢固度较好。纵横交错式堆码适于管材、型材、狭长的箱装物资等货物的码放	
仰俯相间式堆码	仰俯相间式堆码是指对上下两面有大小差别或凹凸的货物，如槽钢、钢轨等，仰放一层，再反一面俯放一层，仰俯相向相扣的堆码方法	
压缝式堆码	压缝式堆码是指将上一层的货物跨压在下一层两件相邻货物之间的缝隙上，逐层堆高的堆码方法。压缝式堆码的特点是层层压缝，货垛稳定，不易倒塌。压缝式堆码适于长方形包装或桶装货物的码放	
通风式堆码	通风式堆码是指任意两件相邻货物之间都留有空隙，以便通风的堆码方法。这种堆码方法的层与层之间多采用压缝式或纵横交错式。这种堆码方法一般适于箱装、桶装及裸装货物的码放	
栽柱式堆码	栽柱式堆码是指在货垛两侧栽上木桩或钢棒，形成 U 形货架，然后将货物平放在桩柱之间，码了几层后用铁丝将相对两边的桩柱拴连，再往上摆放货物的堆码方法。这种堆码方法一般适于棒材、管材等长条形货物的码放	
衬垫式堆码	衬垫式堆码是指码垛时，隔层或隔几层铺放衬垫物，衬垫物平整牢靠后，再往上码的堆码方法	
“五五化”堆码	“五五化”堆码是指以五为基本计算单位，堆码成各种总数为五的倍数的货垛，以五或五的倍数在固定区域内堆放，使货物“五五成行、五五成方、五五成包、五五成堆、五五成层”，堆放整齐，上下垂直，过目知数的堆码方法。该方法便于货物的数量控制、清点盘存	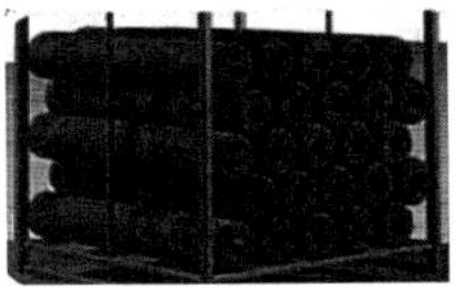

2) 托盘堆码方法

常见的货物托盘堆码方法有重叠式、纵横交错式、正反交错式、旋转交错式等。各种堆码方法有其优缺点，可以从堆码难易程度、操作方便性、货垛稳定性、货垛安全性、货垛通风性、空间利用率、层与层之间咬合力、便于机械化作业程度等方面进行分析。

(1) 重叠式(见图 3-10)。重叠式也称直堆法，是逐件、逐层向上重叠堆码，一件压一件的堆码方法。该方法方便作业、计数，但稳定性较差，适用于袋装、箱装、箩筐装物品以及平板、片式物品等。应用重叠式托盘堆码方法，物品各层排列方式、数量完全相同，层间无交叉搭接，垛形整齐。

优点：操作简单、计数容易、收发方便。

缺点：稳定性差。

(2) 纵横交错式(见图 3-11)。纵横交错式是指每层物品的排列方向都与前一层相垂直，逐渐向上堆放的堆码方法。这种方法主要适于管材、捆装、长箱装等物品的堆码。该方法稳定性较强，但操作不便。应用纵横式托盘堆码方法，货垛上下两层的物品的图谱正好旋转 90°，层间互相搭接。

优点：稳定性较好，是机械化作业的主要垛形之一。

缺点：对商品形态有要求，层与层之间通风效果不好。

(3) 正反交错式(见图 3-12)。正反交错式码垛是指同一层中，不同列的货物以 90° 垂直码放，相邻两层的货物码放形式是另一层旋转 180° 的形式。

优点：不同层间咬合强度较高，相邻层之间不重缝，因此码放后稳定性相对较高。

缺点：操作较为麻烦，既有层内的 90° 旋转，又有层与层之间的 180° 旋转，人工操作容易混淆方向。而且因为每一层之间是 180° 旋转过来的，每一列之间又不太一样，所以包装体之间不是垂直面互相承受载荷，导致承重量不高。也就是说，如果箱子的质量或者物品不是特别能承重，那么这种码垛方式往往会给物品带来负面的影响。

(4) 旋转交错式(见图 3-13)。旋转交错式堆码在每层堆码时，改变方向 90° 而形成搭接，以保证稳定性，但由于中央部位易形成空穴，降低了托盘的表面利用率。

优点：由于每两层货物间的交叉，使得货物便于码放呈正方形垛，货垛更加稳固，托盘货体稳定性较高。

缺点：堆码难度较大，且中间形成空穴，托盘外表积的利用率降低，托盘装载能力下降。

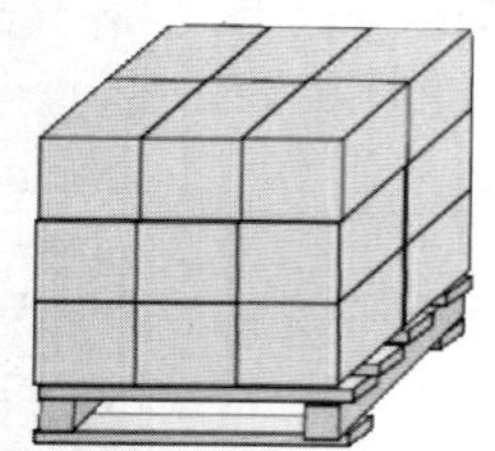

图 3-10　重叠式托盘堆码

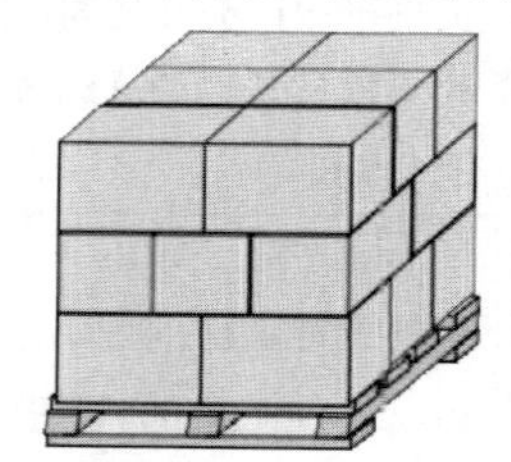

图 3-11　纵横交错式托盘堆码

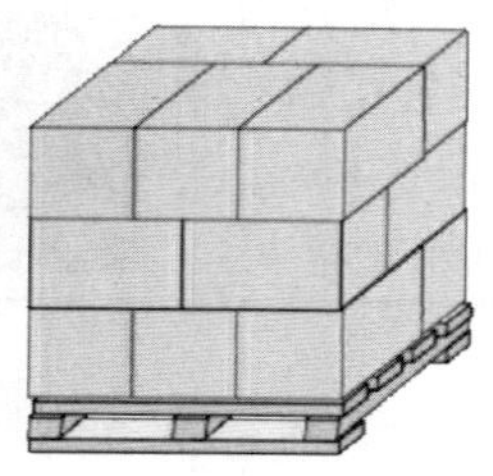

图 3-12　正反交错式托盘堆码

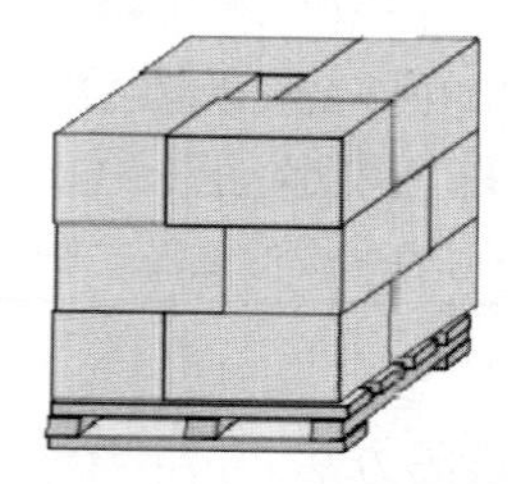

图 3-13　旋转交错式托盘堆码

想一想：对比分析以上 4 种托盘堆码方法，你发现了什么？

3.2.3 垫垛和苫盖

1. 垫垛

垫垛是指在货物码垛前，在预定的货位地面位置，使用衬垫材料进行铺垫。常用的衬垫物有枕木、废钢轨、货板架、木板、帆布、芦席、钢板等。

垫垛的目的有以下几个：使堆垛货物与地面隔离，防止地面潮气和积水浸湿货物；使地面平整；使地面杂物、尘土与货物隔离；使货物的泄漏物留存在衬垫之内，防止流动扩散，便于收集和处理；形成垛底通风层，有利于货垛通风排湿；通过强度较大的衬垫物使重物的压力分散，避免损害地坪。

2. 苫盖

苫盖是指采用合适的苫盖材料对货垛进行遮盖。苫盖的目的是给货垛遮阳、避雨、挡风、防尘，减少货物自然损耗，保护货物在储存期间的质量。常用的苫盖材料有帆布、芦席、竹席、塑料膜、铁皮铁瓦、玻璃铁瓦、塑料瓦等。常用的苫盖方法有就垛苫盖法、鱼鳞式苫盖法和活动棚苫盖法。

1) 就垛苫盖法

就垛苫盖法就是直接将大面积苫盖材料覆盖在货垛上的苫盖方法，如图3-14所示。该方法适用于遮盖起脊垛或大件包装货物，一般采用大面积的帆布、油布、塑料膜等作为苫盖材料。就垛苫盖法操作便利，但通风条件不好。

图3-14 就垛苫盖法

2) 鱼鳞式苫盖法

鱼鳞式苫盖法是将苫盖材料从货垛的底部开始，自下而上成鱼鳞式逐层交叠围盖的苫盖方法，如图3-15所示。该方法一般采用面积较小的席、瓦等材料。鱼鳞式苫盖法具有较好的通风条件，但每件苫盖材料都需要固定，操作比较烦琐、复杂。

3) 活动棚苫盖法

活动棚苫盖法是将苫盖物料制成一定形状的棚架，在货物堆垛完毕，移动棚架到货垛进行遮盖，或者采用即时安装活动棚架的方式进行遮盖的苫盖方法，如图3-16所示。活动棚苫盖法较为快捷，具有良好的通风条件，但活动棚本身需要占用仓库位置，也需要较高的购置成本。

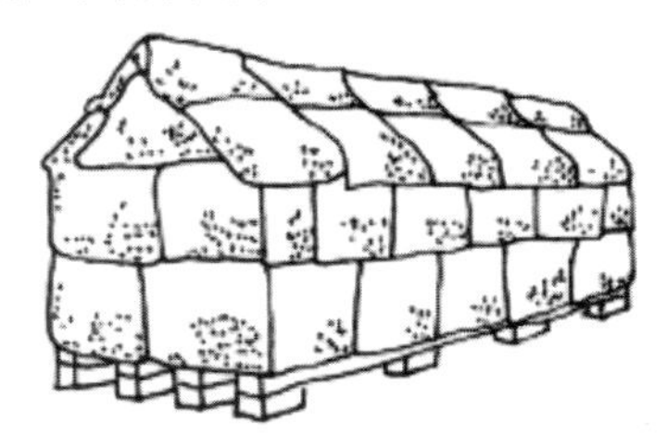

图3-15 鱼鳞式苫盖法

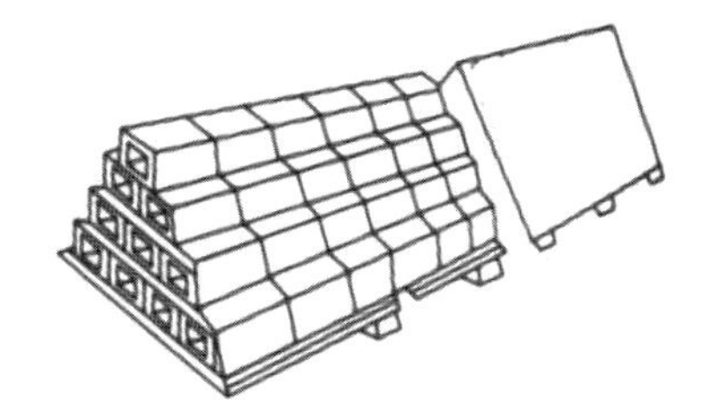

图3-16 活动棚苫盖法

扫码观看学习视频

学习任务 3.3　装卸搬运作业

想一想：缔义物流公司的西区仓库今天上午收到一批新兴商贸有限公司的货物，详见表 3-10。

表 3-10　新兴商贸有限公司送货单

客户名称：缔义物流公司

客户地址：××市××区物流大道佳吉物流园 a 区 23 号　　送货日期：2022 年 10 月 9 日

货物名称	规格	单位	单价/元	数量/箱	备注
农夫山泉矿泉水	596mL×24 瓶	箱	18	100	
冰川时代纯净水	550mL×24 瓶	箱	18	100	
李锦记酱油	上等蚝油 700g×24 瓶	箱	156	50	
力士沐浴露	焗油护理 750g×24 瓶	箱	288	80	

收货人：　　　　送货人：李刚 1998999××××

请你以缔义物流公司仓库工作人员身份完成以下任务：

(1) 入库时对以上货物采用哪种装卸搬运方式？

(2) 如果要提高货物的装卸搬运活性指数，该如何操作？

____

____

3.3.1　装卸搬运的定义

装卸是指货物在指定地点以人力或机械载入或卸出运输工具的作业过程；搬运则是在同一场所内，对货物进行空间移动的作业过程。

装卸多发生在货物出入库作业中，搬运多发生在仓库内部作业中。搬运作业往往伴随装卸作业，因此人们常常将装卸搬运合起来说。装卸搬运是仓储的基本作业环节，在仓储劳动作业量中所占比重最大。因为装卸搬运需要耗用较多的时间，所以它是影响仓储周转率的重要因素。装卸搬运也是仓储作业中出现次数最多的作业环节。从货物进入仓库的卸车、查验、堆码，到出库时的备货、清点、发运，以及涉及的流通加工无不伴随着装卸搬运作业。装卸搬运作业不仅任务繁重，还是容易造成仓储货物毁损的主要环节。因此做好装卸和搬运作业，不仅有利于降低仓储成本，也能大幅度降低仓储风险。

3.3.2　装卸搬运的作业方式

在实际工作中如何选择适宜的装卸搬运方式，对于提高装卸搬运效率，节约装卸搬运作业时间，降低装卸搬运费用至关重要。一般装卸搬运的作业方式可按照不同的标准来分类，主要分为以下几种。

1. 按装卸搬运作业对象划分

1) 单件作业

单件作业是利用人工搬运的一种方法，也是目前仓储作业广为采用的搬运形式。装卸搬运采用单件作业的原因有以下几个：①作业场地较狭小，不适合机械化设备操作；②由某些货物自身的属性决定；③企业考虑搬运对象的利润空间，单件作业费用低；④管理简单。

2) 集装作业

集装作业是指先将货物集装，再对集装后的货物进行搬运的一种方法。集装作业可以提高单次装卸搬运的批量，节约人力、物力、财力，并大幅度提高装卸搬运的效率。集装方式有多种，可应用托盘、集装箱、拉伸缠绕膜等。

3) 散装作业

散装作业是对粉末状货物及大批量不适宜包装的散货进行的装卸搬运作业，如煤炭、矿石、粮食、水泥。散装装卸搬运可以节省多道工序，节省包装费用。但散装作业所用的工具、车辆都是专用的，因此早期设备设施的投入较多。散装作业方法有重力法、倾覆法、气动输送法等。

2. 按物流设施、设备对象划分

1) 企业自有物流设施内的装卸搬运作业

企业自有物流设施内的装卸搬运作业包括工厂、自家仓库、配送中心等设施、场所内的装卸搬运活动。

2) 公共物流设施内的装卸搬运作业

公共物流设施内的装卸搬运作业包括公路中转站、港口、铁路车站、空港、仓库等设施、场所内的装卸搬运活动。

3. 按作业方式划分

按作业方式，装卸搬运分为吊上吊下作业、叉上叉下作业、滚装方式作业、移上移下方式作业、散装散卸方式作业。

4. 按装卸搬运作业手段和组织水平划分

1) 人工装卸搬运作业

人工装卸搬运作业是利用人工或借助简单工具进行的装卸搬运作业，也是一种单件作业。这种作业简便易行，作业成本低，但效率低。

2) 机械化装卸搬运作业

机械化装卸搬运作业是指主要利用机械进行的装卸搬运作业，这种作业属于人机作业。这种作业具有节省时间，效率较高，管理成本低，但单位作业费用较高的特点。

3) 综合化机械装卸搬运作业

综合化机械装卸搬运作业主要利用两种以上工具或全自动设备进行的装卸搬运作业，作业方式属于机机作业。这种作业效率高，错误率几乎为零，但作业费用高，若作业规模大而且规律，则其单位成本较低，自动化立体仓库和自动化分拣线就属于该作业方式。

5. 按运输手段划分

按运输手段，装卸搬运分为汽车装卸搬运、铁路货车装卸搬运、船舶装卸搬运、飞机装卸搬运。

6. 按作业特点划分

1) 连续装卸搬运作业

连续装卸搬运作业是指同种大批量散装或小件杂货通过连续输送机械连续不间断地进行的作业。这种作业在装卸搬运对象不易形成大包装的情况下适用。

2) 间歇装卸搬运作业

间歇装卸搬运作业主要适用于货流不固定的各种货物，尤其适于包装货物、大件货物，具有较强的机动性，装卸搬运地点可以在较大范围内变动。

7. 按货物运动形式划分

按货物运动形式，装卸搬运分为垂直装卸搬运和水平装卸搬运。

3.3.3 装卸搬运作业合理化的措施

装卸搬运作业本身并不增加货物的价值和使用价值，相反，装卸搬运还有可能成为沾污、损坏货物和影响货物价值的直接原因，因此，要尽量使装卸搬运合理化。装卸搬运作业合理化的措施有以下几个。

1. 防止和消除无效作业

无效作业是指在装卸搬运作业活动中超出必要的装卸、搬运量的作业。显然，防止和消除无效作业对装卸搬运作业的经济效益有重要作用。为了有效地防止和消除无效作业，可从以下几个方面入手。

1) 尽量减少装卸次数

要使装卸次数降低到最少，要避免没有物流效果的装卸作业。

2) 提高被装卸货物的纯度

货物纯度是指货物中含有水分、杂质与物料本身使用无关的物质的多少。货物纯度越高，则装卸作业的有效程度越高；反之，无效作业就会越多。

3) 包装要适宜

包装是物流中不可缺少的辅助作业手段。包装的轻型化、简单化、实用化会不同程度地减少作用于包装上的无效劳动。

4) 缩短搬运作业的距离

货物在装卸、搬运过程中，要实现水平和垂直两个方向的位移，则优先选择最短的路线完成这一活动，就可避免长路线带来的无效劳动。

2. 合理采用装卸搬运方法

装卸搬运作业现场的平面布置是直接影响装卸搬运距离的关键因素，装卸搬运机械要与货场长度、货位面积等相互协调。要有足够的场地集结货物，并满足装卸搬运机械工作面的要求，场内的道路布置要为装卸搬运创造良好的条件，有利于加速货位的周转。装卸搬运距离达到最小平面布置是减少装卸搬运距离最理想的方法。

提高装卸搬运作业的连续性应做到：作业现场装卸搬运机械合理衔接；不同的装卸搬运作业在相互连接使用时，力求使它们的装卸搬运速率相等或接近；充分发挥装卸搬运调度人员的作用，一旦发生装卸搬运作业障碍或停滞状态，立即采取有力的措施补救。

3. 提高装卸搬运的灵活性

装卸搬运的灵活性是指在装卸搬运作业中的货物进行装卸作业的难易程度，又称装卸搬运活性指数。所以，在堆放货物时，首先要考虑到货物装卸作业的活性指数。

根据货物所处的状态，即物料装卸、搬运的难易程度，装卸搬运活性指数可分为不同的级别，如表 3-11 所示。

表 3-11　装卸搬运活性指数

活性指数	物品状态	图例
0 级	货物直接散堆在地面上的状态	移动 装车 4 运走 支垫 3 升起 装箱 2 搬起 1 散放 集中 0
1 级	货物装箱或经捆扎后的静置状态	
2 级	箱装或被捆扎好的货物，下面放有枕木或托盘等衬垫，便于叉车或其他机械作业的状态	
3 级	货物被放于台车上或用起重机吊钩钩住，即刻可以移动的状态	
4 级	货物放置于已经被启动或可直接作业的状态	

从理论上讲，活性指数越高越好，但必须考虑到实施的可能性。例如，货物在储存阶段中，活性指数为 4 的输送带和活性指数为 3 的车辆，在一般的仓库中很少被采用，这是因为大批量的货物不可能存储于输送带和车辆上的缘故。

想一想：缔义物流公司的西区仓库接收了可乐、牛奶、面包、洗衣液、塑料盆、玉米、洗碗巾、食用油等商品，每种商品 50 箱，经卸车检验合格后需入库保管，但是这批货物数量多达 400 箱，且需在半小时内搬运到指定货位。请你为仓管员提出一些针对该批货物装卸搬运的方案或建议。

____

____

____

学习任务 3.4　在库商品保管养护

3.4.1　保管养护的概念

保管养护是指仓库针对货物的特性，采取科学的手段对货物进行保管，防止和延缓货物质量变化的行为。

3.4.2　货物保管养护的任务

货物保管养护的基本任务就是根据在库货物的特性及其变化规律，为货物提供适宜的保管环境，合理利用储存空间和设施设备，确保在库货物的安全，避免发生数量和质量变化，为下一步货物出库打下良好基础。货物保管养护的基本方针是“以防为主，以治为辅，防治结合”。

3.4.3　在库货物的质量变化形式

货物在库期间受环境因素的影响，可能会发生质量变化，影响货物的原有价值。常见的质量变化形式有化学变化、物理变化、生化变化、机械变化、价值变化等，具体变化的现象如表 3-12 所示。

表 3-12　常见的质量变化形式及现象

质量变化形式	变化的现象
化学变化	氧化、锈蚀、分解、老化、水解、燃烧与爆炸、化合、聚合、裂解等
物理变化	固体、液体、气体“三态”之间的变化，例如熔化、凝固、挥发、潮解等，以及货物串味、沾污、干裂、渗漏等现象
生化变化	鲜肉、水果、粮食、牛奶等货物在储存过程中受环境影响会发生呼吸、发芽、霉腐、胚胎发育、虫蛀、后熟等变化
机械变化	物品在外力作用下可发生的形态变化，如变形、破碎等
价值变化	储存停滞损失，即因储存时间过长，市场需求发生了变化，使该货物的效用降低；时间价值损失，即储存时间越长，储存成本越高，所造成的经济损失越大

3.4.4　影响库存货物变化的因素

小提示

影响库存商品质量的因素很多，主要有两个方面：一是商品内在的因素，二是商品外在的因素。外在因素通过内在的因素而起作用，内在因素由于外在因素的影响产生变化。

商品质量变化的内在因素有以下几个：商品的化学成分、理化性质、组织结构等。这些因素在商品制造过程中就已形成，然而在储存过程中要充分考虑这些性质和特点，创造适宜的仓储条件，减少或避免其内部因素产生作用而引起商品质量的变化。

商品质量变化的外在因素可分为社会因素和自然条件因素两方面。社会因素包括国家的方针政策、技术政策、企业管理等，这些因素影响商品的储存时间、储存水平及储存规模，对储存质量具有间接影响。自然条件因素包括日光、温度、湿度、氧气含量等，这些都是直接作用，都会造成商品变质和损坏。

1. 库存货物发生物理变化的影响因素

1) 熔化的影响因素

熔化主要受周围温度影响，如石蜡、沥青、润滑脂在高温环境下可能发生熔化。该类货物一旦软化或熔化，不但影响自身的质量，而且会流失，污染其他的货物等。

2) 凝固的影响因素

凝固主要受温度影响，如有些柴油品种的凝点为 10℃，当室温降至此温度及以下时，该种柴油就会发生凝固而影响使用。此外，货物凝固后，体积会膨胀，可能导致容器破裂，造成流失及事故。

3) 挥发的影响因素

挥发主要受温度的高低、液面的大小、液面上压力的大小、液体或空气流动速度的影响。

4) 潮解的影响因素

潮解主要受空气湿度影响。潮解的主要对象是固体化工原料。易发生潮解的物质有以下几类：碱类物质，如氢氧化钠、氢氧化钾；盐类物质，如碳酸钠、氧化钠、氯化钙、氯化镁和硝酸钾等。

想一想：哪些货物在存储过程会发生物理变化？变化的现象是什么？应如何预防？

____

____

____

2. 库存货物发生化学变化的影响因素

化学变化主要受空气中的氧气、水分含量以及溶液的酸碱度等影响。

易发生氧化的物质有棉、麻、丝、毛等纤维织品，还有橡胶制品、油脂类货物、某些化工原料等。氧化反应可产生热量，发生自燃。因此，容易发生氧化的货物应储存在干燥通风与散热良好、温度比较低的库房。

遇到水容易发生分解的物质有电石、漂白粉、过氧化氢等，分解可导致货物数量减少、质量降低，并可能释放一定的热量和可燃气体，引发事故。因此，该类货物存放时要注意包装物的封闭性，库房中要保持干燥、通风。

某些物质遇到酸性溶液或碱性溶液会发生水解。例如，肥皂在酸性溶液中能全部水解，而在碱性溶液中却很稳定；蛋白质在碱性溶液中容易水解，而在酸性溶液中却比较稳定；羊毛等蛋白质纤维怕碱不怕酸，棉纤维则在酸性溶液中易发生水解，纤维强度降低。

想一想：哪些货物在存储过程会发生化学变化？变化的现象是什么？应如何预防？

____

____

____

3. 库存货物发生生化变化的影响因素

库存货物主要受温度、空气中氧气的影响，发生呼吸、发芽等生化变化。

货物呼吸的危害：有机货物通过呼吸，分解其体内的有机物，产生热能，维持生命活动，但呼吸会消耗营养物质，降低货物的质量，释放热量。例如，粮食的呼吸作用会产生热量，热量积累过多会使粮食变质，甚至自燃。

货物发芽的危害：发芽导致营养物质损失，降低有机体货物的质量，降低食用价值。马铃薯发芽还会产生有毒物质，发芽过程通常伴随发霉。

鲜蛋容易发生胚胎发育现象，影响因素主要有温度和供氧条件。货物胚胎发育的危害主要是新鲜度和食用价值大大降低。预防措施是加强温湿度管理，进行低温储藏。

香蕉等瓜果类、蔬菜类货物在脱离母株后，会继续其成熟过程，该现象叫“后熟”。后熟的危害是后熟作用完成后，货物容易发生腐烂变质，难以继续储藏，甚至失去食用价值。预防措施是控制储藏条件，调节后熟过程。

想一想：哪些货物在存储过程会发生生化变化？变化的现象是什么？应如何预防？

______

______

______

4. 其他生物引起的霉腐变化

其他生物引起的霉腐变化主要有霉变、发酵、腐败等。霉变是由于霉菌在货物上繁殖导致的变质现象。发酵是酵母菌和细菌分泌的酶作用于食品中的糖类、蛋白质而发生的分解反应。腐败是腐败细菌作用于食品的蛋白质发生的分解反应，使食品失去食用价值，产生危害健康的物质。

引起霉腐的主要因素有光线、空气、湿度、温度。

霉腐微生物大多属于中温性微生物，适宜生长温度为20℃～30℃，10℃以下不易生长，45℃以上停止生长。

想一想：哪些货物在存储过程会发生霉腐变化？变化的现象是什么？应如何预防？

______

______

______

影响库存货物发生质量变化的外在因素如表3-13所示。

表3-13 影响库存货物发生质量变化的外在因素

因素	内容
自然因素	储存环境的温度、湿度、空气、阳光、尘土、杂物、微生物、虫鼠害、自然灾害等
人为因素	保管场所选择不当、包装不合理、装卸搬运不合理、堆码苫垫不合理、违章作业等
储存期	储存期过长，超过保质期等
机械因素	受外力撞击、挤压等
电子因素	静电、接地等

学一学：新都某电商园区1号仓库仓储区有62000m^2，分为自行车备件库、家用电子设备库、手机备件库、化妆品库、综合仓库(存放日化用品、家居生活品、百货类等货物)。自行车备件库为常温库，保管注意事项为防高温、防变形等，轮胎需竖放，金属配件需防高温、防变形。家用电子设备为常温库，电子配件等需防磁，电子类货物有防尘、防静电要求，仓库水磨石地面嵌入金属条，工作人员穿防静电服，金属触点露在外面的，必须小心静电，操作台上摆放有防静电的胶垫。手机备件库为恒温库，库房温度控制在18℃～26℃，IC类部件存放温度为0℃

的干燥环境，因此库房配有干燥箱，用于存放IC类芯片，干燥箱门打开的时间不超过1min。

3.4.5　货物保管养护的基本措施

1. 严格验收入库货物

为保证货物在库期间的保管质量，入库时应把好质量关，验收时若发现有霉变、腐败、熔化、沉淀、结块、渗漏、虫蛀、沾污及外包装潮湿、破损的货物，应挑出并另行处理。

2. 适当安排储存场所

不同货物有不同的特性，对保管条件的要求也不同，应根据货物特性安排适当的存储地点。例如，医药行业对药品的存放环境是有严格要求的，环境的温湿度对药品的保存寿命与质量有很大影响，高温高湿会使药品发霉、变质，失去药用价值，该类药品应存放在有温湿度监测和控制条件的仓库中。而怕热、易挥发、易燃烧、易爆炸的货物应存放在温度较低的地方；易受潮、霉变、锈蚀的货物应存放在阴凉干燥处；性质相抵触或易发生串味的货物应分区存放。

3. 合理进行堆码苫垫

对于易受地面潮气影响的货物，堆码时应注意做好垫垛隔离工作，露天存放的货物应使用帆布、芦席、活动棚等进行苫盖。根据货物的性能、当地的气候条件妥善堆码，并按要求留出“五距”。

4. 控制好仓库的温湿度

货物的质量变化受空气的温度和湿度影响较大。仓库要根据所保管货物的特性、对环境温湿度的要求，采取通风、密封、吸潮措施以及安装调节仓库温湿度的设备，将仓库温湿度控制在货物适应的范围内。

5. 认真进行在库检查和盘点

在库检查和盘点工作对及时发现问题、保障存储质量具有重要作用。日常检查内容包括仓库卫生是否清洁，货物储存环境是否适宜，货物是否发生霉变、虫害、生锈等质量变化。一旦发现问题或隐患，要及时采取措施，防止损失扩大。

6. 做好仓库的清洁卫生

储存环境不清洁，易引起微生物、虫类的滋生繁殖，因此仓库管理人员应经常对仓库内外环境进行清扫，彻底铲除仓库周围的杂草、及时清除垃圾等，必要时使用药剂消杀微生物和潜伏的害虫。对于容易遭受虫蛀、鼠咬的物料，要根据物料性能和虫鼠生活习性及危害途径，及时采取有效的防治措施。对于食品等易招虫蛀、鼠害的货物，仓库管理人员应采取措施切断虫害来源，对已发生的虫害、鼠害采取措施进行治理。

做一做：新都物流园区的化妆品仓库存放美加净、相宜草本、美素、雅倩、丁家宜、采诗、自然堂、佰草集、隆力奇、大宝等品牌的个人护理货物，电子货物仓库主要存放电子通信设备配件，药品仓库主要存放生物制药和疫苗。请你试着为这3个仓库制定保管养护方案。

___

___

___

扫码观看学习视频

学习任务 3.5　盘点与库存控制

想一想：新都物流园区某电子产品仓库原来由旺达公司自行管理，现旺达公司拟将其电子产品仓库的管理移交给物流园区的缔义物流公司管理。为了厘清电子产品仓库现状，双方需要对库内货物的数量和位置等进行清点、核对、整理。双方原计划在 6 月 16 日进行库存盘点，但 6 月 18 日顺达公司开展“6•18”促销活动，因此，双方另商议盘点时间并定在 7 月 1 日—7 月 3 日，请根据所学知识为该公司制定盘点方案。

3.5.1　盘点作业的目的

知识链接

盘点作业就是对库存货物的实际数量进行清查、清点。客户将仓储业务外包，最关心的就是库存信息的准确性。而仓库里的货物具有流动性，不断有货物入库、出库，容易产生库存记录与实际货物数量不符的现象，这就需要定期或不定期地对库存货物的数量进行清查、清点。除此之外，通过盘点，我们还可以发现货物质量等其他方面问题。

1. 准确掌握库存数量，保证账实相符

通过清点库存货物数量，修正存货记录与实际存货数量之间的误差。造成存货记录与实际库存之间产生误差的原因有以下几个：库存记录不准确，如发生多记、漏记、误记；库存货物发生丢失、损耗，入库验收与出库复核数量有误；盘点结果不准确，有漏盘、重复盘、误盘等。

2. 计算企业的损益

企业的损益与总库存金额密切相关，而库存金额又与库存量及货物单价有关。因此，为了准确计算企业的实际损益，就必须对现有库存货物的数量加以盘点。

3. 及时发现仓库管理中存在的问题

通过盘点，可以发现是否有货物积压、变质、丢失、损耗过大等现象；通过对盘盈和盘亏原因的分析，可以及时发现仓库管理中存在的问题，及时采取补救措施，提高管理水平。

3.5.2　盘点作业的内容

盘点作业主要有以下几方面的内容。

1. 清点库存货物数量

通过清点库存货物数量，核对账面库存信息与实际库存数量是否相符。

2. 检查库存货物的质量

盘点的同时，检查在库货物的质量是否完好，有无腐败变质、超过保质期或有效期、长期积压的货物。

3. 检查货物的保管条件

盘点的同时，检查仓库保管条件是否符合货物保管的要求，如温度、湿度是否符合要求，卫生条件是否符合要求，堆码是否符合要求，货垛是否稳定等。

4. 检查仓库的安全情况

盘点的同时，检查仓库安全设施是否完好，消防设备和器材是否正常。

3.5.3 盘点作业的方法

盘点作业的方法主要有现货盘点法和账面盘点法两种。

1. 现货盘点法

现货盘点法是指对实际库存货物进行数量清点的作业方法。

依据盘点频率和盘点时间的不同，现货盘点法可分为期末盘点、循环盘点、交接盘点、动态盘点和抽样盘点。

(1) 期末盘点。期末盘点是指在会计计算期末全面清点所有货物数量的方法，又称为全盘。常见的有月度盘、季度盘、年度盘。

特点：期末盘点将仓库内的所有货物一次盘点完，工作量大、盘点要求严格，盘点期间要停止出入库作业，会影响生产，通常是应财务核算要求而进行的盘点。

读一读： BYM公司始创于1992年，以“关爱生命，热爱生活”为宗旨，集团业务包括婴幼儿食品、婴幼儿用品、育婴咨询服务、生命科学和母婴保健、育婴工程、爱婴工程六大模块。BYM公司于2004年引进的国内和国外研发力量，协同物流配送系统、先进的育婴咨询服务理念，通过国际化的品牌和本土化的市场运作，来支持和保证BYM公司国际代理店项目的长期、稳定发展。近年来，BYM公司高层看到了“移动改变生活”带来的销售方式的转变，因此大力拓展线上到线下(O2O)模式，将线上销售与线下实体进行融合。通过直邮服务让客户享受便捷、轻松的购物。BYM公司“鲜享直邮”项目就是一个典型的线上销售、线下配送项目，该项目的订单分别来自天猫、京东、妈妈购3个销售平台，由中国邮政速递物流股份有限公司提供货物调拨入库运输、库存管理、订单受理、拣货包装、发货寄递等物流服务。项目总仓库盘点方案有两种：①期末盘点，每月安排两次库存盘点，以确保系统库存信息与实物完全吻合，库存盘点人员由分仓运营人员与贝因美方人员共同完成，盘点时间分别安排在每月的15日及当月的月末；②异动盘点，日常库存管理中，仓库运营人员根据当日订单量情况自行安排异动盘点，确保库存完好准确。

(2) 循环盘点。循环盘点是指在每天、每周盘点一部分货物，一个循环周期将每种货物至少清点一次的方法。

特点：一次只对少量货物盘点，适用于不能停止生产的仓库。

读一读： 某汽车零部件仓库主要存放传感器、仪表、电瓶、刹车片等汽车生产线用的零部件，由于仓库为24小时作业，全天候为生产线供应零部件，仓库存货量实时发生变化，然而，信息系统的库存量有时与实物变化不一致。为解决仓库实物库存与信息系统库存不一致的情况，仓库进行分区盘点，采用循环盘点法，保证每个月完成一个循环。

(3) 交接盘点。交接盘点是指交接班时进行的盘点。

特点：交接盘点适用于零售业或对贵重货物的盘点。

(4) 动态盘点。动态盘点是指每天对有出入库变化的料号或储位进行的盘点，又称异动盘点或不动不盘。

特点：动态盘点工作量小，能及时反映货物数量的变化，可在每天下班前进行。对于 24 小时作业的仓库，后一个班盘点前一个班的异动并查明原因。

(5) 抽样盘点。抽样盘点是指库存如果有多个品种，抽取其中的几个进行盘点的方法。

特点：选择某些货物进行盘点，可减少盘点的工作量，适用于品种繁多的配件类物资盘点。

2. 账面盘点法

账面盘点法是指为每种货物设立“存货账卡”，然后将每种货物的出入库数量及相关信息记录在账面上，逐笔汇总出账面库存余额的作业方法。账面盘点法便于随时从账面或计算机中查询出入库记录及库存结余数量。

根据盘点作业仔细程度的不同，账面盘点法可分为实盘、盲盘和复合盘。

(1) 实盘。将所有货物的信息和数量打印出来，盘点人员只需到现场清点和核对相关信息的准确性，发现差异则注明，留待修订。

(2) 盲盘。打印一个空白盘点表，盘点人员必须仔细对实物进行盘点，并填写盘点表内所有的信息。

(3) 复合盘。打印货物信息清单，但不写数量，由盘点人员清点货物数量之后如实填写。

以上 3 种盘点方式的盘点仔细程度不同。盘点作业越细，数据就越准确，但工作量也越大。

3.5.4 盘点作业流程

一般情况下，盘点作业程序为盘点前准备、培训盘点员、清理盘点现场、初盘方法、复盘方法、清查账实不符的原因、处理盘点结果。

想一想：如何进行现货盘点？

3.5.5 库存控制

1. 库存的定义

库存是企业在生产经营过程中为销售或耗用而储备的货物。一般来说，库存是处于储存状态的货物，但广义上的库存还包括处于制造加工状态和运输途中的货物，所以企业的原材料、半成品、产成品等都属于库存范畴。

2. 库存的分类

按物品在企业的产品成型状态划分，可分为原材料库存、半成品库存以及产品库存。

按库存物品的形成原因(或作用)划分，可分为安全库存、储备库存、在途库存和正常周转库存。

按物品需求的相关性，可分为独立需求库存和相关需求库存。

3. 库存的合理控制

库存控制要考虑销量、到货周期、采购周期、特殊季节特殊需求等。

库存量过大产生的问题有以下几个：增加仓库面积和库存保管费用，从而提高了产品成本；占用大量的流动资金，造成资金呆滞，既加重了货款利息等负担，又会影响资金的时间价值和机会收益；造成产成品和原材料的有形损耗和无形损耗；造成企业资源的大量闲置，影响其合理配置和优化；掩盖了企业生产、经营全过程的各种矛盾和问题，不利于企业提高管理水平。

库存量过小产生的问题有以下几个：造成服务水平的下降，影响销售利润和企业信誉；造成生产系统原材料或其他物料供应不足，影响生产过程的正常进行；使订货间隔期缩短，订货次数增加，订货(生产)成本提高；影响生产过程的均衡性和装配时的成套性。

知识链接

正确理解“库存控制”

库存控制的传统狭义观点：库存控制即仓储管理，是针对仓库的货物进行盘点、数据处理、保管、发放等，通过执行防腐、温湿度控制等手段，达到使保管的实物库存保持最佳状态的目的，又称为实物库存控制。

库存控制的广义观点：库存控制是为了达到公司的财务运营目标，特别是现金流运作，通过优化整个需求与供应链管理流程，合理设置ERP控制策略，辅之以相应的信息处理手段、工具，从而在保证及时交货的前提下，尽可能降低库存水平，减少库存积压与报废、贬值风险的活动。广义的库存控制除包括仓储管理，还包括预测与订单处理、生产计划与控制、物料计划与采购控制、库存计划与预测，以及成品与原材料的配送与发货的策略、海关管理流程等，整个活动贯穿于整个需求与供应管理流程的各个环节。

资料来源：百度百科。

想一想：张月是刚毕业的大学生，应聘到缔义物流公司担任仓库主管助理一职。她进入仓库工作后，就有员工反映2号仓库内物料不足，当张月看到2号仓库库存明细表(见表3-14)并得知仓库内所有物品均统一进货时，张月就发现仓库管理中存在的一些问题。

表3-14 2号仓库库存明细表

序号	货物单价/元	数量/箱	库存金额/万元	序号	货物单价/元	数量/箱	库存金额/万元
1	10000以上	10	12	5	2001～3000	27	6.5
2	5001～10 000	15	13	6	1001～2000	45	5
3	4001～5000	17	6.5	7	0～1000	64	2
4	3001～4000	22	7	合计	—	**200**	**52**

请运用所学知识，分析该仓库存在哪些问题。

____

____

____

4. 常见的库存控制方法

1) ABC 库存分类管理法

(1) ABC 库存分类管理法的基本原理。ABC 分类法源于帕累托曲线，经济学家帕累托在研究财富的社会分配时得出一个重要结论：80%的财富掌握在 20%的人手中，即“关键的少数和次要的多数”规律。这一普遍规律存在于社会的各个领域，称为帕累托现象。

(2) ABC 库存分类管理的思想。一般来说，企业的库存货物种类繁多，每个品种的价格不同，且库存数量也不等。有的货物品种不多，但价值很高；而有的货物品种很多，但价值不高。由于企业的资源有限，在进行存货控制时，要求企业将注意力集中在比较重要的库存货物上，依据库存货物的重要程度分别管理。

(3) ABC 库存分类的标准和步骤。ABC 库存分类管理就是将库存货物按设定的分类标准和要求分为特别重要的库存(A 类)、一般重要的库存(B 类)和不重要的库存(C 类)三个等级，然后针对不同等级分别进行管理与控制。

① 按资金占用的标准进行 ABC 分类。此分类的标准是库存货物所占总库存资金的比例和所占总库存货物品种数目的比例，如表 3-15 所示。

表 3-15　资金占用 ABC 分类标准

分类	占总库存品种数百分比	占总库存金额的百分比
A 类	5%～15%	70%～80%
B 类	20%～30%	15%～25%
C 类	60%～70%	5%～10%

② ABC 分类管理的步骤。

【例 3-3】缔义物流公司 11 月对西区仓库的 10 种货物共 182 箱商品进行了盘点，各库存品种占用的资金及相应的库存数量如表 3-16 所示，现要对库存货物进行 ABC 分类法管理。

表 3-16　西区仓库库存明细表

序号	货品编码(条码)	数量/箱	单价/元	序号	货品编码(条码)	数量/箱	单价/元
1	6941521103123	20	50	6	6918163010887	10	70
2	6902774003017	20	20	7	6920855062068	25	60
3	6903148042441	20	16	8	6932010061921	15	10
4	6908010061361	10	680	9	6920907800173	30	5
5	6918010061360	12	280	10	6931528109163	20	15

解析：

ABC 分类法管理具体操作如下所述。

第一步收集数据，即按分析对象和分析内容，收集有关数据。

本例题中已经盘点得到西区仓库库存明细表(详见表 3-16)，即数据收集的过程已经完成。

第二步处理数据，即对收集的数据资料进行整理，按要求计算和汇总。

第三步根据 ABC 分类标准，按库存资金占用的标准进行 ABC 分类，制作 ABC 分析表(详见表 3-17)。

表 3-17　西区仓库库存 ABC 分析表

货品编码(条码)	数量/箱	单价/元	库存金额/元	占总库存金额的百分比/%	占总库存金额的累计百分比/%	占全部数量的累计百分比/%	分类
6918010061361	10	680	6800	46.32	46.32	5.49	A
6918010061360	12	280	3360	22.89	69.21	12.09	
6920855052068	25	60	1500	10.22	79.43	25.82	B
6941521103123	20	50	1000	6.81	86.24	36.81	
6918163010887	10	70	700	4.77	91.01	42.31	
6902774003017	20	20	400	2.72	93. 73	53.3	C
6903148042441	20	16	320	2.18	95.91	64.29	
6931528109163	20	15	300	2.04	97.96	75. 27	
6932010061921	15	10	150	1.02	98.98	83.52	
6920907800173	30	5	150	1.02	100	100	
合计	182		14 680				

(4) 对分类库存货物的管理。对库存货物进行 ABC 分类之后，要根据企业的经营策略对不同类别的库存进行不同的管理和控制。

① A 类库存货物的管理策略。A 类库存数量虽少但对企业最为重要，是需要严格管理和控制的库存。企业必须对这类库存定时进行盘点，详细记录及经常检查货物使用、存量增减、品质维持等信息，加强进货、发货、运送管理，在满足企业内部需要和顾客需要的前提下维持尽可能低的经常库存量和安全库存量，加强与供应链上下游企业的合作以降低库存水平，加快库存周转率。

② B 类库存货物的管理策略。B 类库存的状况处于 A 类库存和 C 类库存之间，因此对这类库存的管理强度介于 A 类库存和 C 类库存之间。对 B 类库存进行正常的例行管理和控制即可。

③ C 类库存货物的管理策略。C 类库存数量最多但对企业的重要性最低，因而被视为不重要的库存。对于这类库存，一般进行简单的管理和控制。比如，大量采购大量库存、减少这类库存的人员和设施、加长库存检查时间间隔等。

练一练：西区仓库的某手机库的库存货物明细如表 3-18 所示，按照价值从高到低，将货物分为 A 类、B 类和 C 类。该仓库的盘点策略是对 B 类和 C 类货物采用实盘，即盘点表上给出货物名称和数量，然后与实物进行核对；对数量少、价值高的 A 类货物采用盲盘，然后与系统库存信息进行比对。

如果发现差异，对于 A 类和 B 类货物，检查是否发错货，通过查询料卡上记录的订单号追踪客户，打电话询问客户收到的货物是否有错；而对于 C 类货物，则不作追踪。如果是出库数量错误，则追究复核员的责任；如果是配件型号错误，则追究拣货员的责任。

请你根据仓库的盘点策略，对表 3-18 中的货物按价值进行 ABC 分类，并说出对哪些货物进行盲盘，对哪些货物进行实盘。

表 3-18 库存明细单

货物名称	单价/元	数量/件	货物名称	单价/元	数量/件
蓝牙自拍杆	18	200	硅胶保护套	75	115
三脚架	75	87	原装手机壳	45	120
手机皮套	65	150	普通耳机线	40	148
手机后壳	60	100	水凝膜	15	198
手机钢化膜	10	100	水晶手机壳	45	120
电脑数据线	7.5	200	手机玻璃屏	300	90
游戏键盘	390	70	蓝牙耳机	262	80

2) 定量订货管理法

定量订货管理法是指当库存量下降到预定的最低库存量(订货点)时，按规定数量进行订货补充的一种库存控制方法。当库存量下降到订货点 R 时，即按预先确定的订购量 Q 发出订单，经过订货周期 T(从订单发出一直到收到实物这段时间的周期)，库存量继续下降，到达安全库存量 S 时，收到 Q 的订购量，库存水平回升，如图 3-17 所示。

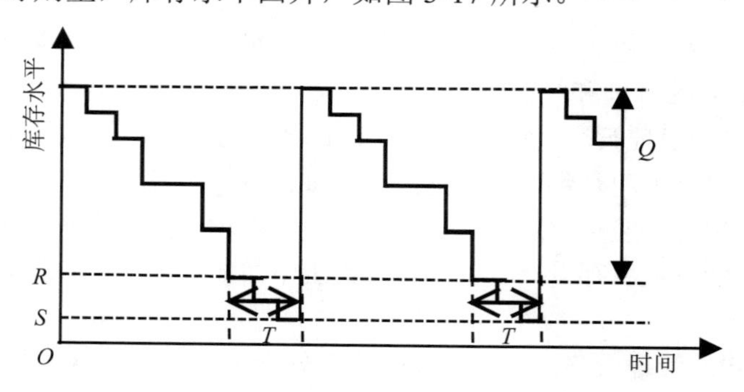

图 3-17 定量订货管理法

该方法主要靠控制订货点 R 和订货批量 Q 两个参数控制订货，达到既能最好地满足库存需求，又能使总费用最低的目的。

(1) 确定订货点 R。

订货点 R 计算公式为

订货点=平均交货期×(全年需求量÷365)+安全库存量

(2) 经济订货批量。订货批量 Q 依据经济订货批量 Q_{EOQ}(economic order quantity，EOQ)的方法来确定，经济订货批量即总库存成本最小时的每次订货数量。通常，年总库存成本的计算公式为

年总库存成本=年购置成本＋年订货成本＋年保管成本＋缺货成本

假设不允许缺货的条件下，年总库存成本=年购置成本＋年订货成本＋年保管成本，即

$$\mathrm{TC}=DP+\frac{DC}{Q}+\frac{QH}{2}$$

式中，TC 是年总库存成本(total cost)；D 是年需求总量；P 是单位商品的购置成本；C 是每次订货成本，单位为元/次；H 是单位商品年保管成本，单位为元/年($H=PF$，F 为年仓储保管费用率)。

经济订货批量就是使库存总成本达到最低的订货数量，它是通过平衡订货成本和保管成本

两方面得到，其计算公式为

$$\text{经济订货批量} Q_{\text{EOQ}} = \sqrt{\frac{2CD}{H}} = \sqrt{\frac{2CD}{PF}}$$

此时

$$\text{最低年总库存成本} \text{TC} = DP + HQ_{\text{EOQ}}$$

$$\text{年订货次数} N = \frac{D}{Q_{\text{EOQ}}}$$

$$\text{平均订货间隔周期} T = \frac{365}{N}$$

【例 3-4】 甲仓库 A 商品年需求量为 80 000 个，单位商品的购买成本为 15 元，每次订货成本为 40 元，单位商品的年保管费为 4 元，则该商品的经济订购批量、最低年总库存成本、每年的订货次数及平均订货间隔周期分别为多少？

解析：

$$\text{经济订货批量} Q_{\text{EOQ}} = \sqrt{\frac{2 \times 40 \times 80\,000}{10}} = 800(\text{个})$$

$$\text{每年总库存成本} \text{TC} = 80\,000 \times 15 + 4 \times 800 = 1\,203\,200(\text{元})$$

$$\text{每年的订货次数} N = 80\,000 \div 800 = 100(\text{次})$$

$$\text{平均订货间隔周期} T = 365 \div 100 = 3.65(\text{天})$$

(3) 定量订货管理法的优缺点。

优点：能经常地掌握库存储备动态，及时地提出订购，不易出现缺货；保险储备量较少；每次订购量固定，故能采用经济订购批量模型，亦便于包装运输和保管作业。

缺点：必须不断核查仓库的库存量(随着库存管理信息系统的应用，此问题可较好解决)；订购时间不定，难以编制严密的采购计划，不能得到多种货物合并订购的好处(如优惠、减少运输和采购费用等)。

3) 定期订货管理法

定期订货管理法是按预先确定的订货时间间隔按期进行订货，以补充库存的一种库存控制方法，其决策思路是每隔一个固定的时间周期检查一次库存项目的储备量。根据盘点结果与预定的目标库存水平的差额确定每次订购批量。这里假设需求为随机变化，因此，每次盘点时的储备量都是不相等的，为达到目标库存水平 $Q_{\max}$，需要补充的数量也随着变化。这样，这类系统的决策变量应是目标库存 $Q_{\max}$、第 t 期检查时的实有库存量 Q_t、订货点(保险库存)R、订货周期 T、订货提前期 L。这种库存控制系统的储备量变化情况如图 3-18 所示。

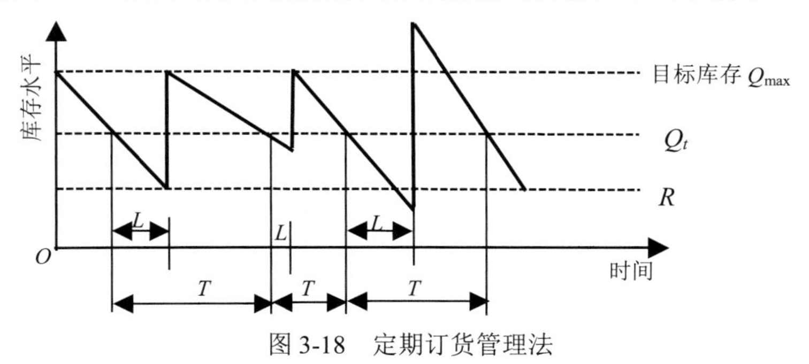

图 3-18 定期订货管理法

(1) 订货周期的确定。订货周期一般根据经验确定，主要考虑制订生产计划的周期时间，常取月或季度作为库存检查周期，但也可以借用经济订货批量的计算公式确定使库存成本最有利的订货周期，计算公式为

$$订货周期T=\frac{1}{订货次数}=\frac{Q}{D}$$

式中，Q 是年需求总量；D 是批量或订货量。

(2) 目标库存水平的确定。目标库存水平是满足订货期加上提前期的时间内的需求量。它包括两部分：①订货周期加提前期内的平均需求量；②根据服务水平保证供货概率的保险储备量。目标库存的计算公式为

$$Q_{max}=(T+L)r+ZS_2$$

式中，T 为订货周期；L 为订货提前期；r 为平均日需求量；Z 为服务水平保证的供货概率查正态分布表对应的 t 值，S_2 是订货期加提前期内的需求变动的标准差，若给出需求的日变动标准差 S_o，则

$$S_2=S_0\sqrt{T+L}$$

依据目标库存水平可得到每次检查库存后提出的订购批量，计算公式为

$$Q=Q_{max}-Q_t$$

式中，Q_t 为在第 t 期检查时的实有库存量。

【例 3-5】某货品的需求率服从正态分布，其日均需求量为 200 件，标准差为 25 件，订购的提前期为 5 天，要求的服务水平为 95%，每次订购成本为 450 元，年保管费率为 20%，货品单价为 1 元，企业全年工作 250 天，本次盘存量为 500 件，经济订货周期为 24 天。计算目标库存水平与本次订购批量。

解析：

$$(T+L)期内的平均需求量=(24+5)\times200=5800(件)$$

$$(T+L)期内的需求变动标准差=135(件)$$

$$目标库存水平Q_{max}=5800+1.96\times135=6065(件)$$

$$订购批量Q=6065-500=5565(件)$$

从计算结果可以看出，在同样的服务水平下，定期订货法的保险储备量和订购批量都要比定量订货法的保险储备量和订购批量大得多。这是由于在定期订货法中需满足订货周期和提前期内需求量，还要留出所需的保险储备量，以防止在上述期间发生缺货。这就是为什么一些关键物品、价格高的货物不用定期订货法，而用定量订货法的原因。

学习任务 3.6　分拣与出库

扫码观看学习视频

想一想：缔义物流公司配送中心接到了 3 个客户的订单，订单的具体内容如表 3-19、表 3-20、表 3-21 所示。如果你是配送中心的分拣员，你怎样根据这 3 个订单要求，在快速、准确、低成本的前提下，制作分拣单并采用合适的分拣方式完成货物分拣？

表 3-19　客户 1 的订单

货品代码	货品名称	单位	规格	数量	条码
31031101	山城啤酒 640mL	瓶	1×12	3	6926027711061
31030708	落蓝生力啤酒	瓶	1×12	4	6926026526461
03091705	冰露纯净水 3800mL	瓶	1×12	3	6926026552261
03010302	百事可乐 600mL	瓶	1×12	2	6926026535311
13010380	老坛酸菜牛肉面 126g	瓶	1×12	7	6925303773038

表 3-20　客户 2 的订单

货品代码	货品名称	单位	规格	数量	条码
03091705	冰露纯净水 3800mL	桶	1×12	7	6926026552261
03010302	百事可乐 600mL	瓶	1×12	5	6926026535311
13010380	老坛酸菜牛肉面 126g	碗	1×12	4	6925303773038
31030708	落蓝生力啤酒	瓶	1×12	2	6926026526461
53171101	心相印抽纸 500g	卷	1×10	1	6925623107845
13010952	统一牛肉面 117g	碗	1×12	8	6922343185145

表 3-21　客户 3 的订单

货品代码	货品名称	单位	规格	数量	条码
31031101	山城啤酒 640mL	瓶	1×12	5	6926027711061
31030708	落蓝生力啤酒	瓶	1×12	3	6926026526461
03010302	百事可乐 600mL	瓶	1×12	5	6926026535311
13010380	老坛酸菜牛肉面 126g	碗	1×12	4	6925303773038
13070709	白象酸辣粉丝 80g	碗	1×12	2	6928537100045
53171101	心相印抽纸 500g	卷	1×10	1	6925623107845
13010952	统一牛肉面 117g	碗	1×12	8	6922343185145

3.6.1 分拣

分拣作业(order picking)是按订单或出库单的要求，从储存场所拣出物品，并放置在指定地点的作业，具体是指依据客户的订货要求或配送中心的送货计划，迅速、准确地将商品从其储位或其他区域拣取出来，并按一定的方式进行分类、集中，等待配装送货的作业过程。

一般的分拣作业流程为形成分拣信息→确定分拣方式→输出分拣清单→确定分拣路径→分派拣货人员→拣取货物→货物分类集中。

1. 形成分拣信息

分拣信息能够指示拣货操作如何进行。分拣信息首先来源于顾客的订单或配送中心的送货计划，再根据配送中心储存与分拣的货物分拣单位、分拣与信息传递设备、配送中心平面布置等，在保证拣货正确、快速、低成本的原则上形成。

1) 分拣单位

分拣单位是指分拣作业中拣取货物的包装单位。分拣单位是根据客户订单分析出来的结果而决定的。订货单位合理化主要是避免过小单位出现在订单中，减少作业量与误差。

2) 分拣与信息传递设备

配送中心的送货对象多为多品种、中小批量、高频率商品。在整个分拣作业过程中使用到的设备非常多，如存储设备、搬运设备、信息处理设备等，这些设备要相互协调，以高效地完成分拣任务。

存储设备可选托盘货架、轻型货架、重力式货架、高层货架、旋转货架、储柜等，要配合储存与分拣包装单位而配置。

搬运设备有人力分拣台车、动力式分拣台车、动力牵引车、巷道堆垛起重机、叉车、搭乘式存取机、传送带等连续输送装置，其要配合存储设备来配置。

2. 确定分拣方式

配送中心分拣方式随着科学技术的发展也在不断地演变，分拣作业的种类越来越多。

分拣方式可以从以下不同的角度进行分类：按订单的组合，可以分为按单分拣、批量分拣、整合按单分拣和复合分拣；按人员组合，可以分为单独分拣方式(一人一件式)和接力分拣方式(分区按单分拣)；按运动方式，可以分为人至货前分拣和货至人前分拣等；按分拣信息，可以分为分拣单分拣、贴标签分拣、电子标签辅助分拣、RF 辅助分拣、IC 卡分拣等。

下面介绍按订单组合分类的形式。

1) 按单分拣

按单分拣又称“摘果式”分拣，是指分别按每份订单拣货，即分拣完一个订单后，再分拣下一个订单。按单分拣的作业原理是分拣人员或分拣工具巡回于各个储存点，按订单所列商品及数量，将客户所订购的商品逐一由仓库储位或其他作业区中取出，然后集中在一起的一种传统拣货方式，如图 3-19 所示。

(1) 按单分拣(摘果式)的特点：①每人每次只处理一份订单或一个客户，简单易操作；②易于实施，配货准确度高，不易出错；③各客户分拣相互没有约束；④分拣完一个货单，货物便配齐，货物不再落地暂存，可直接装车配送；⑤客户数量不受限制，可在很大范围内波动；⑥对机械化、自动化没有严格要求，不受设备水平限制。

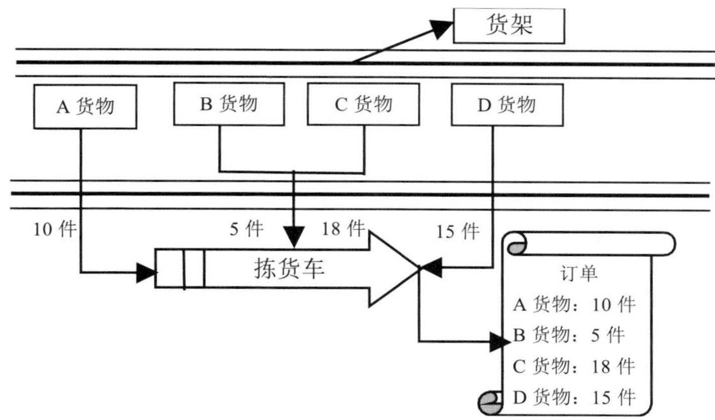

图3-19　按单分拣作业原理

(2) 按单分拣(摘果式)的应用范围：①用户需求种类较多，配送时间要求不一，统计和共同取货难度较大时的情况；②不能建立相对稳定的用户分货货位的情况；③用户之间共同需求差异较大的情况。

2) 批量分拣

批量分拣又称“播种式”分拣，是把多张订单集合成一批次，按商品品种类别将数量加总后再进行分拣，分拣完后再按客户订单进行分类处理的拣货作业方式。批量分拣作业原理如图3-20所示。

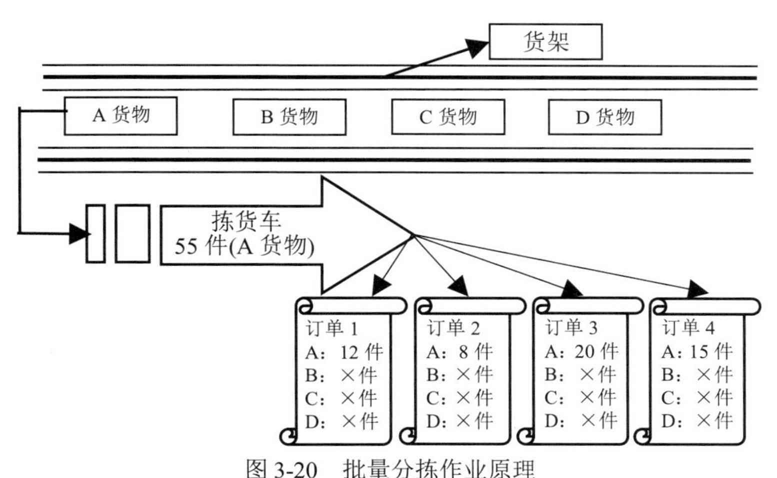

图3-20　批量分拣作业原理

(1) 批量分拣(播种式)的特点：①每次处理多份订单或多个客户，操作复杂，难度系数较大；②计划性强，有利于车辆的合理调配，规划配送路线，可以更好地利用规模效益；③对订单无法做出及时反应，必须等订单达到一定数量时才能进行一次处理，因此会有停滞的时间。

(2) 批量分拣(播种式)的应用范围：①用户稳定、订单数量较多、需求种类差异较小，易于统计和不至于分货时间太长的情况；②各用户需求具有很强的共同性，适用于用户需求种类有限的情况；③用户配送时间要求没有严格限制或轻重缓急的情况。

3) 整合按单分拣

这种分拣方式主要应用在每个订单只有一种品项的场合，为了提高运输配送的效率，将某一地区的订单整合成一张拣货单，做一次分拣后，集中捆包出库。它属于按单分拣的一种变形方式。

4) 复合分拣

复合分拣是按单分拣与批量分拣的组合运用，按订单品项、数量和出库频率决定哪些订单适合按单分拣，哪些订单适合批量分拣。

以上 4 种拣货方式的对比分析如表 3-22 所示。

表 3-22 4 种拣货方式的对比分析

分拣方式	优点	缺点	适合场合
按单分拣	作业方法简单； 订单处理前置时间短； 导入容易且作业需求大； 作业员责任明确，作业容易组织； 拣货后不必再进行分类作业	货种品类多时，分拣行走路径过长，分拣效率降低； 拣取区域大时，搬运系统设计困难； 拣货必须配合货架货位号码	适合多种品种，小批量订单的场合
批量分拣	合计后拣货，效率较高； 盈亏较少	所有种类实施批量分拣困难； 增加出货前的分拣作业； 必须全部作业完成后才能发货	适合少品种批量出货，且订单的重复订购率较高的场合
整合按单分拣	——	——	适合每一订单只有一种品项的场合
复合分拣	——	——	适合订单密集且订单最大的场合

3. 输出分拣清单

输出分拣清单，即配送中心将客户订单资料进行计算机处理，生成并打印出分拣清单。分拣清单上标明储位，并按储位顺序来排列货物编号，作业人员据此分拣可以缩短分拣路径，提高分拣作业效率。

4. 确定分拣路径及分派分拣人员

配送中心根据分拣清单所指示的商品编码、储位编号等信息，能够明确商品所处的位置，确定合理的分拣路线，安排分拣人员进行分拣作业。合理的分拣路径必须满足操作方便、行走路线短、准确快速、低成本等要求。常用的拣选路径有两种，即无顺序路径、有顺序路径。

5. 拣取货物

拣取的过程可以由手工、机械辅助作业、自动化设备来完成。通常小体积、小批量、搬运重量在人力范围内、拣出货频率不是特别高的货物，可采用手工方式拣取；体积大、重量大的货物，可利用升降叉车等搬运机械进行机械辅助作业；出货频率很高的货物，可采用自动化设备拣取。

6. 货物分类集中

经过拣取的货物根据不同的客户或送货路线分类集中。分类完成后，货物经过查对、包装便可以出货、装运、送货了。

3.6.2　出库作业

想一想： 缔义物流仓储中心接到通知，现需按照订单要求(见表 3-23)运输一批货物到重庆配送中心，重庆配送中心要求将洗发露和沐浴露拼成一箱进行包装，其余货物单独包装，配送中心将于第二天上午 8 点分派车辆前来提货。请完成：

(1) 根据要求制定出库工作方案，并进一步说明该批货物的出库方式。

(2) 请列出出库的注意事项。

表 3-23　调拨货物明细

序号	货物名称	提货数量	包装规格	提货时间
1	潘婷洗发露	200 件	16 件/箱	14：30
2	大宝洁肤乳	250 件	12 件/箱	14：30
3	春娟滋润霜	130 件	20 件/箱	14：30
4	多芬沐浴露	210 件	12 件/箱	14：30
5	美宝莲唇笔	100 件	300 件/箱	14：30
6	自然堂唇膏(绯红)	50 件	200 件/箱	14：30
7	自然堂唇膏(粉紫)	50 件	200 件/箱	14：30

1. 货物出库前的准备工作

要货单位一般会提前一天将提货通知发给仓库，仓库接到提货通知后，需要制订出库作业计划，做好出库前的准备工作。一般出库工作流程为包装整理→分装与组配→准备用品用具→设备调配→人员组织。

(1) 包装整理。货物经过运输、装卸、搬运、堆码、倒垛、拆检等作业，部分包装会出现受损、标志脱落等现象。在出库前，检查货物包装状态是否良好，若有受损、不适宜运输的货物，应进行加固或者更换包装处理。

(2) 分装与组配。根据要货单位需求，有些货物可能需要拆零后出库。仓库应事先做好相应准备，备足零散货物，以免因临时拆零影响出库发货时间；也有些货物可能需要在出库前进行拼箱，仓库应事先做好拣选、分类、整理和组配等工作。

(3) 准备用品用具。有装箱、拼箱或改装业务的仓库，发货前可根据自身库存货物的性质及运输要求，准备好包装材料、衬垫物，制作包装标志用的器具、标签、颜料，以及封箱用的胶带、箱钉、剪刀、打包带等。

(4) 设备调配。准备出库发货需要用的场地、装卸搬运设备，以便出库货物的搬运和装载。

(5) 人员组织。为保证出库作业与运输作业紧密衔接，应事先对出库作业做合理组织，安排好作业人员，保证出库作业顺利进行。

2. 货物出库的基本要求

(1) 按凭证发货。仓库应依据要货单位开具的提货单或调拨单发货，提货单或调拨单的格式可能不尽相同，但必须符合财务制度要求，具有法律效力。对于无有效的出库凭证的货物，仓库不得擅自发货。

(2) 遵循先进先出原则。根据货物入库时间，先入库的货物先出库，以防止货物在库时间过长，形成呆滞货物。对于有保质期或有效期的食品类、保健品类、药品类货物，或者市场寿命周期较短的电子类货物，更应严格遵守先进先出原则出库。

(3) 严格遵守各项出库规章制度。严格按照仓库的各项出库规章制度办事。例如，发货货物必须与提货单、领料单、调拨单所列货物明细一致；未通过验收的货物、有问题的货物均不能出库；货物出库检验与入库检验的方法应保持一致等。

(4) 贯彻“三不”“三核”“五检查”的原则。三不，即未接凭证不翻账，未经审核不备货，未经复核不出库；三核，即发货时，要核对凭证、核对账卡、核对实物；五检查，即出库时，要对出库凭证和实物进行品名检查、规格检查、件数检查、重量检查、包装检查。

(5) 提高服务质量，满足用户要求。出库作业要做到安全、及时、准确，出库货物要保质、保量。仓库管理人员要防止出现差错事故，尽量为客户提货创造各种便利条件，协助客户解决各种问题。

3. 货物出库形式

(1) 收货人自提，即提货制。由收货人或其代理人持仓单，自备运输工具直接到仓库提取货物，仓库凭单发货，这种发货形式通常称为提货制。它具有“提单到库，随到随发，自提自运”的特点。

(2) 送货。仓库根据货主预先送来的出库通知或出库请求，凭仓单通过发货作业，把应发货物交由运输部门送达收货人，这种发货形式通常称为送货制。它具有“预先付货，按车排货，发货等车”的特点。

(3) 过户。过户是一种就地划拨的出库形式，货物虽未出库，但所有权已从原存货户头转移到新存货户头。仓库必须根据原存货人开出的正式过户凭证，才予以办理过户手续。

(4) 取样。取样是货主出于对货物质量检验、样品陈列等需要，到仓库提取货样而形成部分货物的出库。货主取样时必须持有仓单，仓库也必须根据正式取样凭证才予发出样品，并做好账务登记和仓单记录。

(5) 转仓。货主为了方便业务开展或改变储存条件，需要将某批库存货物自某仓储企业的A库转移到该企业的B库，这就是转仓的发货形式。转仓时，货主必须出示仓单，仓库根据货主递交的正式转仓申请单，给予办理转仓手续，并同时在仓单上注明有关信息资料。转仓只是在同一仓储企业不同仓库进行。若需要将货物从甲企业的某仓库转移到乙企业的某仓库，应该办理正常的出库和入库手续。

4. 货物出库作业流程

货物出库作业流程一般包括核单→备货→复核→包装刷唛→点交→登账→清理。

❖ 知识检测

一、判断题

(　　) 1. 入库通知单是存货人向仓储企业提出入库申请的纸质形式。

(　　) 2. 固定货位存放具有每种货物有固定的存储位置、便于查找物料所在位置、可提高拣选效率、便于实现先进先出和批号管理、允许相似的货物被归类放置在最合适区域等优点。

(　　) 3. 在进行商品验收时，基本的验收要求是“准确、及时、严格、认真”。

(　　) 4. 对货物堆码时，要遵循合理、牢固、定点、整齐、方便、节约的原则。

(　　) 5. 纵横交错式托盘堆码稳定性较好，是机械化作业的主要垛形之一。

(　　) 6. 装卸搬运作业现场的平面布置是间接影响装卸搬运距离的关键因素。

(　　) 7. 箱装或被捆扎好的货物，下面放有枕木或托盘等衬垫，便于叉车或其他机械作业的状态，装卸搬运活性指数为 2 级。

(　　) 8. 熔化主要受空气中的氧气、水分含量以及溶液的酸碱度等影响。

(　　) 9. 现货盘点法是指对实际库存货物进行数量清点的作业方法。

(　　) 10. 抽样盘点一次只对少量货物盘点，适用于不能停止生产的仓库。

二、单选题

(　　) 1. 堆码时需要注意“五距”指的是什么？

A. 垛距、墙距、柱距、灯距和顶距　　B. 门距、窗距、柱距、灯距和顶距

C. 垛距、墙距、门距、灯距和顶距　　D. 垛距、墙距、柱距、灯距和窗距

(　　) 2. 重叠式托盘堆码的缺点是什么？

A. 操作简单　　B. 计数容易

C. 稳定性差　　D. 收发方便

(　　) 3. 被放于台车上或用起重机吊钩钩住，即刻可以移动的状态，属于物品的装卸搬运的活性指数几级？

A. 1 级　　B. 2 级

C. 3 级　　D. 4 级

(　　) 4. 锈蚀属于哪种质量变化形式？

A. 物理变化　　B. 化学变化

C. 生化变化　　D. 机械变化

(　　) 5. 破碎属于哪种质量变化形式？

A. 价值变化　　B. 生化变化

C. 物理变化　　D. 机械变化

(　　) 6. 下列哪项属于库存货物发生化学变化的危害？

A. 氧化　　B. 霉腐

C. 发芽　　D. 虫蛀

(　　) 7. 现货盘点法分类中，下列哪项是依据盘点频率和盘点时间不同划分得出的？

A. 实盘　　B. 盲盘

C. 期末盘点　　D. 复合盘

(　　) 8. 库存分类中，下列哪项是按库存物品的形成原因划分得出的？

A. 安全库存　　B. 原材料库存

C. 半成品库存　　D. 产品库存

(　　) 9. 分拣完一个订单后，再分拣下一个订单，属于哪种分拣方式？

A. 播种式分拣　　B. 摘果式分拣

C. 整合分拣　　D. 复合分拣

(　　) 10. 货物出库原则中，下列哪项不属于“三核”的内容？

A. 核对凭证　　B. 核对账卡

C. 核对实物　　D. 核对仓位

三、多选题

(　　) 1. 影响入库作业的因素有哪些？

A. 供应商的送货方式　　B. 货物的种类、特性与数量

C. 仓库设备及存储方式　　D. 货位选择方式

(　　) 2. 旋转交错式托盘堆码的优点有哪些？

A. 每两层货物间的交叉呈正方形垛　　B. 货垛稳固

C. 托盘装载能力下降　　D. 托盘货体稳定性较高

(　　) 3. 装卸搬运按作业对象可以分为哪几种？

A. 机械化作业　　B. 单件作业

C. 集装作业　　D. 散装作业

(　　) 4. 装卸搬运作业合理化的措施有哪些？

A. 尽量减少装卸次数　　B. 提高被装卸货物的纯度

C. 包装要适宜　　D. 缩短搬运作业的距离

(　　) 5. 库存货物发生物理变化的影响因素有哪些？

A. 熔化　　B. 凝固

C. 挥发　　D. 潮解

实践训练

❖ 实践任务

任务 1　入库货物检验方法应用

任务描述：缔义物流公司东区仓库现需入库一批货物，见表 3-24，这批货物入库时需要进行哪种入库检验，在合适的地方打 √，并写出应该检验的比例。

表 3-24　货物明细

名称	包装规格	计件	检斤	检尺	外观质量检验	是否开箱检验	抽验比例
笔记本电脑	1 台/箱						
手机液晶屏	6 块/箱						
女士皮鞋	12 双/箱						
景德镇瓷碗	6 只/箱						
铝锭	无包装						
杉树木材	无包装						
绿豆糕	12 包/箱						

任务 2　外包装异常及原因分析

任务描述：外包装检验主要通过用视觉、触觉等方法进行检验，通常在卸货的同时就完成查验。结合所学知识，研究分析常见的外包装异常及原因，将研究成果要点记录在表 3-25 中。

表 3-25　外包装异常及原因

研究目标 (常见的外包装异常现象)	研究成果 (原因分析)
外包装有人为挖洞、撬起、开封	
外包装有水湿、发霉	
包装有污渍	
包装破损、开裂	

任务 3　验收常见的问题处理方法

任务描述：在货物检验过程中，如果发现单货不符、数量不符、质量有问题等情况，就要按照一定的原则进行处理。结合所学知识，研究分析验收常见的问题及其处理方法，将研究成果要点记录在表 3-26 中。

表 3-26　外包装异常及原因

问题研究	研究结果(处理方法)
数量溢余	
数量短缺/有无单货	
品质问题	
包装问题	
规格、品类不符	
有货无单	
单证与实物不符	

任务 4　堆码“五距”分析

任务描述：学生以小组为单位，结合所学知识，分析堆码时需要注意的“五距”，即垛距、墙距、柱距、灯距和顶距。请将研究成果要点记录在表 3-27，以小组为单位完成研究报告，并派一名代表讲解。

表 3-27　堆码“五距”分析

研究目标	研究结果
垛距	
墙距	
柱距	
灯距	
顶距	

任务 5　常见托盘堆码方法分析

任务描述：结合所学知识，从堆码难易程度、操作方便性、层与层之间咬合力、货垛稳定性、货垛安全性、货垛通风性、空间利用率、便于机械化作业程度等方面，分析常见的货物托盘堆码方法(重叠式、纵横交错式、正反交错式、旋转交错式)的优缺点。请将研究成果要点记录在表 3-28 中。

表 3-28　常见托盘堆码方法

研究目标 (常见托盘堆码方法)	研究结果 (优缺点)
重叠式	
纵横交错式	
正反交错式	
旋转交错式	

任务 6　装卸搬运合理化分析

任务描述：装卸搬运作业本身并不增加货物的价值和使用价值，相反，装卸搬运还有可能成为沾污、损坏货物和影响货物价值的直接原因，因此，要尽量使装卸搬运合理化，提高装卸搬运的灵活性。请根据货物所处的状态，分析装卸搬运的活性指数，完成表格 3-29。

表 3-29　装卸搬运合理化分析

研究目标 (活性指数分级)	研究成果	
	装卸搬运状态	示意图
0 级		

(续表)

研究目标 (活性指数分级)	研究成果	
	装卸搬运状态	示意图
1 级		
2 级		
3 级		
4 级		

任务 7 在库商品养护分析

按步骤完成下列任务。

第一步，试着分析药品、化妆品、电子设备在储存期间会发生哪些质量变化。

第二步，查阅资料，从仓库温湿度和防尘两方面分析药品、化妆品、电子设备的存储要求。

第三步，选择两种不同的仓库，制定保管养护措施，包括温湿度检测与控制、防尘、防虫方案等。

第四步，假如仓库需配备环境调节设备，请列出你认为需要配备的设备名称及其作用。

第五步，制作 PPT，小组讨论并展示。

任务 8　在库商品存储保管分析

任务描述：缔义物流公司西区仓库现刚入库了一批货物，如表 3-30 所示。学生以小组为单位，结合所学知识，分析这批货物的包装形式、存储特性、保管措施、消防方法、保管期限。请将研究成果要点记录在表中，以小组为单位将研究成果做成 PPT 并进行展示。

表 3-30　在库商品存储保管分析

序号	产品名称	包装形式	存储特性	保管措施	消防方法	保管期限
1	冻肉	纸箱包装	易腐败变质，易干耗，要控制稳定的库温	必须冷藏，冷库应有通风设备，可以随时排除库内异味，并具有冲霜及加湿条件；库内的温湿度应保持稳定，储存适宜温度-25℃～-23℃，适宜相对湿度 90%～95%；先入先出	冷藏商品本身不易燃烧	保管期限为 7～10 个月
2	奶粉					
3	鲜鸡蛋					
4	面粉					
5	巧克力					
6	橡胶轮胎					
7	真丝					

任务 9　练习填写盘点单

任务描述：由于缔义物流公司近期东区仓库业务较多，公司在 2022 年 10 月 29 日发出编号为 PD001 的盘点指令，要求在 2022 年 12 月 30 日对仓库进行一次大规模盘点。张月作为仓库 CK02 的负责人，在盘点过程中使用了三辆叉车、五名库工。结果发现，仓库一区 A10204 货位上的台灯 NA 实际数量为 29 箱，而账面数量为 30 箱；仓库二区 B10204 货位上的台灯 MR 实际数量为 31 箱，而账面数量为 30 箱。此次盘点是张月负责回单，马军负责复核。

任务要求：若你是张月，请按要求完成以下盘点单(见表 3-31)的缮制。

表 3-31　盘点单

编号：

<table>
<tr><td colspan="2">下达日期</td><td colspan="2"></td><td>执行日期</td><td colspan="4"></td></tr>
<tr><td colspan="2">目标仓库</td><td colspan="2"></td><td>负责人</td><td>回单人</td><td colspan="3"></td></tr>
<tr><td colspan="9">货品信息</td></tr>
<tr><td>储区</td><td>储位</td><td>货品名称</td><td>型号</td><td>账面数量</td><td>实际数量</td><td>盈亏数量</td><td>损坏数量</td><td>备注</td></tr>
<tr><td></td><td></td><td></td><td></td><td></td><td></td><td></td><td></td><td></td></tr>
<tr><td></td><td></td><td></td><td></td><td></td><td></td><td></td><td></td><td></td></tr>
<tr><td></td><td></td><td></td><td></td><td></td><td></td><td></td><td></td><td></td></tr>
<tr><td></td><td></td><td></td><td></td><td></td><td></td><td></td><td></td><td></td></tr>
<tr><td colspan="2">仓库负责人</td><td colspan="2"></td><td>复核人</td><td colspan="4"></td></tr>
</table>

任务 10　ABC 分类管理法分析

任务描述：一般来说，企业的库存货物种类繁多，每个品种的价格不同，且库存数量也不等。有的货物品种不多但价值很高，而有的货物品种很多但价值不高。由于企业的资源有限，在进行存货控制时，要求企业将注意力集中在比较重要的库存货物上，依据库存货物的重要程度分别管理。请依据 ABC 分类管理法原理，完成表 3-32。

表 3-32　ABC 分类管理法

<table>
<tr><td rowspan="2">研究目标
(货物分类)</td><td colspan="4">研究成果</td></tr>
<tr><td>货运量占比/%</td><td>资金占比/%</td><td>库存管理策略</td><td>盘点频率</td></tr>
<tr><td>A 类库存货物</td><td></td><td></td><td></td><td></td></tr>
<tr><td>B 类库存货物</td><td></td><td></td><td></td><td></td></tr>
<tr><td>C 类库存货物</td><td></td><td></td><td></td><td></td></tr>
</table>

任务 11 货物分拣方式分析及运用

任务描述：配送中心分拣作业的方法随着科学技术的发展也在不断地演变，分拣作业的种类越来越多。试着对比分析两种常用的人工分拣方式：按单分拣(摘果式)和批量分拣(播种式)，结合所学知识，请在表 3-33 中详细分析这两种方式的特点和应用范围。

表 3-33 按单分拣和批量分拣

研究目标	研究成果	
	特点	应用范围
按单分拣(摘果式)		
批量分拣(播种式)		

任务 12 出库作业分析

任务描述：缔义物流仓储中心接到通知，现需按照订单要求出库一批货物到重庆配送中心，配送中心将于第二天上午 8 点分派车辆前来提货。现需按照货物出库的基本原则完成出库作业，结合所学知识，根据表 3-34 中研究目标完成任务分析。

表 3-34 货物出库的基本原则

研究目标	研究成果
“三不”	
“三核”	
“五检查”	

❖ 实践反思

1. 知识盘点：通过对在库作业管理项目的学习，你掌握了哪些知识点？请画出思维导图。

2. 方法反思：在完成在库作业管理项目的学习和实践过程中，你学会了哪些分析和解决问题的方法？

3. 行动影响：在完成在库作业管理项目的学习任务后，你认为自己在思想、行动及创新上，还有哪些地方需要完善？

❖ 能力评价

评价总成绩=技能点评价得分(占比 50%)+素质点评价得分(占比 50%)

1. 技能点评价

使用说明：按评价指标技能点赋分(见表 3-35)，满分为 100 分。其中，研究成果作品文案(如报告、PPT 等)满分为 80 分，展示陈述满分为 20 分。

表 3-35 技能点评价

技能点评价指标		分值	得分
作品文案	对仓储管理所处行业重要性判断的准确性	10 分	
	对仓库入库流程描述的准确性	10 分	
	对堆码操作描述的完整性	10 分	
	对托盘堆码类型描述的准确性	10 分	
	对装卸搬运合理化策略提炼的准确性	10 分	
	对在库商品养护方法描述的准确性	10 分	
	对盘点方法及库存控制策略应用的准确性	10 分	
	对分拣方法应用及展示的完整性	10 分	
展示陈述	汇报展示及演讲的专业程度	5 分	
	语言技巧和非语言技巧	5 分	
	团队合作配合程度	5 分	
	时间分配	5 分	
合　计		100 分	

2. 素质点评价

使用说明：请按素质点评价指标及对应分值打分，分为学生自评 30 分、组员评价 30 分、教师评价 40 分，满分为 100 分，如表 3-36 所示。

表 3-36 素质点评价

素质点评价指标		分值	得分
学生自评	团队合作精神和协作能力：能与小组成员合作完成项目	6 分	
	交流沟通能力：能良好表达自己的观点，善于倾听他人的观点	6 分	
	信息素养和学习能力：善于收集并借鉴有用资讯和好的思路想法	6 分	
	独立思考和学习能力：能提出新的想法、建议和策略	6 分	
	职业精神和创新创业能力：具有敬业、勤业、创业、立业的积极性	6 分	
组员评价	团队合作精神和协作能力：能与小组成员合作完成项目	6 分	
	交流沟通能力：能良好表达自己的观点，善于倾听他人的观点	6 分	
	信息素养和学习能力：善于收集并借鉴有用资讯和好的思路想法	6 分	
	独立思考和创新能力：能提出新的想法、建议和策略	6 分	
	职业精神和创新创业能力：具有敬业、勤业、创业、立业的积极性	6 分	
教师评价	对学生的综合素质进行评价(包括团队合作精神和协作能力、交流沟通能力、信息素养和学习能力、独立思考和创新能力、职业精神和创新创业能力)	40 分	
合　计		100 分	

巩固提升

❖ 案例思索

计算1 西区仓库储位面积计算

西区仓库进了一批纸箱装的洗衣粉100箱，每箱毛重为30kg，箱底面积为0.3m^2，箱高为0.25m，箱上标示允许承受最大重压为100kg，地坪承载能力为5t/m^2，库房可用高度为4.5m，若不采用货架储存，则该批货物可堆高层数、需要的储位面积分别是多少？

____

____

____

____

____

计算2 东区仓库储位面积计算

东区仓库进了一批热水器200箱，每箱毛重13.4kg，箱底面积0.1m^2，箱高为0.8m，箱上标示允许承受最大重压为50kg，地坪承载能力为4.5t/m^2，库房可用高度为5m，若不采用货架储存，则该批货物可堆高层数、需要的储位面积分别是多少？

____

____

____

____

____

计算3 货架库货位及托盘数量准备

西区仓库托盘货架区一层货架净高为1.08m，叉车工作预留空间为0.27m，仓储中心有塑料托盘若干，尺寸为1200mm×1000mm×150mm。现有一批薯片1000箱准备入库，薯片为纸箱包装，纸箱尺寸为455mm×245mm×200mm，纸箱的最大堆码层数限制为5层。入库作业时需要将薯片码放在托盘上，并进入托盘货架区一层码放，请设置码放方案。（提示：计算出托盘每层码放的数量、码放几层、托盘奇数层码放图、需要多少个托盘）

____

____

____

____

____

❖ 知识归纳

学习完在库作业管理项目后，归纳总结本项目的重点知识、难点知识及课堂要点等。

项目 4 流通加工与配送

教学目标

❖ 知识目标

1. 理解流通加工的概念、作用、类型和特点。
2. 了解不合理的流通加工形式及其合理化途径。
3. 熟悉几种常见的典型的流通加工作业形式及其加工流程。
4. 理解配送的含义、类型。
5. 掌握配送业务流程与基本模式。
6. 理解配送合理化的判断标准及措施。
7. 了解配送中心的含义、功能、特征、作业流程。

❖ 能力目标

1. 会结合实际分析不同的流通加工的作业形式。
2. 能根据流通加工的作用不同而选择合适的流通加工形式。
3. 会根据加工目的的不同分析流通加工的不同类型。
4. 能够根据流通加工的特点区分其与生产加工的区别。
5. 会理论结合实际分析不合理的流通加工形式并采取合适的管理措施。
6. 能熟知几种典型的流通加工作业形式，能够对生活中常用的商品采取合适的流通加工作业。
7. 能分析不同配送类型的特点和优缺点，并知晓其适用范围。
8. 能根据配送作业内容画出配送流程图。

❖ 素质目标

1. 具有精益、准时的配送服务意识。
2. 具有良好的职业素养和学习能力，能够运用科学的方法和技巧领悟新知识和新技能。
3. 具有团队协作精神和能力，能够与组员协调分工并完成任务。
4. 具有独立分析问题、解决问题的能力，以及勇于创新、敬业乐业的工作作风。

❖ 思政目标

1. 具有坚定的理想信念和艰苦奋斗的思想作风。
2. 树立精益准时配送服务的意识及科学发展观。
3. 具有敬业精神和工匠意识，意识到配送作业管理活动精细化、规范化的重要性。
4. 树立配送规范作业管理的专业意识。

思维导图

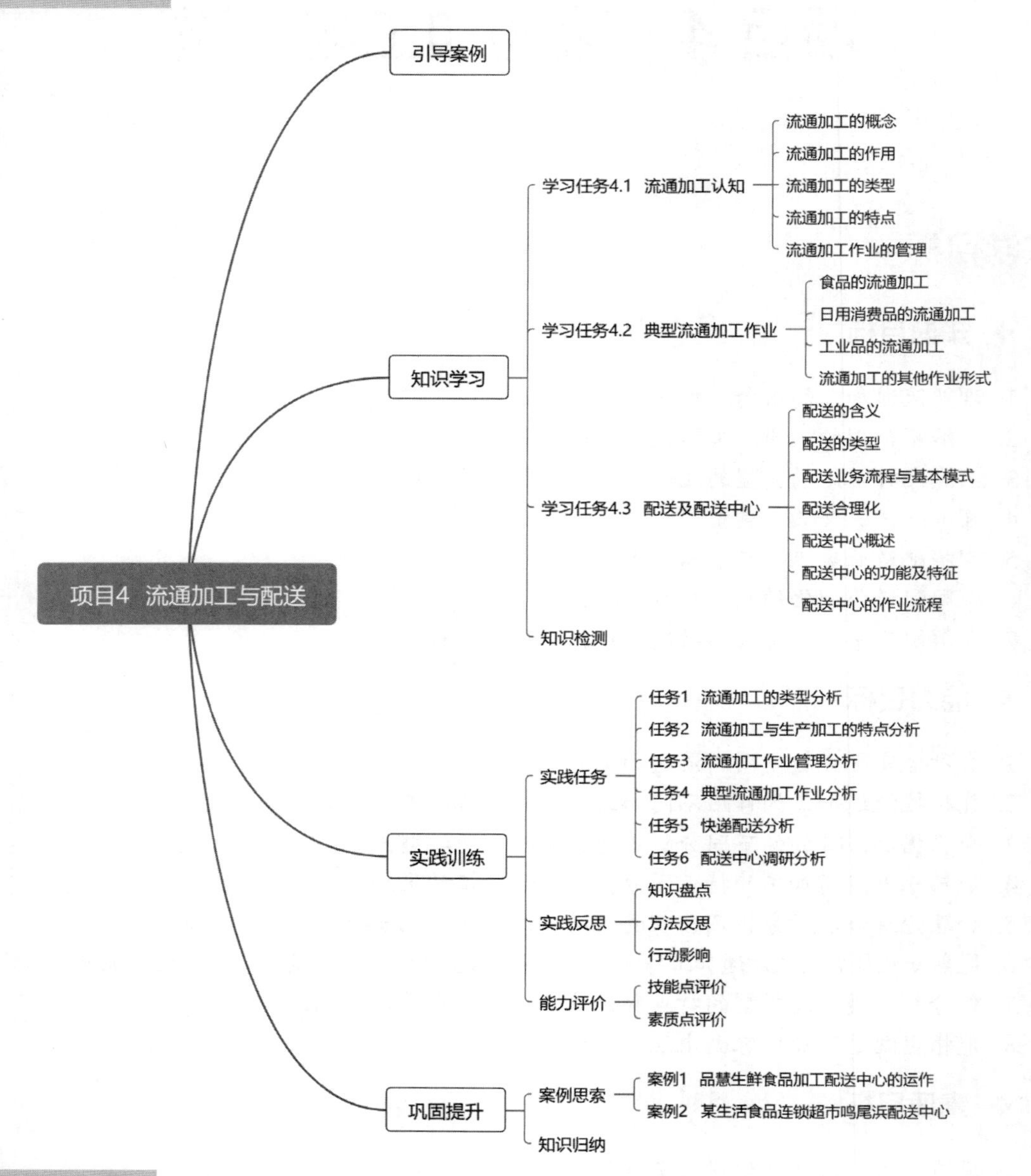

引导案例

缔义物流公司的配送中心接到了两个不同客户的订单，要求配送中心将货物进行流通加工后再进行配送。订单信息及加工要求如下所述。

订单 1：供应商发到配送中心的大米是 500kg/袋的成品大包装。现需按客户需求用环保包装材料将大袋改为 10kg/袋和 5kg/袋两种规格的包装，并贴上标签。

订单 2：供应商发到配送中心的果蔬是未经过拣选的且批量较大的火龙果、冬枣、圣女果、灯笼椒等。现需按客户要求将质量不合格及损坏的货品拣选出来，然后按 1kg/盒的规格进行分装。

请问按客户要求完成以上任务需要哪些加工工具？加工流程是怎样的？

知识学习

学习任务4.1 流通加工认知

扫码观看学习视频

4.1.1 流通加工的概念

流通加工是为了提高物流速度和物品的利用率，在物品进入流通领域后，按客户的要求进行的加工活动，即在物品从生产者向消费者流动的过程中，为了促进销售、维护商品质量和提高物流效率，对物品进行一定程度的加工。

《现代物流实用词典》指出，流通加工是指物品在从生产地到使用的过程中，根据需要施加包装、分割、计量、分拣、刷标志、贴标准、组装等简单作业的总称。

流通加工通过改变或完善流通对象的形态来实现“桥梁”和“纽带”的作用，因此流通加工是流通中的一种特殊形式。随着经济增长，国民收入增多，消费者的需求出现多样化，促使了在流通领域开展流通加工作业。流通加工作业示意如图4-1所示。

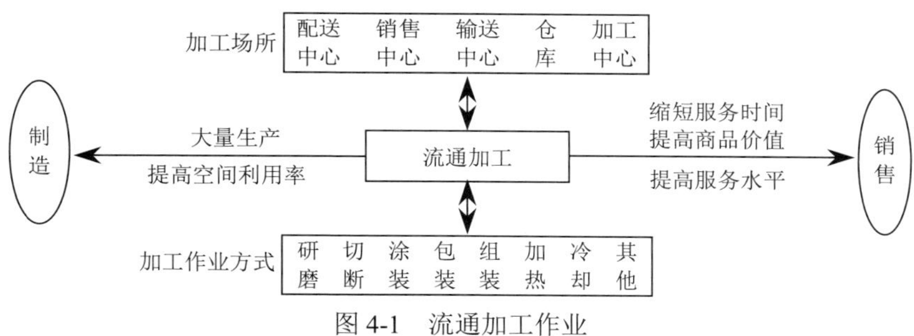

图4-1 流通加工作业

4.1.2 流通加工的作用

1. 进行初级加工，降低用户成本

产品进行初级流通加工后方便用户购买和使用，同时降低了用户使用成本。

2. 弥补生产加工的不足

许多产品在生产领域的加工只能到一定程度，不能完全实现终极的加工。例如，钢铁厂的大规模生产只能按标准规定的规格生产，以使产品有较强的通用性，使生产有较高的效率和效益；木材如果在产地完成成材加工或制成木制品，就会造成运输的极大困难，所以原生产领域只能加工到原木、板方材这个程度，进一步的下料、切裁、处理等加工则由流通加工完成。这种流通加工实际是生产的延续，对弥补生产加工的不足有重要意义。

想一想：你所知道的初级流通加工有哪些？请举例说明。

3. 充分发挥各种输送手段的最高效率

流通加工环节将实物的流通分成两个阶段：一是从生产厂家到流通加工点；二是从流通加工点到消费地。通常由于流通加工环节设置在消费地，第一阶段输送距离长，而第二阶段输送距离短。第一阶段是生产厂家与流通加工点之间的定点、直达、大批量的远距离输送，可采用船舶、火车等大批量的运输工具；第二阶段则是利用汽车和其他小型车辆来输送经过流通加工后的多规格、小批量的产品。两个阶段均充分发挥了各种输送手段的最高效率，节省了运力运费。

4. 提高原材料利用率

将生产厂家直运来的简单规格产品，按使用部门的要求进行集中下料，可提高原材料利用率，例如将钢板进行剪板、切裁等。集中下料可以优材优用、小材大用、合理套裁，有很好的技术经济效果。

想一想： 你还知道哪些提高原材料利用率的流通加工？请举例说明。

5. 提高加工设备利用率

由于建立集中流通加工点，可采用效率高、技术先进、加工量大的专用机具和设备。如此做有三点好处：一是提高加工质量；二是提高设备利用率；三是提高加工效率，最终降低了加工费用及原材料成本。

6. 提高产品的附加值

在流通过程中进行改变产品某些功能的简单加工，除可实现上述作用外，还能从产品的外包装、材质、设计、用料、结构、功能等方面提高产品的附加价值。例如，许多制成品(如工艺美术品等)进行简单的装潢加工，就改变了产品外观功能，使产品售价提高 20%以上。所以在物流领域中，流通加工可以成为高附加价值的活动。

4.1.3 流通加工的类型

根据加工目的的不同，流通加工可分为以下不同的类型。

1. 为促进销售的流通加工

流通加工可以起到促进销售的作用。比如，将过大包装或散装物分装成适合销售的小包装的分装加工等。

想一想： 你还知道哪些为促进销售进行的流通加工？请举例说明。

2. 为弥补生产加工不足的流通加工

由于受到各种因素的限制，许多产品在生产领域的加工只能进展到一定程度，而不能完全实现终极的加工。例如，木材如果在产地被制成木制品的话，就会给运输带来极大的困难，所以在生产领域只能加工到原木、板方材这个程度，进一步的下料、切裁、处理等加工则由流通加工完成。

想一想：你还知道哪些为弥补生产加工不足进行的流通加工？请举例说明。

____

____

____

____

3. 为适应多样化需要的流通加工

生产部门为了实现高效率、大批量的生产，往往生产单一化、标准化的产品，其产品不能完全满足用户对产品多样化的需要。这样，为了满足用户需要，同时又保证高效率的大生产，可将生产出来的单一化、标准化的产品进行多样化的改制加工。例如，对平板玻璃按客户需要规格进行开片加工。

想一想：你还知道哪些为适应多样化需要进行的流通加工？请举例说明。

____

____

____

____

4. 为保护产品的流通加工

在物流过程中，为了保护商品的使用价值，延长商品在生产和使用期间的寿命，防止商品在运输、储存、装卸搬运、包装等过程中遭受损失，可以采取稳固、改装、保鲜、冷冻、涂油等方式。例如，对水产品、肉类的冷冻加工和防腐加工等。

想一想：你还知道哪些为保护产品进行的流通加工？请举例说明。

____

____

____

____

5. 为提高生产效率的流通加工

这种流通加工指的是根据下游生产的需要将商品加工成生产直接可用的状态。例如，将水泥制成混凝土拌合料，使用时只需稍加搅拌即可使用等。

6. 为实施配送而进行的流通加工

配送中心为优化配送活动、满足客户的需要，通常对物资进行流通加工。例如，混凝土搅拌车可以根据客户的要求，把沙子、水泥、石子、水等各种不同材料按比例要求装入可旋转的罐中。在配送路途中，汽车边行驶边搅拌，到达施工现场后，混凝土已经均匀搅拌好，可以直接投入使用。

7. 生产—流通一体化的流通加工

依靠生产企业和流通企业的联合，或者生产企业涉足流通，或者流通企业涉足生产，形成的对生产与流通加工进行合理分工、合理规划、合理组织，就是生产—流通一体化的流通加工形式。

8. 为衔接不同运输方式的流通加工

在干线运输和支线运输的结点设置流通加工环节，可以有效解决大批量、低成本、长距离的干线运输与多品种、少批量、多批次的末端运输和集货运输之间的衔接问题。比如，散装水泥中转仓库把散装水泥装袋，将大规模散装水泥转化为小规模散装水泥的流通加工，就衔接了水泥厂大批量运输和工地小批量装运的需要。

9. 为提高物流效率的流通加工

有些商品本身的形态难以进行物流操作，而且商品在运输、装卸搬运过程中极易受损，因此需要进行流通加工加以弥补，从而使物流各环节易于操作。例如，造纸用的木材磨成木屑的流通加工，可以极大提高运输工具的装载效率，从而提高物流效率。

想一想：你还知道哪些为提高物流效率的流通加工？请举例说明。

4.1.4 流通加工的特点

流通加工与生产加工既有一定的联系，又存在明显的区别，两者的区别如表 4-1 所示。

表 4-1 生产加工与流通加工的区别

类别	流通加工	生产加工
加工对象	进入流通市场的商品	形成产品的原材料、零配件、半成品
加工程度	简单的、辅助性的补充加工	形成产品主体的复杂加工
附加价值	完善其使用价值并提高附加价值	创造价值和使用价值
加工责任人	流通企业	生产企业
加工目的	促进消费、维护产品质量、实现物流高效率	交换、消费

4.1.5　流通加工作业的管理

流通加工的目的是增加产品附加价值，提升产品竞争力，获得更多利润。因此，流通加工作业更需要避免不必要的浪费，做到合理化。

1. 不合理的流通加工形式

(1) 流通加工方式选择不当。流通加工方式包括流通加工工艺、流通加工对象、流通加工程度等几个要素，其不是对生产加工的代替，而是一种补充和完善。流通加工方式的确定实际上是与生产加工的合理分工。如果加工工艺复杂，技术装备要求较高或加工可以由生产过程延续或轻易解决的，就不宜再设置流通加工。

(2) 流通加工地点设置不合理。流通加工地点设置即布局状况是决定整个流通加工是否有效的重要因素。通常为衔接单品种、大批量生产与多样化需求的流通加工，加工地点应设置在需求地，才能实现大批量的干线运输与多品种末端配送的物流优势。

(3) 流通加工成本过高，效益不好。流通加工的一个重要优势即是有较大的投入产出比，因而能有效地起到补充、完善的作用。如果流通加工成本过高，则不能实现以较低投入实现更高使用价值的目的，势必会影响企业经济效益。

(4) 流通加工作用不大，形成多余作业环节。有的流通加工过于简单，或者对生产和消费的作用都不大，甚至有时由于流通加工的盲目性，不但没能解决规格、品种、包装等问题，反而增加了作业环节，这也是流通加工不合理的重要表现形式。

2. 流通加工合理化的途径

为避免各种不合理的流通加工现象发生，对是否设置流通加工环节、地点设置在哪里、选择什么加工形式、采用何种技术装备等，需要做出正确抉择。通过一定的实践经验，要实现流通加工合理化，主要从以下几方面考虑。

(1) 加工和合理运输结合。流通加工能有效衔接干线运输与支线运输，促进两种运输形式的合理化。如在支线运输与干线运输相互转换且本来就需停顿的环节场所，按干线或支线运输合理的要求进行适当加工，从而大大提高运输及运输转载水平。

(2) 加工和配套结合。在对配套要求较高的配送中，配套的主体来自各个生产单位，但完全配套有时无法全部依靠现有的生产单位，而进行适当流通加工，可以有效促成配套，大大提高配送的桥梁与纽带的能力。

(3) 加工和配送结合。将流通加工设置在配送点，一方面可按配送的需要进行加工；另一方面可将加工后的产品直接投入配货作业。这样就无须单独设置一个加工的中间环节，使流通加工与中转配送巧妙结合在一起。由于配送之前有加工，可使配送服务水平大大提高。

(4) 加工和节约结合。节约人力、节约设备、节约能源、节约耗费是流通加工合理化应重点考虑的因素，也是目前我国设置流通加工、考虑其合理化的普遍形式。

(5) 加工和合理商流结合。流通加工环节可有效促进销售，使商流合理化。加工和合理商流相结合是流通加工合理化的考虑方向之一。

扫码观看学习视频

学习任务 4.2　典型流通加工作业

想一想： 某连锁超市配送中心决定增加生鲜食品的流通加工业务，其商品类目如表 4-2 所示。请思考该配送中心如何实施流通加工及作业流程？

表 4-2　连锁超市流通加工作业的商品类目

部门	经营品种	部门	经营品种
蔬菜部	蔬菜、水果等	鲜鱼部	鲜鱼、冷冻水产、贝类等
精肉部	猪肉、羊肉、牛肉、鸡肉、加工肉等	熟食配菜部	快餐食品等

随着科技环境和人们生活方式的不断变化，配送业务的发展影响着各行各业，流通加工作业类型日趋多样化，与产品的多样性、特殊性相适应，各种流通加工作业的对象及方式也有所不同，下面着重介绍几种典型流通加工作业。

4.2.1　食品的流通加工

食品流通加工是指发生在食品流通过程中，为了方便食品运输、储存、销售、顾客购买以及资源的充分利用和综合利用而进行的加工活动，包括在途加工和配送中心加工。常见的食品流通加工方式有冷冻、分选、分装及精制等，如表 4-3 所示。

表 4-3　食品的流通加工方式

作业内容	含义
冷冻食品作业	为了保鲜和便于装卸、运输，将鲜鱼、鲜肉等食品放置在配送中心的低温环境区，使之迅速冻结的加工活动
分选农副食品作业	农副产品规格、质量离散情况较大，为获得一定规格的产品，采取人工或机械分选方式的加工活动
分装食品作业	改换食品包装规格及形状的加工活动
精制食品作业	在食品和副食品的产地或销售地设置配送加工点，按照方便消费者的要求去除商品无用部分，并将其洗净和分装的加工活动

学一学： 成都得益绿色食品公司的午餐肉罐头流通加工作业流程：原料验收→原料处理→蒸煮→整理→装罐→真空封罐→杀菌→冷却→保温试验→包装→成品。

4.2.2　日用消费品的流通加工

1. 轻工业产品的流通加工

有些轻工业产品不易进行包装，如果进行防护包装，包装成本过大，且运输装载困难，造成装载效率低，流通损失严重。但这些产品有一个共同特点，即装配较简单，装配技术要求不高，主要功能已在生产中形成，装配后不需进行复杂检测及调试。为解决这类产品的储运问题，降低储运费用，这类产品大多采用组装加工，其半成品(部件)以高容量包装出厂，再在消费地拆箱组装，组装之后随即进行销售，如木制家具、自行车等。

学一学：成都 DY 绿色食品公司为提高市场占有率，采用同一产品多品牌策略，时常出现其中某一品牌因畅销而缺货，其余品牌却滞销压仓的现象。为解决此问题，公司针对顾客的不同偏好与不同市场设计了几种不同的标签，产品出厂时均不贴标签就运到各分销中心储存，当接到各销售网点的订货后，才按各网点指定的品牌标志贴上相应的标签，通过采用延迟策略改变配送方式，有效地解决了此缺彼涨的矛盾，降低了库存水平，也提高了各品牌销售量。

2. 服装的流通加工

一些产品因其本身特性的要求，需要较宽敞的仓储场地，而在生产场地建设这些设施成本较高，所以可将部分生产领域中的作业延伸到仓储环节完成。如时装的检验、分类等作业，可在时装仓库专用悬轨体系中完成。

学一学：RSD 服务(接受 receive、分类 sort、配送 distribution)是 TNT 澳大利亚公司下属的一家分公司开展的业务。时装 RSD 运输服务是建立在时装仓库基础上的。时装仓库最大的特点是,具有悬挂时装的多层仓库导轨系统，可将时装直接传输到运送时装的集装箱中，形成取货、分类、库存、流通加工、“门到门”配送等服务系统的集成。

4.2.3 工业品的流通加工

1. 木材的流通加工

木材的流通加工可依据木材种类、地点等决定加工方式。在木材产区可对原木进行加工，使之成为容易装载、易于运输的形状，如实行集中下料、按客户要求下料，可以使原木利用率提高到 95%，出材率提高到 72%左右，有相当好的经济效果；木屑也可制成便于运输的形状，以供进一步加工，这样可以提高原木利用率、出材率，也可以提高运输效率，具有相当可观的经济效益。

学一学：英国采取在林木生产地就地将原木磨成木屑，然后压缩使之成为容重较大、容易装运的形状，之后运至靠近消费地的造纸厂。据英国企业经验，采取这种方法比直接运送原木节约一半的运费。

2. 煤炭的流通加工

煤炭流通加工有多种形式，如除矸加工、煤浆加工、配煤加工等。煤矸石是煤矿中无用的岩石，除矸加工可提高煤炭运输效益和经济效益，减少运输能力浪费；煤浆加工可以采用管道运输方式运输煤浆，减少煤炭消耗，提高煤炭利用率；配煤加工可以按所需发热量生产和供应燃料，防止热能浪费。

3. 钢材剪板及下料的流通加工

对于使用钢板的企业来说，大、中型企业由于消耗批量大可设专门的剪板及下料加工设备，按照需要进行加工。但用量不大的中小型企业，由于使用率低下，单设剪板、下料的设备并不合算，会造成闲置浪费，反而增加企业成本。钢板的剪板及下料加工可以有效地解决以上问题。剪板加工是在固定地点设置剪板机；下料加工是设置各种切割设备将大规格钢板裁小或切裁成毛坯，以降低销售起点，便利用户。

学一学： 冰箱、洗衣机、冰柜、汽车等生产制造企业每天需要大量的钢板，除了大型汽车制造企业外，一般规模的生产企业如若自己单独剪切，难以解决因用料高峰和低谷的差异引起的设备忙闲不均和人员浪费问题。此时，委托专业钢板剪切加工企业，就可以解决这个问题。专业钢板剪切加工企业能够利用专业剪切设备，按照用户设计的规格尺寸和形状进行套裁加工，精度高、速度快、废料少、成本低。专业钢板剪切加工企业不仅可提供剪切加工服务，还出售加工原材料和加工后的成品以及配送服务，使用户省心、省力以及省钱。

4. 混凝土流通加工

混凝土流通服务中心将水泥、沙石、水以及添加剂按比例进行初步搅拌，然后装进水泥搅拌车，事先计算好时间，卡车一边行驶，一边搅拌，待到达工地后，搅拌均匀的混凝土可直接使用。

4.2.4 流通加工的其他作业形式

1. 礼品包装

逢年过节时，部分商品必须组合成礼盒销售，如中秋月饼礼盒、南北货伴手礼、茶叶礼盒等，这就是礼品包装。礼品包装的作业流程如图 4-2 所示。

2. 小包装分装

小包装分装主要是将国内外厂商的大包装商品或散装商品，以计量或计重包装方式改变商品的销售包装的一种加工作业。小包装分装的作业流程如图 4-3 所示。

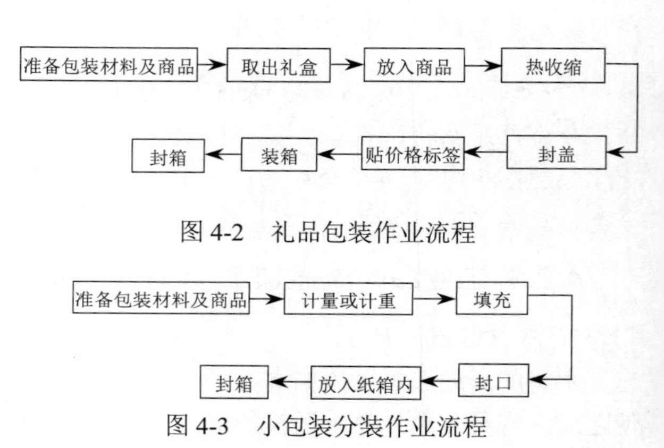

图 4-2 礼品包装作业流程

图 4-3 小包装分装作业流程

3. 热缩包装

在流通加工作业中，热缩包装作业是一种常见的加工方式，主要是针对大型卖场或其他客户的要求，把指定商品按促销要求组合，用热收缩塑料(如 PE 膜)包装材料固定在一起的包装形式。常用的 PE 膜收缩温度范围为 88℃～149℃，其受热时变软，冷却后收缩，收缩强度非常大。热缩包装的作业流程如图 4-4 所示。

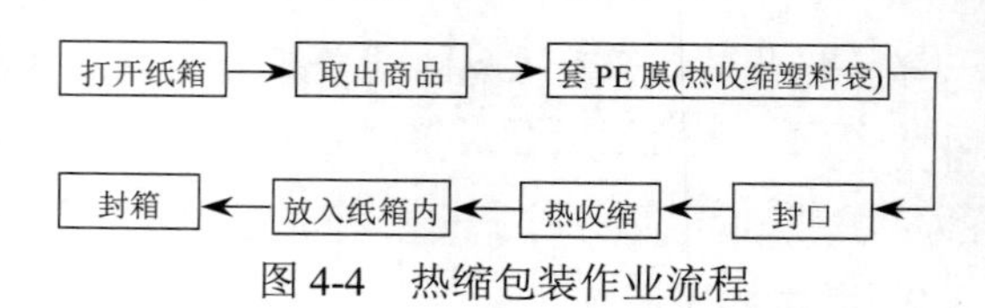

图 4-4 热缩包装作业流程

4. 贴标签

常见的贴标签作业有两种形式：一是进口商品贴中文说明标签，贴中文说明标签大部分是从进口商品到货后，就开始进行作业，标签贴完后再入库；二是贴价格标签，贴价格标签是针对零售店的要求进行的流通加工，其作业大部分是在拣货完成后进行的。贴标签的作业流程如图 4-5 所示。

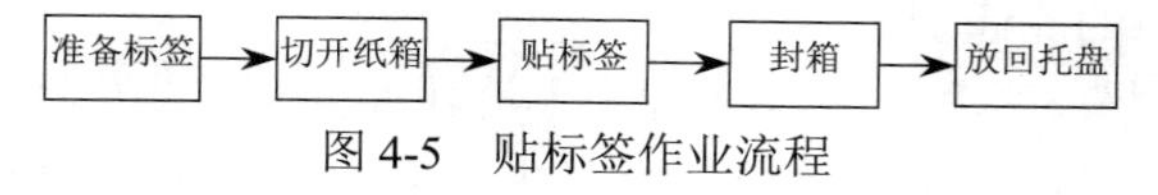

图 4-5 贴标签作业流程

学习任务 4.3　配送及配送中心

扫码观看学习视频

4.3.1 配送的含义

配送是指在经济合理区域范围内，根据用户要求，对物品进行拣选、包装、分割、组配等作业，并按时送达指定地点的物流活动。

拣选是指按订单或出库单的要求，从储存场所选出并放置在指定地点的作业。

包装是指为在流通过程中保护产品、方便储存、销售，按一定技术方法而采用的容器、材料及辅助等的总体名称，也指为达上述目的而采用容器、材料和辅助物的过程中施加一定技术方法等活动。

分割是指按订单或出库单的要求，将大的包装分解为小包装的过程。

组配是指配送前根据物品的流量、流向及运输工具的载质容积，组织安排物品装载的作业。

根据配送的定义，配送包含以下几种含义。

(1) 配送的实质是送货，但和一般送货有区别。一般送货是一种偶然、简单的行为，而配送是一种有确定组织、确定渠道，有一套装备和管理力量、技术力量，有一套制度的体制形式。

(2) 配送是一种“中转”形式，是一种“末端物流”和“二次物流”。

(3) 配送是“配”和“送”有机结合的形式。配送利用有效的分拣、配货等理货工作，使送货达到一定的规模，以利用规模优势取得较低的送货成本。

(4) 配送以用户要求为出发点，强调“按用户的订货要求”，明确了用户的主导地位，同时也明确了配送企业的地位是服务地位而不是主导地位。

(5) 配送是“以最合理方式”的方法进行的，过分强调“按用户要求”是不妥的。因为用户要求受用户本身的局限，有时会损失自我或双方的利益。对于配送者来讲，必须以“要求”为据，但是不能盲目遵从要求，应该追求合理性，进而指导用户，实现共同受益的商业原则。

配送发展至今，其作用体现为有利于物流运动实现合理化，完善了运输和整个物流系统，提高了末端物流的效益，通过集中库存使企业实现低库存或零库存，简化事务和方便用户，提高供应保证程度，为电子商务的发展提供了基础和支持。

4.3.2　配送的类型

根据不同的分类标准，配送服务可分为有不同类型。

1. 按配送时间和数量分类

按配送时间和数量，可分为定时配送、定量配送、定时定量配送、定时定线配送、即时配送、JIT 准时配送。

表 4-4 按配送时间和数量分类

配送类别	特点	优点	缺点	适用范围
定时配送	按规定的时间间隔进行配送(根据送达时限,分为小时配、日配、快递等形式)	配送时间固定，易于安排工作计划，也易于计划使用车辆和规划线路，有利于对多个用户实行共同配送，减少成本投入，也易于用户安排接货	配送物品数量和品种发生较大变化时，会使配送运力出现困难	一般适用于按规定时间和时间间隔进行的配送，如企业常规性经营及消费配送
定量配送	按照规定的批量,在指定的时间范围内进行配送	配送数量比较固定，备货工作效率简单，运输组织容易，配送效率高	难以实现准时要求，难以对多个用户实行共同配送	适用于有一定的仓储能力，服务水平中等的生产配送
定时定量配送	按照规定的时间和规定的数量进行配送	兼有定时配送和定量配送的优点	服务要求比较高,管理和作业难度较大,计划难度较大；成本高，难以实现共同配送、联盟配送	适用于产品批量较大的生产制造企业和大型连锁商场的部分商品配送
定时定线配送	根据运输路线达到站点的时间表沿着规定的运行路线进行配送	易于有计划地安排运送和接货工作，有利于配送企业进行共同配送，易于管理，成本较低	灵活性差	适用于消费者集中地区的商品配送
即时配送	完全按照用户提出的时间要求和商品品种、数量要求进行配送	灵活性高，可实现真正的零库存	对配送企业要求高、成本高	适用于各种应急配送
JIT 准时配送	按照双方协定时间,准时将货物送达	准确及时，便于实现“零库存”管理	配送成本较高	适用于生产配送

2. 按配送品种和数量分类

按配送品种和数量，可分为少品种大批量配送、多品种小批量配送，以及配套、成套配送。

表 4-5 按配送品种和数量分类

配送类别	特点	优点	缺点	适用范围
少品种大批量配送	适用于需要数量较大的商品，单独一个品种或者几个品种就可以达到较大运输量，可实行整车运输	由于批量较大，整车运输成本低	必须是运输能力很强的配送企业进行配送	工业配煤等
多品种小批量配送	符合现代社会的消费方式的高水平、高技术的配送方式,是发达国家大力推崇的配送方式	可以很好地满足用户的个性需求	作业难度大，技术要求高，使用设备复杂，组织难度大，操作要求高，成本高	大多数的消费品配送
配套、成套配送	一般是按照生产企业的需要，将零部件定时送达生产企业	配送组织承担了生产企业的大部分供应，使生产企业专注于生产	配送企业的专用性比较强，不利于配送企业向外发展	装配型企业的配送组织

3. 其他的配送分类

按实施配送的节点不同，可分为配送中心配送、仓库配送、商店配送、生产企业配送；按配送企业专业化程度不同，可分为综合配送、专业配送；按配送功能不同，可分为供应型配送、销售型配送、供应销售一体化型配送；按配送的组织形式不同，可分为集中配送、共同配送、分散配送、加工配送。

4.3.3　配送业务流程与基本模式

1. 配送业务流程

大多数配送业务流程如图 4-6 所示。

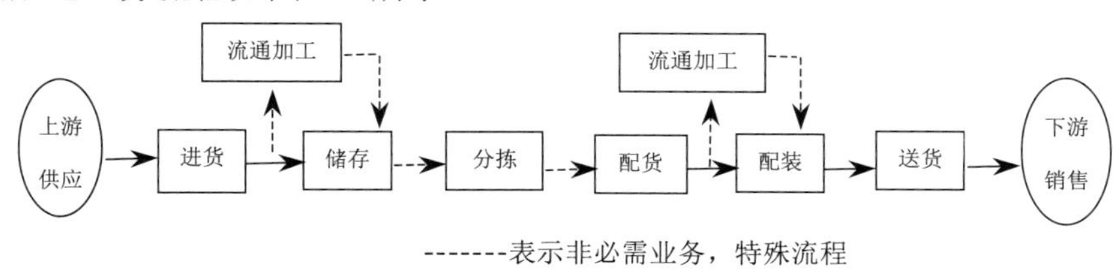

图 4-6　配送业务流程

2. 配送基本模式

1) 按照配送主体的经营权限和服务范围划分

(1) 商流、物流一体化的配送模式(商品一体化配送模式)。这种模式又称为配销模式，配送主体不仅从事商品流通的物流过程，还将配送活动作为一种营销手段和营销策略，既参与商品所有权的让渡，又提供高效优质的物流服务。商品一体化配送模式如图 4-7 所示。

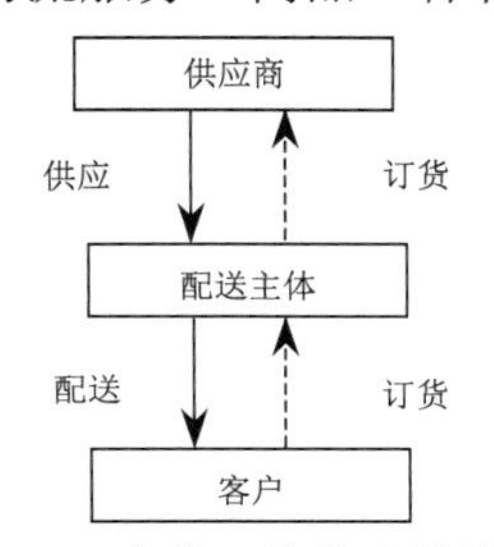

图 4-7　商物一体化配送模式

(2) 商物分离的配送模式。在这种模式下，是配送主体不直接参与商品的交易活动，不经销商品，只负责提供储存保管、分拣配货、流通加工、送货等相关物流活动。商物分离配送的业务比较单一，有利于提高专业化的物流服务水平，占用资金少，经营风险较小。商物分离配送模式如图 4-8 所示。

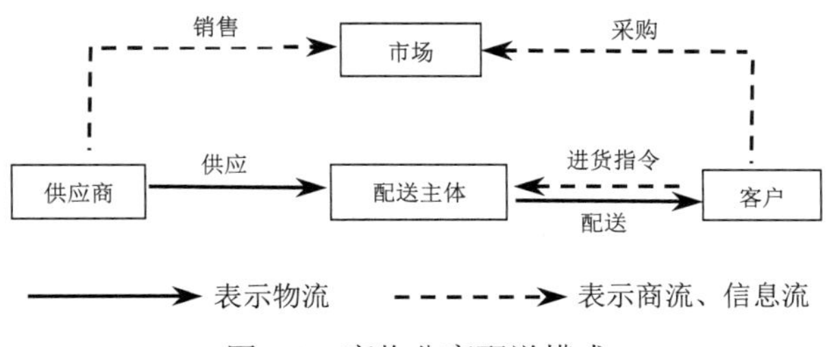

图 4-8　商物分离配送模式

2) 按照配送主体划分

(1) 共同配送。共同配送是由多个企业联合组织实施的配送活动，是物流企业之间为提高配送效率以及实现配送合理化而建立的一种功能互补的配送形式。在共同配送模式下，企业间通过横向联合、集约协调，以达到求同存异和效益共享。开展共同配送要坚持功能互补、平等自愿、互惠互利、协调一致的原则。共同配送的本质是通过作业活动的规模化降低作业成本，提高物流资源的利用效率。

(2) 自营配送。自营配送是指企业物流配送的各个环节由企业自身筹建并组织管理，实现对企业内部及外部货物配送的模式。自营配送有利于企业产供销一体化，不足之处是可能会影响企业的核心业务。

(3) 互用配送。互用配送是几个企业为了各自的利益，以契约的方式达成某种协议，互用对方配送系统进行的配送模式。互用配送的优点在于企业不需要投入较大的资金和人力，就可以扩大自身的配送规模和范围，但需要企业有较高的管理水平以及与相关企业的组织协调能力。

(4) 第三方配送。交易双方把自己需要完成的配送业务委托给第三方来完成的配送运作模式。随着物流发展和第三方配送体系的不断完善，第三方配送模式成为许多工商企业和电子商务配送的首选，其优点是容易实现个性化的配送，还能降低成本。

学一学：全球餐厅网络最大的 BS 餐饮集团，在美国境内的配送模式是外包给专业的物流公司 MFS 来做。而由于在中国境内一直找不到理想的第三方物流公司，BS 餐饮集团创造了业内公认的“灵活而实用”配送模式：自我服务+供应商提供服务+第三方物流服务。

4.3.4 配送合理化

1. 配送合理化的判断标准

对配送合理化与否的判断，是配送决策系统的重要内容，目前国内外尚无一定的技术经济指标体系和判断方法，按照通常的经验认识，以下标准应纳入配送合理化的判断标准。

(1) 库存总量和周转速度合理。

(2) 资金的占用和周转合理。

(3) 企业经营成本较低、效益较高。

(4) 配送的保证能力和灵活性好。

(5) 节约社会人力、运力。

(6) 物流系统更加完善。

2. 不合理配送的表现形式

对于配送合理与否，不能简单判定。配送决策是一个全面、综合的过程，在决策时要避免不合理配送，但有时某些不合理现象是伴生的，要追求大方面的合理，就可能派生小方面的不合理。一般常见的不合理配送有以下几种表现形式。

1) 资源筹措不合理

配送是利用较大批量筹措资源，通过筹措资源达到规模效益来降低资源筹措成本，使配送资源筹措成本低于用户自己筹措资源成本，从而取得优势。如果不是集中多个用户进行批量筹措资源，而仅仅是为某一、两户代购代筹，对用户来讲，就不仅不能降低资源筹措费，反而要多支付一笔配送企业的代筹代办费，因而是不合理的。资源筹措不合理还有其他表现形式，如配送量计划不准，资源筹措过多或过少，在资源筹措时不考虑建立与资源供应者之间长期稳定的供需关系等。

2) 库存决策不合理

配送应充分利用集中库存总量低于各用户分散库存总量，从而大大节约社会财富，同时降低用户实际平均分摊库存负担。因此，配送企业必须依靠科学管理来实现一个低总量的库存，否则就会出现仅是库存转移，而未取得库存总量降低的效果。配送企业库存决策不合理还表现在储存量不足，这样不能保证随机需求，就会失去了应有的市场。

3) 价格不合理

一般配送的价格应低于用户自己进货时(不实行配送时)产品购买价格加上自己提货、运输、进货之成本总和，这样才会使用户有利可图。有时由于配送有较高服务水平，虽然配送价格稍高，用户也可以接受，但这不是普遍的原则。如果配送价格普遍高于用户自己进货的运输价格，损伤了用户利益，就是一种不合理表现；而配送价格过低，使配送企业处于无利或亏损状态下运行，也是不合理的。

4) 配送与直达的决策不合理

一般的配送是增加了环节，但是这个环节的增加，可降低用户平均库存水平，以此不仅抵消了增加环节的支出，还能取得剩余效益。但是如果用户使用批量大，可以直接通过社会物流系统均衡批量进货，较之通过配送中转送货则可能更节约费用，所以在此种情况下不直接进货而通过配送，就属于不合理运输。

5) 送货中不合理运输

与用户自提比较，尤其对于多个小用户来讲，配送可以集中配装一车送几家，可大大节省运力和运费。如果不能利用这一优势，仍然是一户一送，而车辆达不到满载(即时配送过多、过频时会出现这种情况)，则属于不合理运输。

6) 经营观念的不合理

在配送实施中，有许多是经营观念不合理，使配送优势无从发挥，反而损坏了配送企业形象的现象。例如，配送企业利用配送手段，向用户转嫁资金、库存；在库存过大时，强迫用户接货，以缓解自己库存压力等。对于这些经营观念的不合理，在配送时一定要克服。

3. 配送合理化的措施

1) 推行共同配送

通过共同配送可以以最近的路程、最低的配送成本完成配送，从而实现配送合理化。

2) 推行一定综合程度的专业化配送

通过采用专业设备、设施及操作程序，能够取得较好的配送效果并降低配送过分综合化的复杂程度及难度，从而实现配送合理化。

3) 实行送取结合

配送企业与用户建立稳定、密切的协作关系，配送企业不仅成了用户的供应代理人，还承担用户储存据点的作用。在配送时，将用户所需的物资送到，再将该用户生产的产品用同一车运回，这种产品也成了配送中心的配送产品之一。这种送取结合的方式，使运力充分利用，也使配送企业功能有更大的发挥，从而实现合理化。

4) 推行加工配送

通过加工和配送结合，充分利用本来应有的中转，而不增加新的中转，以实现配送合理化。同时，加工借助于配送，使加工目的更明确，和用户联系更紧密，更避免了加工盲目性。这两者有机结合，投入增加不多，却可追求两者的优势和效益，是配送合理化的重要经验。

5) 推行即时配送

作为计划配送的应急手段，即时配送是最终解决用户企业担心断供之忧、大幅度提高供应保障能力的重要手段。即时配送成本较高，但它是整个配送合理化的重要保障手段。此外，用户实行零库存，即时配送也是其重要保障手段。

6) 推行准时配送系统

准时配送是配送合理化重要内容。配送做到了准时，用户才可以放心地实施低库存或零库存，可以有效地安排接货的人力、物力，以追求最高效率的工作。

想一想：你还知道哪些配送合理化的措施？

___

___

4.3.5 配送中心概述

1. 配送中心的定义

配送中心(distribution center)是从事配送业务且具有完善信息网络的场所或组织。

配送中心不是等于一个仓库。配送中心主要功能是提供配送服务。在物流供应链环节中，是一处物流节点，为物流下游经销商、零售商、客户提供配送工序，利用流通设施、信息系统平台对物流经手的货物提供倒装、分类、流通加工、组配、设计运输路线、选择运输方式等服务。配送中心设置的目的是节约运输成本、保证客户满意度。

由图 4-9 可知，配送中心是基于降低运输成本和提高便捷性等各方面的要求而衍生的。它将运输的支线和干线联结起来，变成了“线”；把分散的物流节点联结起来，变成了“网”。它的出现减少了交叉运输，提高了运输的规模化程度，使物流活动更加有序。可以说配送中心的出现是物流产业的一大跨越，是物流系统化和大规模化的产物。

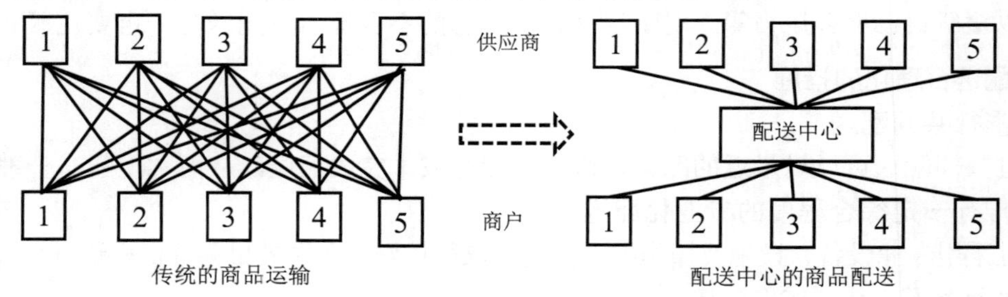

图 4-9 配送中心的衍生

2. 配送中心的基本要求

配送中心应基本符合以下几个要求：主要为特定客户或末端客户提供服务；配送功能健全；辐射范围小；提供高频率、小批量、多批次配送服务。

总之，配送中心就是专门从事配送业务的物流基地，是通过转运、分类、保管、流通加工和信息处理等作业，然后根据用户的订货要求备齐商品，并能迅速、准确和廉价地进行配送的基本设施，或者是一个可以满足某些个性化需要的仓库。

4.3.6 配送中心的功能及特征

1. 配送中心的功能

配送中心具有管理功能和业务功能，具体如图 4-10 所示。

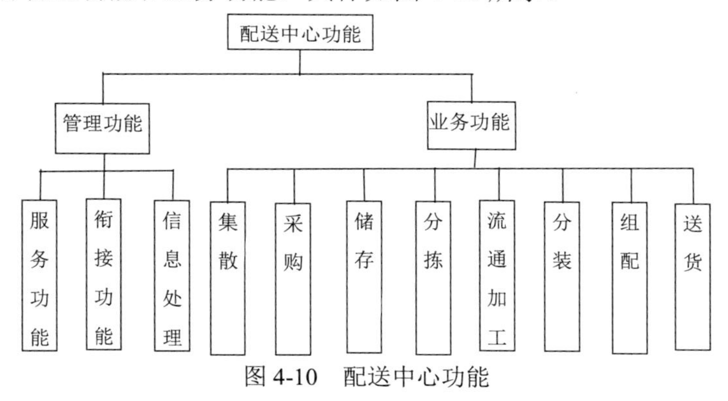

图 4-10 配送中心功能

2. 配送中心的特征

配送中心一般具有以下几个特征。

(1) 反应速度快。

(2) 功能集成化。

(3) 作业规范化、自动化。

(4) 服务功能的外延更加丰富。

(5) 设施设备先进。

4.3.7 配送中心的作业流程

配送中心会根据自身及客户特点设计出对本企业最有利的配送流程。不同配送模式具有不同的作业流程。针对所需完成的功能，按照信息流引导的原则，一般配送中心的作业流程如图 4-11 所示。

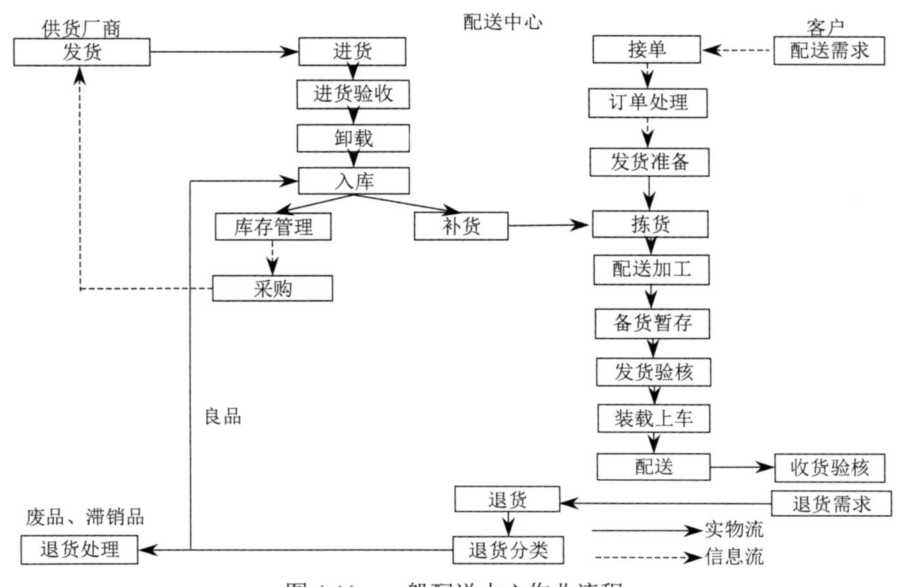

图 4-11 一般配送中心作业流程

知识链接

荷兰办公快递公司配送中心作业流程

荷兰办公快递公司是全球最大的日常办公用品、计算机、办公家具等的提供商。公司配送中心新增了 WMS(warehouse management system，智能仓库管理系统)系统和先进的分拣、输送等设备，其设计的作业流程如下所述。

1. 集货和入库储存作业流程

配送中心有 12 个接货门，货物抵达月台时，叉车和拖板车将其从卡车上卸下来办理入库。大多数入库货物的尺寸在抵达前已经确定，有助于 WMS 进行合理调度，最大限度地利用配送中心的存储面积。如果有新的存货单元(SKU)进入配送中心，电子测量系统会自动测量。

流量大、流通速度快、体积大的货物(如复印纸)在配送中心底层的大宗散装区储存，不能用传送带的货物也在大宗散装区储存。其他的整个托盘 SKU 在托盘式货架储存，每个托盘都有排定的条码核准号，叉车入库作业时扫描确认传至 WMS，WMS 在预留储存区为其安排一个货位，并尽可能把类似的产品放在一起，叉车司机再对货架储位上的条码进行扫描，确认托盘货物入库。

2. 分拣理货作业流程

分拣补货大多数采用“先进先出”的方式。不能用传送带和体积庞大的货物直接从大宗货物存储区取出，直接进入拣选区(可整托盘或整箱为单位拣取)。根据标签货物拣取出来后，各 SKU 混在一起堆放在托盘上，扫描确认传至 WMS，WMS 引导叉车和液压托盘车操作员把货物运送到合适的拣货区入口。大约 80%的订单都少于一个整箱，需要拆箱拣选。需要拆箱拣选的货物事先被导入，存放在多层指向流动货架上，通过传送设备导入到 32 个拣选区域；之后 WMS 通过语音指令拣选系统引导拣选员拣选。

3. 检查、包装和出货流程

经过拣选后，一些货物还要被输送到增值服务站贴价格标签，同时随机抽取的 10%的货物进入质量控制区域检验。每单货物拣选完毕并经过检验后，被传送到包装站添加气垫衬板进行纸箱封口，最后传送到分类机，在那里与从其他区域拣选的整箱货物进行合并。高速分拣机上有 45 个转向器，按照运输路线的设计向配送中心的 38 个出货口补给货物。每组有 72 辆卡车在出货口等待，有辅助引导装置帮助把货物装上车。由于新的配送流程效率很高，订单处理精度提高到 99.9%，而且延长了订单提交截止时间，过去想次日运达的需要在前一日 14:00 前提交订单，而现在则延长到 18:00。“截单时间延长”服务，可让晚间的订单提前一天送达消费者手中，升级消费体验。

资料来源：百度文库. https://wenku.baidu.com/view/3ec7eda8f624ccbff121dd36a32d7375a417c6bf.html.

❖ 知识检测

一、判断题

( ) 1. 流通加工是为了提高物流速度和物品的利用率，在物品进入流通领域后，按客户的要求进行的加工活动。

( ) 2. 流通加工具有弥补生产加工的不足、提高加工效率的作用。

( ) 3. 为实施配送而进行的流通加工是指根据下游生产的需要将商品加工成生产直接可用的状态的加工。

( ) 4. 流通加工的对象是进入流通过程的商品，不具有商品的属性。

( ) 5. 流通加工能有效衔接干线运输与支线运输，促进两种运输形式的合理化。

( ) 6. 配送是指在经济合理区域范围内，根据用户要求，对物品进行拣选、包装、分割、组配等作业，并按时送达指定地点的物流活动。

( ) 7. 配送的实质是送货，但和一般送货没有区别。

( ) 8. 定时配送的特点是按照规定的批量，在指定的时间范围内进行配送。

( ) 9. JIT 准时配送是按照双方协定时间，准时将货物送达，准确及时，便于实现“零库存”管理的配送。

( ) 10. 商物分离的配送模式是配送主体不直接参与商品的交易活动，不经销商品，只负责提供储存保管、分拣配货、流通加工、送货等相关物流活动。

二、单选题

( ) 1. 将过大包装或散装物分装成适合销售的小包装的分装加工，属于哪类流通加工？

A. 为适应多样化需要的流通加工　　B. 为提高加工效率的流通加工

C. 为弥补生产加工不足的流通加工　　D. 为促进销售的流通加工

( ) 2. 对平板玻璃按客户需要规格的开片加工，属于哪类流通加工？

A. 为促进销售的流通加工　　B. 为保护产品的流通加工

C. 为适应多样化需要的流通加工　　D. 为提高生产效率的流通加工

( ) 3. 流通加工的目的是增加产品的( )，提升产品竞争力，获得更多利润。

A. 时间价值　　B. 附加价值

C. 空间价值　　D. 销售价值

( ) 4. 下列哪一项不属于食品流通加工方式？

A. 刷漆　　B. 分选

C. 冷冻　　D. 精制

( ) 5. 下列哪一项对配送的描述是错误的？

A. 配送的实质是储存　　B. 配送是一种“中转”形式

C. 配送以用户要求为出发点　　D. 配送是“配”和“送”有机结合的形式

(　　) 6. 下列哪一项配送类型灵活性高，可实现真正的零库存？

A. 定量配送　　B. 定时定量配送

C. 定时定线配送　　D. 即时配送

(　　) 7. 哪种配送类型配送成本较高，适用于生产配送？

A. 定时配送　　B. 定量配送

C. JIT 准时配送　　D. 即时配送

(　　) 8. 关于商物分离的配送模式的特点，哪一项描述是错误的？

A. 不直接参与商品的交易活动　　B. 业务比较单一

C. 占用资金少　　D. 经营风险较大

(　　) 9. 下列哪一项属于按照配送主体的经营权限和服务范围划分配送模式？

A. 共同配送　　B. 商物分离的配送

C. 自营配送　　D. 第三方配送

(　　) 10. 关于配送中心的特征描述，哪一项是错误的？

A. 反应速度慢　　B. 功能集成化

C. 作业规范化　　D. 设施设备先进

三、多选题

(　　) 1. 流通加工有哪些作用？

A. 充分发挥各种输送手段的最高效率　　B. 弥补生产加工的不足

C. 提高原材料利用率　　D. 提高加工设备利用率

E. 提高产品的附加值

(　　) 2. 流通加工合理化的途径有哪些？

A. 加工和配套结合　　B. 加工和配送结合

C. 加工和节约相结合　　D. 加工和合理商流相结合

(　　) 3. 下列哪几项对于配送的含义描述正确？

A. 配送的实质是与一般送货没有区别　　B. 配送是一种“中转”形式

C. 配送是一种“末端物流”　　D. 配送是“配”和“送”有机结合的形式

E. 配送以用户要求为出发点

(　　) 4. 下列哪几项属于按配送时间和数量来分类的？

A. 定时配送　　B. 定量配送

C. 即时配送　　D. JIT 准时配送

E. 配套成套配送

(　　) 5. 按实施配送的节点不同，配送可分为哪几种？

A. 配送中心配送　　B. 综合配送

C. 仓库配送　　D. 商店配送

E. 生产企业配送

实践训练

❖ 实践任务

任务 1　流通加工的类型分析

任务描述：随着经济增长，国民收入增多，消费者的需求出现多样化，促使了在流通领域开展流通加工作业。流通加工通过改变或完善流通对象的形态来实现“桥梁”和“纽带”的作用，根据流通加工目的的不同，流通加工可分为不同的类型。请结合所学知识和生产实际，在表 4-6 中详细分析不同类型的流通加工。

表 4-6　不同类型的流通加工

研究目标(类型)	研究成果	
	作用	举例
为促进销售的流通加工		
为弥补生产加工不足的流通加工		
为适应多样化需要的流通加工		
为保护产品的流通加工		
为提高生产效率的流通加工		
为实施配送而进行的流通加工		
生产—流通一体化的流通加工		
为衔接不同运输方式的流通加工		
为提高物流效率的流通加工		

任务 2 流通加工与生产加工的特点分析

任务描述：流通加工与生产加工既有一定的联系，又存在着明显的区别。请结合实际生产情况及所学知识，根据表 4-7 中研究目标完成任务分析。

表 4-7 流通加工与生产加工的异同

研究目标（类别）	研究成果		
	相同之处	区别	
		流通加工	生产加工
加工对象			
加工程度			
附加价值			
加工责任人			
加工目的			

任务 3 流通加工作业管理分析

任务描述：流通加工的目的是增加产品附加价值，提升产品竞争力，获得更多利润。因此，流通加工作业更需要避免浪费，尽量做到合理化作业及管理。请结合所学知识，根据表 4-8 中研究目标完成任务分析。

表 4-8 流通加工作业管理分析

研究目标	研究成果
不合理的流通加工形式	
流通加工合理化的途径	

任务 4　典型流通加工作业分析

任务描述：随着科技环境和人们生活方式的不断变化，配送业务的发展到各行各业，流通加工作业类型日趋多样化，与产品的多样性、特殊性相适应，流通加工作业的对象及方式也有所不同。请根据生活所见所闻，结合所学知识，完成表 4-9 中研究任务分析。

表 4-9　典型流通加工作业

研究目标	研究成果	
	含义	举例
食品的流通加工		
轻工业产品的流通加工		
服装的流通加工		
木材的流通加工		
煤炭的流通加工		
钢材剪板及下料的流通加工		
混凝土流通加工		
礼品包装		
小包装分装		
热缩包装		
贴标签		

任务 5　快递配送分析

任务描述：近年快递物流发展迅速，典型的有“三通一达”(申通、圆通、中通、韵达)、顺丰、京东物流等。请按要求分组，查阅资料并结合所学知识，完成以下任务，并根据研究成果制作 PPT，每组派一名代表进行展示。

1. 任意选择题目中的两个快递公司，从其运作模式、服务范围、服务满意度、配送网络构建、管理制度等方面进行分析，完成制作对比分析表 4-10。

表 4-10　快递配送对比分析

研究目标	研究成果	
	公司 1(　　　)	公司 2(　　　)
运作模式		
服务范围		
服务满意度		
配送网络构建		
管理制度		
其他方面		
其他方面		
其他方面		

2. 查阅资料，完成一份针对我国快递业发展现状、存在问题及应对策略的调研报告。

任务6 配送中心调研分析

任务描述：学生以小组为单位，走访调研当地一家配送中心，完成以下资料收集的任务，将调研要点记录在表4-11中，将研究成果做成PPT并进行展示。

表4-11 配送中心调研分析

调研目标	调研成果 配送中心名称( )
1. 该配送中心的性质、规模、地理位置、周边交通情况	
2. 该配送中心的功能、流程、配送商品的种类、数量	
3. 该配送中心服务的客户及客户分布	
4. 该配送中心的软件、硬件设备情况	
5. 该配送中心的部门设置、岗位及职责	
6. 该配送中心在整个公司物流系统中的地位、作用	
7. 其他调研情况	

❖ 实践反思

1. 知识盘点：通过对流通加工与配送项目的学习，你掌握了哪些知识点？请画出思维导图。
2. 方法反思：在完成流通加工与配送项目的学习和实践过程中，你学会了哪些分析和解决问题的方法？
3. 行动影响：在完成流通加工与配送项目的学习任务后，你认为自己在思想、行动及创新上，还有哪些地方需要完善？

❖ 能力评价

评价总成绩=技能点评价得分(占比 50%)+素质点评价得分(占比 50%)

1. 技能点评价

使用说明：按评价指标技能点赋分(见表 4-12)，满分为 100 分。其中，研究成果作品文案(如报告、PPT 等)满分为 80 分，展示陈述满分为 20 分。

表 4-12 技能点评价

技能点评价指标		分值	得分
作品文案	对流通加工与生产加工判断的准确性	10 分	
	对流通加工作用、类型及特点描述的全面性	10 分	
	对流通加工合理化途径判断的准确性	10 分	
	对典型流通加工方式及其作业内容认知的全面性	10 分	
	对不同配送类型判断的准确性	10 分	
	对不同配送模式描述的准确性	10 分	
	对配送合理化措施描述的合理性	10 分	
	对配送中心实践任务完成及展示的完整性	10 分	
展示陈述	汇报展示及演讲的专业程度	5 分	
	语言技巧和非语言技巧	5 分	
	团队合作配合程度	5 分	
	时间分配	5 分	
合　计		100 分	

2. 素质点评价

使用说明：请按素质点评价指标及对应分值打分，分为学生自评 30 分、组员评价 30 分、教师评价 40 分，满分为 100 分，如表 4-13 所示。

表 4-13 素质点评价

素质点评价指标		分值	得分
学生自评	团队合作精神和协作能力：能与小组成员合作完成项目	6 分	
	交流沟通能力：能良好表达自己的观点，善于倾听他人的观点	6 分	
	信息素养和学习能力：善于收集并借鉴有用资讯和好的思路想法	6 分	
	独立思考和学习能力：能提出新的想法、建议和策略	6 分	
	职业精神和创新创业能力：具有敬业、勤业、创业、立业的积极性	6 分	
组员评价	团队合作精神和协作能力：能与小组成员合作完成项目	6 分	
	交流沟通能力：能良好表达自己的观点，善于倾听他人的观点	6 分	
	信息素养和学习能力：善于收集并借鉴有用资讯和好的思路想法	6 分	
	独立思考和创新能力：能提出新的想法、建议和策略	6 分	
	职业精神和创新创业能力：具有敬业、勤业、创业、立业的积极性	6 分	
教师评价	对学生的综合素质进行评价(包括团队合作精神和协作能力、交流沟通能力、信息素养和学习能力、独立思考和创新能力、职业精神和创新创业能力)	40 分	
合　计		100 分	

巩固提升

❖ 案例思索

案例 1　品慧生鲜食品加工配送中心的运作

品慧生鲜食品加工配送中心是具有一定规模的生鲜食品加工配送中心，总投资 5000 万元，建筑面积 20 000 平方米，年生产能力 10 000 吨，其中肉制品年生产能力为 2000 吨，生鲜盆菜、调料半成品年生产能力为 5000 吨，熟食制品年生产能力为 3000 吨，产品结构分为 9 类约 230 种生鲜食品；在加工作业的同时配送中心还从事冷冻食品、水果以及南北货的配送任务。

生鲜商品按其称重包装属性分为称重商品、散装商品、定量商品；按物流类型分为直送型、加工型、中转型、储存型；按储存运输属性分为冷冻品、低温品、常温品；按商品的用途分为原料、半成品、产成品、辅料和通常商品。生鲜商品大部分需要冷藏，其物流流转周期必须很短，以节约成本。生鲜商品保质期很短，客户对其色泽等要求很高，在物流过程中需要快速流转。为实现“快”和“准确”，品慧生鲜配送中心从以下几个方面开展流通加工。

1. 生鲜食品的加工与物流运作

生鲜的加工按原料和成品的对应关系可分为两种类型：组合和分割。这两种类型在 BOM 设置和原料计算以及成本核算方面都存在很大差异。在 BOM 中，每个产品设定一个加工车间，且只属于唯一的车间，在产品上区分最终产品、半成品和配送产品。商品的包装分为定量和不定量的加工，对于称重的产品或半成品需要设定加工产品的换算率(单位产品的标准质量)，原料的类型区分为最终原料和中间原料，设定各原料相对于单位成品的耗用量。

生产计划(任务)中需要对多级产品链计算嵌套的生产计划(任务)，并生成各种包装生产设备的加工指令。对于生产管理，在计划完成后，系统按计划内容输出标准领料清单，指导生产人员从仓库领取原料以及生产时的投料。在生产计划中，考虑产品链中前道工序与后道工序的衔接，各种加工指令、商品资料、门店资料、成分资料等下发到各生产自动化设备。加工车间人员根据加工批次加工调度，协调不同量商品间的加工关系，满足配送要求。

2. 生鲜食品的冷冻养护

生鲜食品(主要指肉类食品)储存在冷藏低温库，库温一般控制在-18℃。冷藏仓间的空气温度保持要相对稳定，一昼夜上下波动幅度不得超过±1℃，进出时的仓间温度不得波动超过 4℃；相对湿度应保持在 95%～98%，波动范围不超过±5%。水产、家禽入库后，为保持商品固有质量，减少干耗，可在商品外边镀一层冰衣，使肉体与空气隔绝，保持其色泽。一般是在商品入库时，先镀一次冰衣，1～2 个月后再镀一次，第三次应视冰衣的消失情况而定。

3. 配送运作

商品分拣完成后，都堆放在待发库区，按正常的配送计划，这些商品在晚上送到各门店，门店第二天早上将新鲜的商品上架。在装车时，装车顺序按计划依路线门店顺序确定，同时抽样检查准确性。在货物装车的同时，系统能够自动算出包装物(笼车、周转箱)的各门店使用清单，装货人员也据此来核对差异。在发车之前，系统根据各车的配载情况出各运输的车辆随车商品清单、各门店的交接签收单和发货单。商品到门店后，由于数量的高度准确性，在门店验货时只要清点总的包装数量，退回上次配送带来的包装物，完成交接手续即可，一般一个门店的配送商品交接只需要 5 分钟。

思考回答：

1. 什么是流通加工？流通加工有何特点？

2. 通常生鲜食品的流通加工方式有哪些？本案例中采用了哪些方式？

3. 本案例中的生鲜食品加工配送中心运作有哪些特点？

案例2　某生活食品连锁超市鸣尾浜配送中心

某生活食品连锁超市是日本消费者合作社(CO-OP)中规模最大的连锁商业企业，其销售商品以食品为主(占 72%)。面对供应面广、品种多、数量大的供配货需求，该连锁超市建造了鸣尾浜配送中心，承担了全部销售商品的配送任务。在规划这座配送中心时，主要考虑的是它应有利于提高对客户(商场)的服务水平，根据商品多品种、小批量、多批次要货的特点，做到在指定的时间里，将需要的商品、按所需的数量送到客户的手里，以促进提高销售额，削减商场库存，提高作业效率，减少流通过程的物流成本，增强企业的竞争力。

鸣尾浜配送中心具有以下重要功能。

第一，根据物流集约化原则，该连锁超市在规划鸣尾浜配送中心时，强调了强化供货枢纽的战略功能。

(1) 商品出货单位要小，以满足商场越来越强烈的拆零要求。

(2) 将原来由商场承担的工作量大、耗时多的贴标签、改包装等流通加工作业，放到配送中心里完成，以满足小型超市商场运营的需要。

(3) 扩大库存商品的品种，以强化配送中心的供货能力，降低商品的缺货率；特别是采用了与 POS(point of sales，销售点终端)系统联网的 EOS(electronic ordering system，电子订货系统)，来处理连锁店的订货，并根据库存信息，预测总订货量，向供应商发出订货单。

(4) 扩大分拣功能，根据对中转型商品的集约化作业，改善零售店收货和搬运作业。

(5) 除一部分特殊商品(如日配品)外，畅销商品全部由配送中心供货，为实现向商场配送计划模式奠定基础。

(6) 满足无店铺定点销售物流的需求。

(7) 开发支撑配送中心高效运转的信息处理系统。

第二，抑制物流成本。配送中心拥有不少先进的物流设备和设施，为了保证正常运转，必须做好日常的维修保养工作，以降低物流成本。相关工作包括加强人事管理、配送中心运营费用的预算和外托合同企业(如运输公司)的联系等。

第三，增强配送中心的应变能力。随经营规模的发展而不断扩大，必须确保在一段较长的时间内配送中心的物流量能满足企业发展的需要。配送中心的设计以 10 年的周、日处理量的变化作为最大值、平均值，故具有满足此后数年的处理能力。另外，要做到今后有扩建的余地。

配送中心根据经营商品进销的不同情况和商品 ABC 分类法，将物流分成 3 条通路。

路线 l(库存型物流)，对于进销频繁的商品，整批采购、保管，经过拣选、配货、分拣、配送到门店和无店铺销售的送货点。

路线 2(中转型物流)，对于通过计算机联机系统和商品信息订购的商品，整批采购、不经储存，通过配送中心进行拣选、组配和分拣，再配送到销售门店和无店铺销售点。

路线 3(直送型物流)，对于从供货单位，不经过配送中心的商品，直接组织货源送往销售店。

思考回答：

1. 简述配送中心的功能；该案例的配送中心的功能有哪些？

____

____

____

2. 本案例中的配送中心将物流分成 3 条通路，请分别画出其作业流程图。

❖ 知识归纳

学习完流通加工与配送项目后，归纳总结本项目的重点知识、难点知识及课堂要点等。

项目 5 仓储配送成本管理

教学目标

❖ 知识目标

1. 能说明仓储成本的构成，掌握仓储成本的构成及降低仓储成本的措施。
2. 能说明仓储成本与仓储收入的关系，掌握仓储成本控制的策略与方法。
3. 能说明配送成本的分类及构成，掌握影响配送成本的因素。
4. 能说明配送成本的核算，理解配送成本的控制的措施。
5. 熟悉配送作业流程，找出影响配送作业的因素。
6. 掌握配送线路规划的原理与方法，找出提高配送作业效率的措施。

❖ 能力目标

1. 会根据仓储成本的构成，选择合适的仓储成本控制的策略。
2. 会合理分析仓储收入与成本之间的关系，利于企业经营目标实现。
3. 会根据影响配送成本的不同因素，灵活地分析配送成本的构成与变化，并具备对配送各功能进行成本核算与控制的能力。
4. 会采用合理的方法，为企业找到优化的配送线路方案。

❖ 素质目标

1. 具有成本节约化的仓储服务意识。
2. 具有良好的职业素养和学习能力，能够运用科学的方法和技巧领悟新知识和新技能。
3. 具有团队协作精神和能力，能够与组员协调分工并完成任务。
4. 具有独立分析问题、解决问题的能力，以及勇于创新、敬业乐业的工作作风。

❖ 思政目标

1. 具有坚定的理想信念和艰苦奋斗的思想作风。
2. 树立精益准时配送服务的意识及科学发展观。
3. 具有敬业精神和工匠意识，意识到仓储配送成本管理活动规范化、合理化的重要性。
4. 树立高效低成本的配送作业管理的专业意识。

思维导图

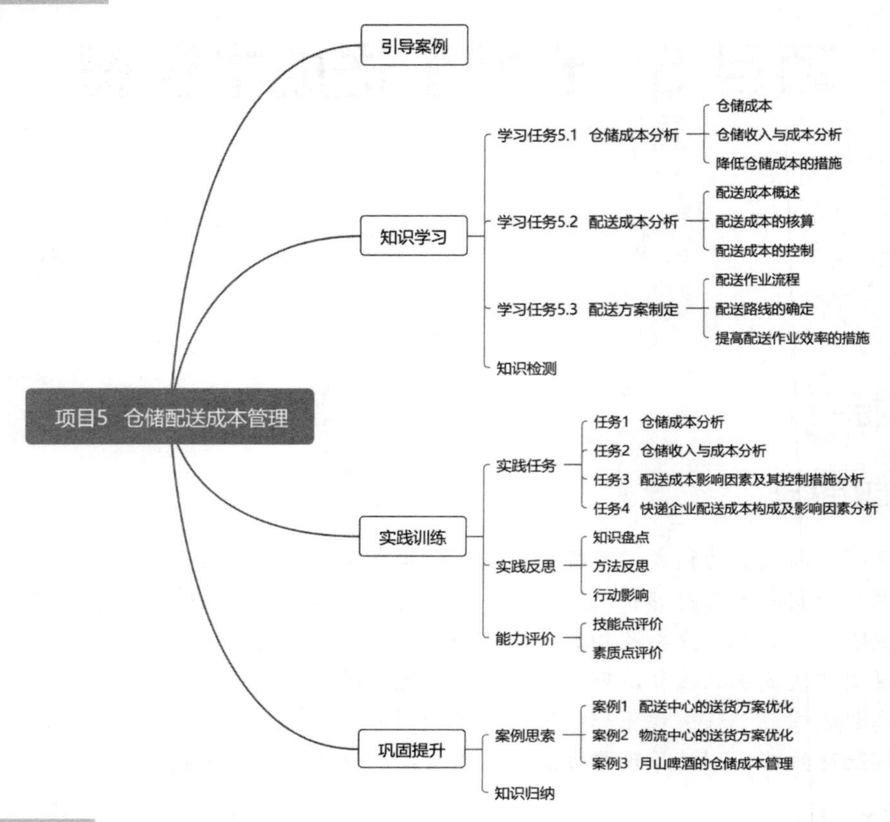

引导案例

缔义物流公司仓储部的2021年和2022年的仓储成本如表5-1所示。

表5-1 仓储部 2021 年和 2022 年的仓储成本

仓储成本项目		2021年实际额/万元	2022年计划额/万元	2022年实际额/万元
仓储持有成本	资金占用成本	10 046	10 000	11 356
	仓储运作成本	146 712	135 000	117 728
	仓储维护成本	221 340	210 000	198 629
	物品损耗成本	15 835	14 000	11 817
仓储持有成本(小计)		**393 933**	**369 000**	**339 530**
订货成本		22 750	22 000	24 728
缺货成本		4 640	3 000	2 200
在途库存持有成本		2 100	2 000	492
合　计		**423 423**	**396 000**	**366 950**

思考完成以下任务：

(1) 2021年至2022年该企业仓储成本的结构变动分析。

(2) 2022年的仓储成本计划完成情况分析。

知识学习

学习任务 5.1 仓储成本分析

5.1.1 仓储成本

1. 仓储成本的含义

仓储成本(warehousing cost)是指仓储企业在开展仓储业务活动中各种要素投入的以货币计算的总和，包括装卸搬运、存储保管、流通加工、收发物品等各个环节和建造、购置仓库等设施设备所消耗的人力、物力、财力及风险成本的总和。

2. 仓储成本的分类

大多数仓储成本不随存货水平变动而变动，而是随存储地点的多少而变动。仓储成本是物流成本的重要组成部分，对物流成本的高低有直接影响。仓储成本包括仓库折旧、设备折旧、仓库租金、货物包装材料费用和管理费、装卸费用等，主要分为以下几类。

1) 保管费

保管费为存储货物所开支的货物养护、保管等费用。它包括用于货物保管的货架、货柜的费用开支，以及仓库场地的房地产税等。

2) 仓库管理人员的工资和福利费

仓库管理人员的工资一般包括固定工资、奖金和各种生活补贴；福利费可按标准提取，一般包括住房基金、医疗以及退休养老支出等。

3) 折旧费或租赁费

有的仓储企业以自己拥有所有权的仓库和设备对外承接仓储业务，有的以向社会承包租赁的仓库和设备对外承接业务。自营仓库的固定资产每年需要提取折旧费，对外承包租赁的固定资产每年需要支付租赁费。仓储费或租赁费是仓储企业的一项重要的固定成本，构成仓储企业的成本之一。对仓库固定资产按折旧期分年提取，主要包括库房、堆场等基础设施的折旧和机械设备的折旧等。

4) 装卸搬运费

装卸搬运费是指货物入库、堆码和出库等环节发生的装卸搬运费用，包括搬运设备的运行费用和搬运工人的成本。

5) 仓储损失

仓储损失是指保管过程中货物损坏而需要仓储企业赔付的费用。造成货物损失的因素一般包括仓库本身的保管条件、管理人员的人为因素、货物本身的物理及化学性能、搬运过程中的机械损坏等。实际中，应根据具体情况，按照企业的制度标准，分清责任，合理计入成本。

6) 设备维修费

设备维修费主要用于设备、设施和运输工具的定期大修理，每年可以按设备、设施和运输工具投资额的一定比率提取。

7) 财务费用

财务费用是指仓储企业为筹集资金而发生的各项费用。财务费用包括仓储企业作业经营期间发生的利息支出、汇兑净损失、调剂外汇手续费、金融机构手续费以及筹资发生的其他财务费用。

8) 销售费用

销售费用包括企业宣传、业务广告、仓储促销、交易等经营活动的费用支出。

9) 保险费

保险费是指仓储企业对意外事故或者自然灾害造成仓储物品损害所要承担的赔偿责任进行保险所支付的费用。一般来说，如事先没有协议，仓储物品的财产险由存货人承担，仓储保管人仅承担责任险投保。

10) 能源、水费、耗损材料费

这些费用包括动力、电力、燃料、加工耗材等费用，也包括仓库用水费用，还包括装卸搬运使用工具、索具、绑扎、衬垫、苫盖材料的消耗等费用。

11) 税费

由仓储企业承担的税费也可看作费用支出。税费包括仓储增值税或企业所得税在仓储中的分摊，以及仓库场地的房地产税。

12) 外协费

外协费是仓储企业在提供仓储服务时由其他企业提供服务所支付的费用。

13) 管理费用

管理费用是指仓储企业为组织和管理仓储生产经营所发生的费用，包括行政办公费、企业经费、工会经费、职工教育经费、劳动保险费、待业保险费、咨询费、审计费、排污费、绿化费、土地使用费、业务招待费、坏账损失、存货盘亏、毁损和报废(减盘盈)，以及其他管理费用。

5.1.2 仓储收入与成本分析

众所周知，利润=收入-成本。对收入与成本进行分析有利于挖掘仓储潜力，推动仓储技术革新，为仓储设施设备改造和提高管理水平提供依据，最终提高企业经济效益。

1. 仓储收入分析

1) 仓储收入项目

仓储收入通常包含的项目如表 5-2 所示。

表 5-2 仓储收入项目

序 号	收入项目	解 释
1	货物存储费	一般根据货物储存的数量、体积、时间、货物的价值及保值的要求等因素确定货物存储费
2	货物进出库的装卸费	根据装卸货物的数量(吨数或件数)、所使用的装卸机械设备使用费以及考虑货物的装卸难易程度确定货物进出库的装卸费
3	货物加工费与代办费	对货物进行挑选、整理、包装、贴标签等加工费应根据不同的规格要求确定，一般的加工业务有以下几种：货物的包装、计量、分拣、刷标、代验、修补、熏蒸、成组、装配等；对客户代办业务包括代办保险、代收发货、代办运输等
4	集装箱辅助作业费	一般集装箱辅助作业费包括存箱费、集装箱修理费、洗箱费、拆装箱费等，还包括仓储企业自有集装箱供用户租用所收取的租金等
5	其他收入	其他收入指除以上收入外的其他收入。例如，拥有铁路专用线或码头的仓储企业可收取用户使用这些设施的使用费，或将富余的或暂时闲置的仓库设施甚至库房、技术条件租赁给用户并收取租金等

2) 仓储费率

仓储收入通常由仓储费率综合计算，而仓储费率由存储费率、进出库装卸搬运费率、其他劳务费率构成。

(1) 存储费率。存储费率一般以每吨•天为单位，计费吨可分为重量吨、体积吨。存储费的计收天数从货物进仓之日起至货物出库的前一天为止。

(2) 进出库装卸搬运费率。进出库装卸搬运费率包括设备使用费率和劳动力费率。计费项目包括进出库场货物的装卸、搬运、过磅、点数、堆码、拆垛、拼垛等方面的设备使用费、修理费、折旧费和人工费用等。

(3) 其他劳务费率。其他劳务费率是因货物保管及按货主要求对货物所进行的加工，其费率可以根据加工项目、数量以及加工等难易程度确定费率，有些特殊的加工，其费率还可采取协议方式确定。

仓储企业收取各种费用并及时结算是加速资金周转、提高资金使用效果的一项重要工作。

2.仓储成本分析

仓储成本按性质可分为固定成本、变动成本。

1) 固定成本

固定成本是指仓储作业过程中，在一定时间内不会随着仓库储存量的大小、仓库空间利用率的高低而变化的成本。固定成本主要包括保险、大修理提存、固定资产折旧或长期租赁费用、固定工资及附加费等。

对固定成本分析时，仓储企业必须有足够多的储存量(较高货位利用率)用来分摊固定成本。合理规划仓储空间，提高设备完好率，减少非生产人员，可有效地降低固定成本。

想一想： 仓储成本中哪些属于固定成本？请举例说明。

2) 变动成本

变动成本是指仓储作业过程中，在一定时间内随着仓库储存量的增加或减少而成正比例变化的成本，它是与业务量大小直接有关的成本，即随着储存量的变化而发生变化的成本。变动成本主要包括保费、加班费、苫盖或垫垛物料费用、设备运转费用(燃料、材料消耗、维修)等。

分析变动成本时，需要加强仓储管理，合理选择备货方式，合理选择流通加工的方式，做好商品养护工作，提高装卸搬运灵活性，提高劳动效率，提高仓储服务质量，降低机具物料的损耗和燃料的消耗，以有效地降低变动成本。

想一想：仓储成本中哪些属于变动成本？请举例说明。

5.1.3 降低仓储成本的措施

仓储成本管理是仓储企业管理的基础，对提高整体管理水平，提高经济效益有重大影响，但仓储成本与物流成本的其他构成要素(如运输成本、服务质量和水平)之间存在二律背反，因此降低仓储成本要在保证物流总成本最低，以及不降低企业总体服务质量和目标水平的前提下进行，常见措施有以下几种。

1. 提高仓容利用率

提高仓容利用率的主要目的是提高单位存储面积的利用率，以降低成本、减少土地占用。提高仓容利用率的有效方式主要有以下三种。

(1) 采取高垛的方法，增加储存的高度。具体方法有采用高层货架仓库、集装箱。与一般堆存方法相比，这两种方法可大大增加储存高度。

(2) 减少库内通道数量以增加有效储存面积。例如，采用密集型货架、不依靠通道可进车的可卸式货架、各种贯通式货架、不依靠通道的桥式起重机装卸技术等。

(3) 缩小库内通道宽度以增加储存有效面积。例如，采用窄巷道式通道，配以轨道式装卸车辆，以减少车辆运行宽度要求；采用侧叉车、推拉式叉车，以减少叉车转弯所需的宽度。

2. 采用“先进先出”方式，减少仓储物的保管风险

“先进先出”是储存管理的准则之一，能保证每件被储物的储存期不至过长。“先进先出”的有效方式主要有以下三种。

(1) 采用“双仓法”储存。给每种被储物都准备两个仓位或货位，轮换进行存取，再配以必须在一个货位中出清后才可以补充的规定，则可以保证实现先进先出。

(2) 采用贯通式(重力式)货架系统。从货架一端存入物品，另一端取出物品，物品在通道中自行按先后顺序排队，不会出现越位等现象。

(3) 采用计算机存取系统。在存货时向计算机输入时间记录，编写一个简单的按时间顺序输出的程序，取货时就能收到计算机提示，保证先进先出。这种计算机存取系统还能在保证一定先进先出的前提下，将周转快的物资随机存放在便于存储之处，以加快周转，减少劳动消耗。

3. 采用有效的储存定位系统，提高仓储作业效率

储存定位系统能大大节约寻找、存放、取出的时间，节约不少物化劳动及活劳动，而且能防止差错，便于清点及实行订货点等管理方式。储存定位系统的有效方式主要有以下两种。

(1) 采用“四号定位”方式。用一组四位数字来确定存取位置的固定货位方法。这四个号码分别表示库号、架号、层号、位号。每一个货位都有一个组号，可对仓库存货区事先做出规划，并能很快地存取货物，有利于提高速度，减少差错。

(2) 采用电子计算机定位系统。利用计算机储存容量大、检索迅速的优势，可实现高效储存定位。入库时，将存放货位输入计算机；出库时，向计算机发出指令，并按计算机的指示人工或自动寻址，找到存放货，拣选取货的方式。

4. 采用有效的监测清点方式，提高仓储作业的准确程度

及时且准确地掌握实际储存情况，经常与账卡核对，确保仓储物资的完好无损，是人工管理或计算机管理都必不可少的。监测清点的有效方式主要有以下三种。

(1) 采用“五五化”堆码。储存物堆垛时，以“五”为基本计数单位，堆成总量为“五”的倍数的垛形，有经验者可过目成数，大大加快了人工点数的速度，而且很少出现差错。

(2) 采用光电识别系统。在光电识别系统下，在货位上设置光电识别装置，对被存物的条码或其他识别装置(如芯片等)扫描，能将准确数目自动显示出来，不需人工清点就能准确掌握库存的实有数量。

(3) 采用电子计算机监控系统。在电子计算机监控系统下，根据计算机指示存取货物，可避免人工存取容易出现差错的弊端。

5. 加速周转，提高单位仓容产出

现代储存是将静态储存变为动态储存，加速周转。周转速度快的好处有以下几点：资金周转快，资本效益高，货损货差小，仓库吞吐能力增加，成本下降等。如采用单元集装存储，建立快速分拣系统，都有利于实现快进快出，大进大出。

6. 降低经营管理成本

经营管理成本是企业经营活动和管理活动的费用和成本支出，包括管理费、业务费、交易成本等。加强该类成本管理，减少不必要支出，也能实现成本降低。

7. 采取多种经营，盘活资产

仓储设施和设备的巨大投入，只有在充分利用的情况下才能获得收益，如果其不能投入使用或者只是低效率使用，只会增加成本。仓储企业应及时决策，采取出租、借用、出售等多种经营方式盘活这些资产，提高资产设备的利用率。

8. 加强劳动管理

工资是仓储成本的重要组成部分，劳动力的合理使用，是控制人员工资的基本原则。对劳动进行有效管理，也是成本管理的重要方面，能够避免人浮于事、出工不出力或者效率低下的问题。

学习任务 5.2 配送成本分析

扫码观看学习视频

5.2.1 配送成本概述

1. 配送成本的含义

配送成本(distribution cost)是指在配送活动的备货、储存、分拣、配货、配装、送货、送达服务及配送加工等环节所发生的各项费用总和，是配送过程中所消耗的各种活动和物化劳动的货币表现。诸如人工费用、作业消耗、物品损耗、利息支出、管理费用等，将其按一定对象进行汇集就构成了配送成本。

2. 配送成本的构成

配送成本的构成可以从三方面来分类。

1) 按功能分类

按配送成本的功能，配送成本可分为物品流通费、信息流通费、配送管理费。这种分类方式有利于方便地掌握配送运作的情况，了解在哪个功能环节上有浪费，达到有针对性的成本控制，找出妨碍配送合理化的症结。

2) 按支付形态分类

按支付形态，配送成本可分为人工费、维护费、材料费、公益费、对外委托经费、一般经费、特别经费、其他企业支付费用等。这种分类方式主要是以财务会计中发生的费用为基础，通过这些费用可以了解花费最多的项目，从而确定财务管理中的重点。

3) 按不同对象分类

按不同对象，配送成本可分为按商品计算配送成本、按分店计算配送成本、按顾客计算配送成本。这种分类方式可以对比分析不同对象产生的成本，能够针对性地评价配送情况，进而帮助企业确定不同的营销策略。

不同的配送中心在经营战略、方式等很多方面有一定的差别，因此影响配送成本的因素及程度也就不同，主要影响因素如表 5-3 所示。

表 5-3 影响配送成本的因素

影响因素	释义
时间	配送时间越长，占用配送中心固定成本越高。表现为配送中心不能提供其他配送服务，收入减少；或者表现为配送中心在其他服务上增加成本
距离	距离是影响配送成本的主要因素。距离越远，配送成本越高，同时造成运输设备及送货人员的增加
货物的数量与质量	货物数量和质量的增加虽然会使配送作业量增加，但大批量的作业往往使配送效率提高，因此配送数量和质量是客户获得价格折扣的理由
货物的种类及作业过程	不同种类的货物配送难度不同，对配送作业过程及要求也不同，配送中心承担的责任也不一样，因而对配送成本产生较大幅度的影响。如采用原包装配送的成本显然要比配装配送成本低，其作业过程差别也较大
外部不确定因素	配送经营时要用到配送中心以外的资源并支付相关费用，如当地路桥费、入城证、各种处罚、占道违规停车、保险费用、意外事故、吊运设备租赁费等

除上述因素外，影响成本的因素还包括企业资金利用率、货物的保管制度、市场环境的变化等，这些因素之间相互制约、相互影响，单纯地加强某种因素的影响，必然产生对另一种因

素的制约。所以说，配送成本的管理与控制并不仅是各个因素简单地相加，而是一个复杂的平衡和协调的过程。

想一想： 还有哪些影响配送成本的因素？

____

____

5.2.2　配送成本的核算

配送成本核算是多环节的核算，是各配送环节或活动的集成。在实际核算时，要明确计算范围及计算对象。为了将配送成本形成易于测量和控制的财务报告，通常按支付形态、功能、配送对象来计算。

1. 按支付形态计算配送成本

根据配送费用发生的位置，可将配送成本按支付形态分类的相关费用项目分别归属不同阶段，然后依次填入表 5-4 中。这种方法适用于经营品种比较单一、内部核算完善的配送中心。

表 5-4　按支付形态核算的配送成本

编制单位：　　　　　　　　　年　　月　　　　　　　　　单位：元

<table>
<tr><th colspan="2" rowspan="2">成本项目</th><th rowspan="2">上期实际</th><th rowspan="2">本期计划</th><th rowspan="2">本期实际</th><th colspan="2">本期与上期对比</th><th colspan="2">本期与计划对比</th><th rowspan="2">备注</th></tr>
<tr><th>增减量</th><th>增减率</th><th>增减量</th><th>增减率</th></tr>
<tr><td rowspan="5">材料费</td><td>物料材料费</td><td></td><td></td><td></td><td></td><td></td><td></td><td></td><td></td></tr>
<tr><td>燃料费</td><td></td><td></td><td></td><td></td><td></td><td></td><td></td><td></td></tr>
<tr><td>消耗性工具</td><td></td><td></td><td></td><td></td><td></td><td></td><td></td><td></td></tr>
<tr><td>其他</td><td></td><td></td><td></td><td></td><td></td><td></td><td></td><td></td></tr>
<tr><td>合计</td><td></td><td></td><td></td><td></td><td></td><td></td><td></td><td></td></tr>
<tr><td rowspan="4">人工费</td><td>工资、薪水、补贴</td><td></td><td></td><td></td><td></td><td></td><td></td><td></td><td></td></tr>
<tr><td>福利费</td><td></td><td></td><td></td><td></td><td></td><td></td><td></td><td></td></tr>
<tr><td>其他</td><td></td><td></td><td></td><td></td><td></td><td></td><td></td><td></td></tr>
<tr><td>合计</td><td></td><td></td><td></td><td></td><td></td><td></td><td></td><td></td></tr>
<tr><td rowspan="5">公益费</td><td>电费</td><td></td><td></td><td></td><td></td><td></td><td></td><td></td><td></td></tr>
<tr><td>煤气费</td><td></td><td></td><td></td><td></td><td></td><td></td><td></td><td></td></tr>
<tr><td>水费</td><td></td><td></td><td></td><td></td><td></td><td></td><td></td><td></td></tr>
<tr><td>其他</td><td></td><td></td><td></td><td></td><td></td><td></td><td></td><td></td></tr>
<tr><td>合计</td><td></td><td></td><td></td><td></td><td></td><td></td><td></td><td></td></tr>
<tr><td rowspan="7">维护费</td><td>维修费</td><td></td><td></td><td></td><td></td><td></td><td></td><td></td><td></td></tr>
<tr><td>消耗性材料费</td><td></td><td></td><td></td><td></td><td></td><td></td><td></td><td></td></tr>
<tr><td>课税</td><td></td><td></td><td></td><td></td><td></td><td></td><td></td><td></td></tr>
<tr><td>租赁费</td><td></td><td></td><td></td><td></td><td></td><td></td><td></td><td></td></tr>
<tr><td>保险费</td><td></td><td></td><td></td><td></td><td></td><td></td><td></td><td></td></tr>
<tr><td>其他</td><td></td><td></td><td></td><td></td><td></td><td></td><td></td><td></td></tr>
<tr><td>合计</td><td></td><td></td><td></td><td></td><td></td><td></td><td></td><td></td></tr>
<tr><td colspan="2">一般经费</td><td></td><td></td><td></td><td></td><td></td><td></td><td></td><td></td></tr>
<tr><td>特别经费</td><td>折旧费及企业内利息合计</td><td></td><td></td><td></td><td></td><td></td><td></td><td></td><td></td></tr>
<tr><td colspan="2">合　计</td><td></td><td></td><td></td><td></td><td></td><td></td><td></td><td></td></tr>
</table>

2. 按功能计算配送成本

先计算出每个配送功能的费用，再根据每一个功能依次进行成本核算，如配送的运输成本核算如表 5-5 所示。其他功能如分拣、加工、配装等也可如此计算，最后把每个配送功能的费用汇总，就可计算出全部的配送成本。这种方法适用于管理制度完善、经营品种较多的配送中心。

表 5-5 配送运输成本核算

编制单位： 年 月 单位：元

成本项目		配送车辆类型				本期合计	上期合计	增减情况		备注
		东风	解放	雷诺	…			增减量	增减率	
直接费用	工资									
	职工福利									
	津贴和奖金									
	燃料									
	轮胎									
	修理费									
	折旧费									
	保养费									
	养路费									
	运输管理费									
	保险费									
	车船使用税									
	车辆事故损失									
	其他费用									
间接费用	管理费									
总费用										
周转量/(t • km)										
单位运输费用/(元/t •km)										

3. 按配送对象计算配送成本

把配送功能与对象结合起来，可以比较容易找出配送成本最高的那一个对象的功能，且还能算出销售额与配送成本的比例以及根据销售数量算出单位配送成本，其计算形式如表 5-6 所示。这种方法适用于连锁配送中心。也可把配送对象与支付形态结合起来核算，纵向变成按支付形态分类。

表 5-6 按配送对象与功能复合核算的配送成本

编制单位： 年 月 单位：元

对象 功能		物品流通费								信息流通费	配送管理费	合计
		储存保管费	分拣费	配送加工费	装卸搬运费	包装费	配送费	配送运输费	小计			
分店	01											
	02											
	...											
	合计											
顾客	甲											
	乙											
	...											
	合计											
商品	A											
	B											
	...											
	合计											
占销售成本比重												
占销售金额比重												

知识链接

作业成本核算法

传统上的物流成本计算总是被分解得支离破碎、难辨虚实，而作业成本核算法提供了更真实、更丰富的作业驱动成本的计量。作业成本核算法，即 ABC 成本法(activity-based costing，ABC)，以产品或服务消耗作业、作业消耗资源并导致成本的发生为理论基础，把成本核算深入到物流作业层面，有利于达到揭示“物流成本冰山说”的目的。

作业成本核算法在配送中心成本管理中的应用主要有三个层面。

第一个层面，配送中心产品或服务成本计算。这是核心，即应用作业成本法中的独特计算方法准确地计算配送中心产品或服务的成本。

第二个层面，配送中心的产品或服务定价。这是在获得正确的产品或服务成本信息的基础上，将作业和资源分析的观点应用于配送产品或服务的定价决策。

第三个层面，配送中心的成本控制。在前两个层面的基础上，利用成本动因分析发现配送中心中的无效作业，选择合适的方法进行作业改善，以实现成本管理降低成本、提高效率的最终目的。

5.2.3 配送成本的控制

对配送成本的控制就是在配送的目标即满足一定的顾客服务水平与配送成本之间寻求平衡，在一定的配送成本下尽量提高顾客服务水平，或在一定的顾客服务水平下使配送成本最小。

1. 配送成本不合理的原因

配送成本控制要实现配送成本优化的目的，必须先找出导致配送成本不合理的原因，常见配送成本不合理的原因有以下几种。

1) 配送路线选择不当

没有充分考虑客户的位置，导致运输的成本过高。

2) 配送设备落后

配送中心设备落后会造成效率低下，企业信誉降低，如造成货物分拣错误。

3) 配送价格不合理

配送价格高于客户自己进货价格或低于企业营运成本都是不合理的表现。

4) 库存决策不合理

库存决策不合理容易造成积压或客户缺货损失，如库存量过大或过小。

5) 资源筹措的不合理

配送是通过大规模的资源筹措来降低成本的，如果资源量不够，就不能达到降低配送成本的目的，如配送量计划不准。

6) 配送成本管理不到位

对配送成本不重视或监管不力，导致企业配送成本长期降不下来。

7) 经营观念的不合理

经营观念不合理是指企业唯利是图，以抢占客户利益为利润点的行为。例如在企业资金短缺的时候占用客户资金，在产品积压时强迫客户接货等。

学一学： 斯美特作为制面行业的一个新秀，凭借其对物流成本的良好控制，获得了良好、稳定、快速的发展。其控制物流成本考虑的因素有以下两个：一是产品体积和形态。方便面规格和包数的不同，直接影响了纸箱成本、生产批量、运输工具的确定，所以斯美特在设计方便面形态和体积时，考虑了如何降低纸箱成本、扩大生产批量、减小运输成本等后续影响。二是产品包装批量。把数个产品集合成一个批量保管或发货时，考虑到物流过程中比较优化的容器容量可节约物流成本。斯美特根据产品批量化的要求，设计出适合的托盘(1.2m × 1.2m)，组织了适合的集装货车(7.2m、9.6m 的高栏车和 12m 集装箱车等)，实现对物流成本的控制。

资料来源：佚名. 斯美特物流成本的控制[J]. 北京物资流通，2008(1).

2. 配送成本控制的措施

配送成本的控制方法与策略要有一定的创新和发展，除了用标准成本、目标成本控制法以外，具体的措施如下所述。

1) 加强配送运作的综合性管理

(1) 采取共同配送，实现规模效益。在实际配送活动中，配送往往是小批量、多频次的运输，单位成本高，而共同配送是几个企业联合起来，集小量为大量，共同利用同一配送设施进行配送。这对连锁企业来说是实现规模效益的一种有效办法。

学一学： 国美电器的物流配送模式经历了“门店储存配送”“向顾客提供大件商品送货上门”“集中配送”三个阶段。集中配送减少了配送运输次数、搬运次数、商品残损等，充分体现了规模效益。

(2) 确定合理的配送路线。配送路线合理与否对配送速度、成本、效益影响很大。确定配送路线要考虑以下条件：①客户对商品品种、规格和数量的要求；②客户对货物发到时间的要求；③车辆容积及载重量；④交通管理部门允许通行的时间；⑤现有运力及可支配运力的范围。

(3) 加强配送相关环节的管理。配送活动是一系列相关活动的组合，加强配送相关环节的管理，就是要通过采用先进、合理的技术和装备，加强经济核算，改善配送管理来提高配送效率，减少物资周转环节，降低配送成本。

(4) 加强配送的计划性。在配送活动中，临时配送、紧急配送或无计划的随时配送降低了设备、车辆的使用效率，会大幅度增加配送成本。为了加强配送的计划性，应建立客户的配送计划申报制度。

(5) 进行合理的车辆配载，提高运输效率。不同客户的需求情况各不相同，订货品种也不大一致。一次配送的货物往往可能有多个品种。这些品种不仅形状、储运性质不一，密度也差别较大。如实行轻重配装，既能使车辆满载，又能充分利用车辆的有效体积，从而大大降低运输费用；又如托盘单元集配能有效降低配送中串货错误带来的资金占用成本、事故处理成本、对账成本、装卸理货成本等，提高配送车辆运输效率。

(6) 建立自动管理系统，提高配送作业效率。具体做法有以下几种：①加强自动识别技术的开发与应用，提高入货和发货时商品检验的效率；②使用自动化智能设备，提高保管、装卸、备货和拣货作业的效率；③采用先进的计算机分析软件，优化配送运输作业，降低配送运输成本。

2) 合理选择配送策略

通常在一定的服务水平下，配送成本最小化的策略有以下几种。

(1) 标准化策略。标准化策略就是尽量减少因品种多变而导致的附加配送成本，尽可能多地采用标准零部件、模块化产品。采用标准化策略要求厂家从产品设计开始就要站在消费者的立场去考虑怎样节省配送成本，而不要等到产品定型生产出来了才考虑采用什么技巧降低配送成本。

学一学：某快速电车公司与NTT数据公司等四大公司推出一项崭新的电子商务配送成本降低的新举措。在每个车站内设置具有信用卡结算功能的固定储存室，以方便通过网上直销预订商品的人们从指定的储存室取回自己所购商品。这项举措的创新在于将人们上下班或往返学校途中必定经过的车站作为电子商务的供货地点。在线订购商品的相关订购信息被传至位于车站的固定储存室，接着管理中心给配送公司传达相关配送信息，消费者所订购的商品就被送到了指定的车站储存室，订购商品的消费者依靠正确地插入信用卡并输入密码就可以很方便地从车站储存室取回所购商品，该项服务已申请专利。

(2) 差异化策略。企业可按产品的特点、销售水平，设置不同的库存、不同的运输方式以及不同的储存地点。忽视产品的差异性会增加不必要的配送成本，因此要采用差异化策略进行配送。

(3) 混合策略。合理安排企业自身完成的配送和外包给第三方物流完成的配送，能使配送成本最低。

(4) 延迟策略。延迟策略是指为了降低供应链的整体风险，有效地满足客户个性化的需求，将最后的生产环节或物流环节推迟到客户提供订单以后进行的一种经营策略。延迟策略的基本思想就是对产品的外观、形状及其生产、组装、配送应尽可能推迟到接到顾客订单后再确定。一旦接到订单就要快速反应，因此采用延迟策略的一个基本前提是信息传递要非常快。

实施延迟策略通常采用两种方式：生产延迟(形成延迟)和物流延迟(时间延迟)。配送中的加工活动，如贴标签、包装、装配等可采用生产延迟，发送时可采用物流延迟。

学习任务 5.3　配送方案制定

扫码观看学习视频

想一想：如图 5-1 所示，某零售企业配送中心按照地理位置和需求量综合考虑，按照分层聚类法将客户门店(标有数字的小点)划分为 A、B、C 三个区域，配送中心位于右上区域(图右上角的点)，每天早上 8 点之前要完成各客户门店(图中小点)送货要求。A 区和 C 区的大多数客户门店离市中心相对较远，门店密集性相对较低，货物需求量相对较少，但是交通状况好，道路运行时间较短；B 区处于市中心，距配送中心较远，货物需求量较大。

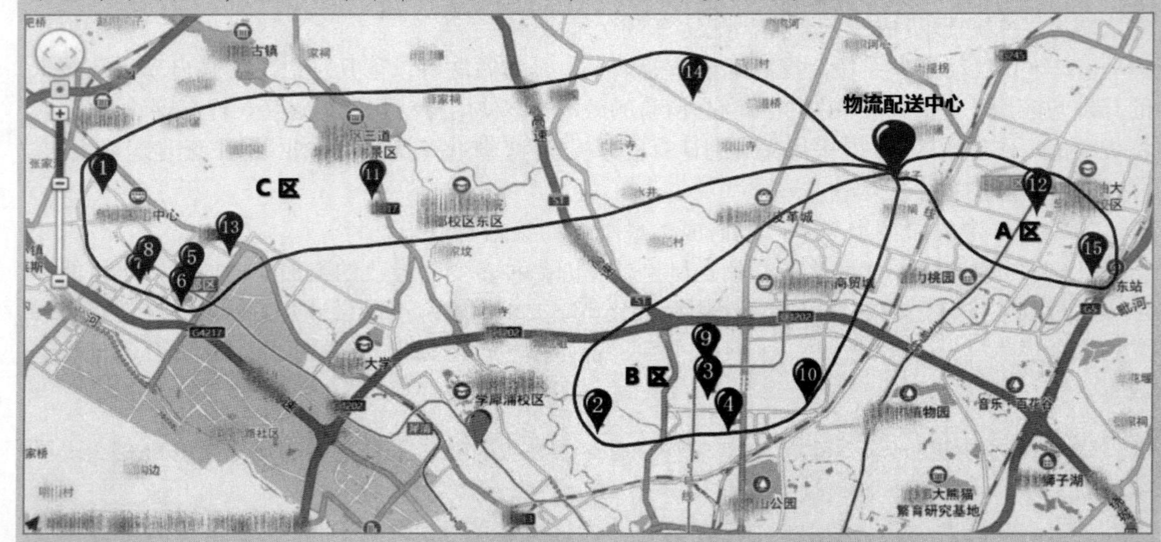

图 5-1　某零售业配送中心配送区域

请试着思考并完成以下任务：

(1) 根据实际配送情况，拟出该配送中心的完成配送需要考虑的因素。

(2) 试着设计该配送中心的配送作业方案。

配送作业是物流业务的最后一个环节。配送作业是利用配送车辆把客户订购的物品从配送中心送到客户手中的过程。配送作业过程中受到各种情况的影响，因此配送作业前需要进行周密安排，以保证配送作业的顺利完成。

5.3.1　配送作业流程

影响配送作业的因素有很多，如用户分布、订单货品特性、用户交货时间、用户的货物状态、车辆状况、运送成本、交通状况、用户位置、送达时间限制、货物特性、用户交货时间与方式等。

配送作业的基本流程如图 5-2 所示。

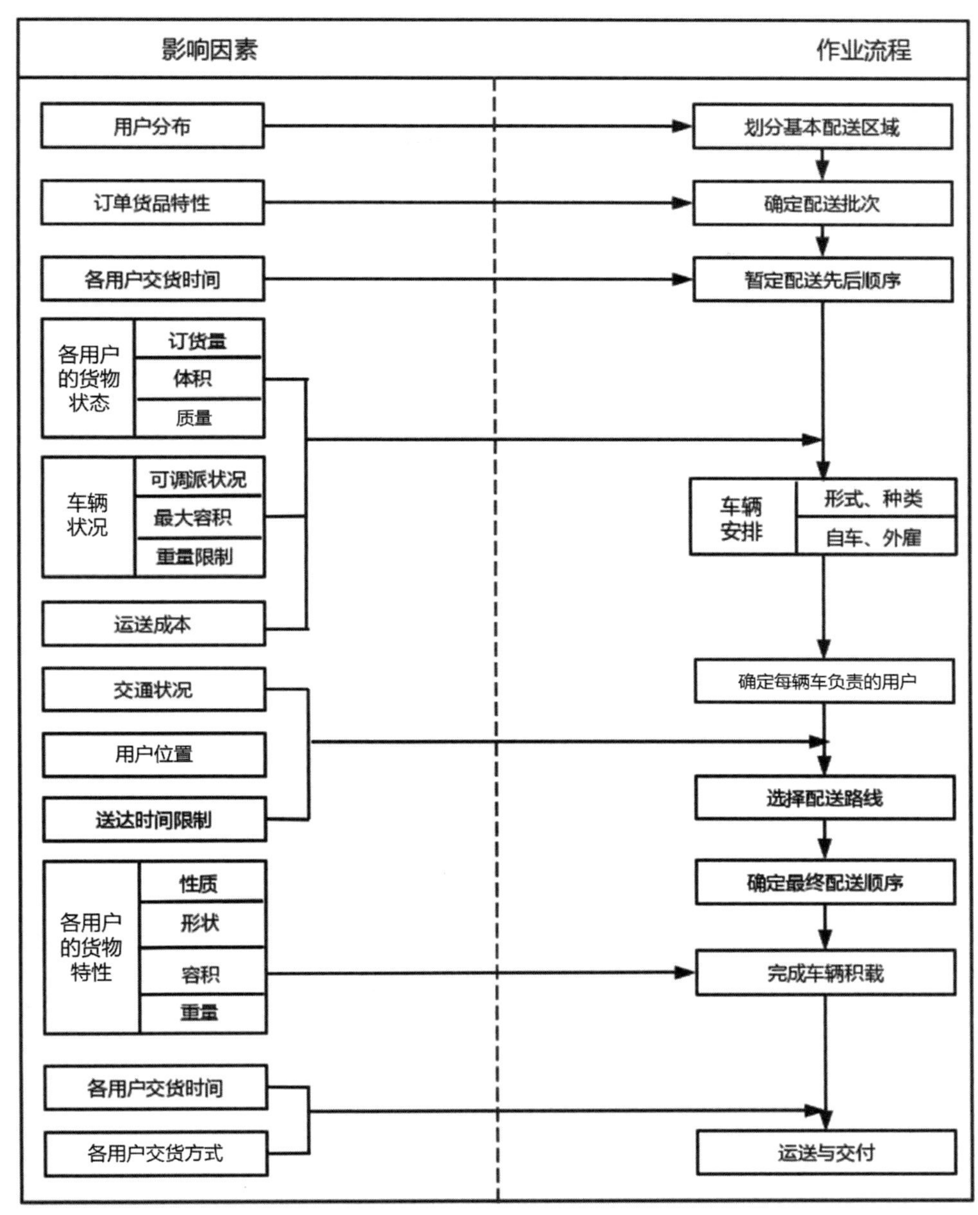

图 5-2　配送作业流程

1. 划分基本配送区域

为使整个配送有一个可循的基本依据，首先应将客户所在地的具体位置做系统统计，并将其做区域上的整体划分，将每一客户囊括在不同的基本配送区域之中，以作为下一步决策的基本参考。如按行政区域或依交通条件划分不同的配送区域，在这一划分的基础上再做弹性调整来安排配送。

2. 确定配送批次

当配送中心的货品性质差异很大，有必要分开配送时，则需依据每个订单的货品特性做优先划分，例如生鲜食品与一般食品的运送工具不同，需分批配送；化学物品与日常用品其配送条件有差异，也需要将其分开配送。

3. 暂定配送先后顺序

在考虑其他影响因素，做出确定的配送方案前，应根据客户订单要求的送货时间将配送的先后作业次序做初步排定，为后面车辆积载做好准备。计划工作的目的是保证达到既定的目标。所以，预先确定基本配送顺序既可以有效地保证送货时间，又可以提高运作效率。例如，大多数的快递公司往往规定下午三点为发货时限，当日下午三点之前下单的订单，当日发货；三点之后下单的订单，第二天发货。

4. 车辆安排

究竟要安排什么类型的配送车辆？是使用自用车还是外雇车？需要从客户需求方面、车辆方面及成本方面共同考虑。在客户方面，需要考虑各客户的订货量、订货体积、质量，以及客户点的卸货特性限制；在车辆方面，要知道到底有哪些车辆可供调派，以及这些车辆的积载量与重量限制；在成本方面，必须依自用车的成本结构及外雇车的计价方式来考虑选择何种方式比较划算。由此三方面的信息配合，才能做出最合适的车辆安排。

5. 确定每辆车负责的客户

做好配送车辆的安排以后，要根据车辆自身的车型、载重量、容积等特征，并结合货物的质量、体积、发运路线等特征，确定每辆车所负责的客户点。如果车辆是定路线的，还要考虑车辆所负责的路线。

6. 选择配送线路

知道了每辆车需负责的客户点后，就要确定如何以最快的速度完成这些客户点的配送，如何来选择配送距离短、配送时间短、配送成本低的线路，这些都需要根据客户点的具体位置、沿途的交通状况等做出优先选择和判断。除此之外，对于某些客户或某些环境有其送达时间的限制也需要加以考虑。如有些客户不愿中午收货，或是有些道路在高峰时间不准卡车进入等，在选择路径时都必须尽量将之避开。

7. 确定最终配送顺序

做好车辆计划及选择好最佳的配送线路后，依据各车负责配送的具体客户的先后，即可将客户的最终配送顺序加以确定。

8. 完成车辆积载

如何将货物装车、以什么次序装车就是车辆的积载问题。原则上，知道了客户的配送顺序先后，只要将货物依“后送先装”的顺序装车即可。但有时为了有效利用空间，可能还要考虑货物的性质，如怕震、怕压、怕撞、怕湿，以及形状、体积和质量等做出调整。此外，对于货物的装卸方法也必须依照货物的性质、形状、质量、体积等来具体决定，安排车辆积载时要注意以下几点。

(1) 轻重搭配的原则。车辆装货时，必须将重货置于底部，轻货置于上部，货物重心下移确保稳固，同时避免重货压坏轻货，以保证运输安全。

(2) 大小搭配的原则。货物包装的尺寸有大有小，应大小搭配，以减少箱内的空隙，确保稳固，同时充分利用车厢的内容积。

(3) 货物性质搭配原则。拼装在一个车厢内的货物，其化学性质、物理属性、灭火方法不能互相抵触，以保证运输安全。

(4) 到达同一地点的适合配装的货物应尽可能一次性积载。

(5) 根据车厢的尺寸、容积，货物外包装的尺寸确定合理的堆码层次及方法。

(6) 装载时不允许超过车辆所允许的最大载重量。

(7) 装载易滚动的卷状、桶状货物，要垂直摆放。

(8) 货与货之间，货与车壁之间应留有空隙并适当衬垫，防止货损。

(9) 装货完毕，应在门端处采取适当的稳固措施，以防开门卸货时，货物倾倒砸伤人员或造成货损。

(10) 符合国家公路运输管理的相关法规。

9. 运送与交付

货物运送到客户的指定地点后，需要组织卸货作业。卸货作业可以由送货员组织或送货员自行卸货，也可以由客户自行组织。如果客户是大型配送中心，卸货作业往往由配送中心组织；如果客户是最终用户，卸货作业往往由送货员组织或送货员自行卸货。在卸货的过程中或卸货后，需要客户对货物进行清点验收，验收无误后，客户需要在送货单上签收，并留下送货单的客户联。如果验收后，产品有误，需要退货，还需要客户签退货单。最后由客户完成货物的入货位或上货架作业。

5.3.2　配送路线的确定

合理确定配送路线能够有效节约配送里程，降低油耗费用，节省成本，提高配送时效性，保证配送作业的及时完成。

确定配送路线的方法有以下几种：针对单车单点配送问题，采用找最近点法、WinQSB 软件计算、车载 GPS 电子地图查找；针对单车多点配送问题，采用 WINQSB 软件计算、车载 GPS 电子地图查找；针对多车多点配送问题，采用节约里程法。

现实状况中经常会遇到有多个客户点需要配货，客户点的位置和货物需求状况已经明确，但是不能够采用一辆车装载所有客户点的货物，这就需要派多辆车来完成配送作业，这时同样力求配送成本最低，如配送车辆最少，或者所有车辆的行驶总路线里程最短，这种问题通常被称为车辆路径问题。解决这种问题的方法常采用节约里程法。

(1) 节约里程法的基本原理。节约里程法的基本条件是同一条线路上所有客户的需求量总和不大于一辆车的额定载重量。送货时，由这辆车装着所有客户的货物，沿着一条精心挑选的最佳线路依次将货物送到各个客户的手中，这样既保证按时按量将用户需要的货物及时送到，又节约了费用，缓解了交通紧张的压力，并减少了运输对环境造成的污染。

(2) 节约里程法的基本规定。利用节约里程法确定配送线路的主要出发点，根据配送方的运输能力及其到客户之间的距离和各客户之间的相对距离制定使配送车辆总的周转量达到或接近最小的配送方案。

下面假设：①配送的是同一种或相类似的货物；②各用户的位置及需求量已知；③配送方案有足够的运输能力。

节约里程法制定出的配送方案除了使总的周转量最小外，还应满足以下几个条件：①方案能满足所有用户的到货时间要求；②不使车辆超载；③每辆车每天的总运行时间及里程满足规定的要求。

(3) 节约里程法的基本思想。设 P_0 为配送中心，分别向客户 P_i 和 P_j 送货。P_0 到 P_i 和 P_j 的距离分别为 d_{0i} 和 d_{0j}，两个客户 P_i 和 P_j 之间的距离为 d_{ij}，送货方案只有两种，一种是配送中心 P_0 向客户 P_i、P_j 分别送货，如图 5-3(a)所示；另一种是配送中心 P_0 向客户 P_i、P_j 同时送货，如图 5-3(b)所示。

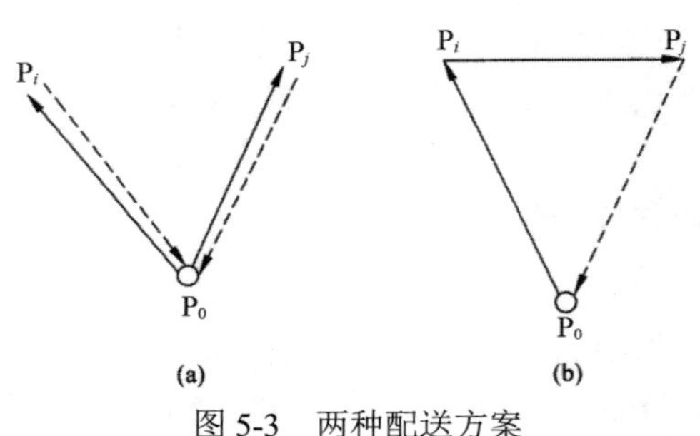

图 5-3 两种配送方案

比较两种配送方案。

方案(a)的配送线路：$P_0 \rightarrow P_i \rightarrow P_0 \rightarrow P_j \rightarrow P_0$，配送距离为 $d(a)=2d_{0i}+2d_{0j}$

方案(b)的配送线路：$P_0 \rightarrow P_i \rightarrow P_j \rightarrow P_0$，配送距离为 $d(b)=d_{0i}+d_{0j}+d_{ij}$

用 Δd_{ij} 表示里程节约量，即方案(b)比(a)节约的配送里程 $\Delta d_{ij}=d(a)-d(b)=d_{0i}+d_{0j}-d_{ij}$

需要注意的是，如果 d_{0i} 和 d_{0j} 表示 P_0 分别到 P_i 和 P_j 的最短距离，根据三角形原理，则 Δd_{ij} 肯定为非负数。

根据节约里程法的基本思想：如果一个配送中心 P_0 分别向 N 个客户 P_j(j=1，2，…，n)配送货物，在车辆载重能力允许的前提下，每辆汽车的配送线路上经过的客户个数越多，里程节约量越大，配送线路越合理。

如图 5-4 所示，某配送中心 P_0 向 6 个客户 P_1、P_2、P_3、P_4、P_5、P_6 配送货物，各个客户的需求量(括号内的数值，单位：t)，配送中心到各客户、各客户彼此之间的距离(线路上的数值，单位：km)。约束条件：该配送中心有 2t、4t、5t 的三种车辆可供调配；车辆单次巡回里程不超过 30km。设送到时间均符合用户要求。试确定最优的配送路线方案。

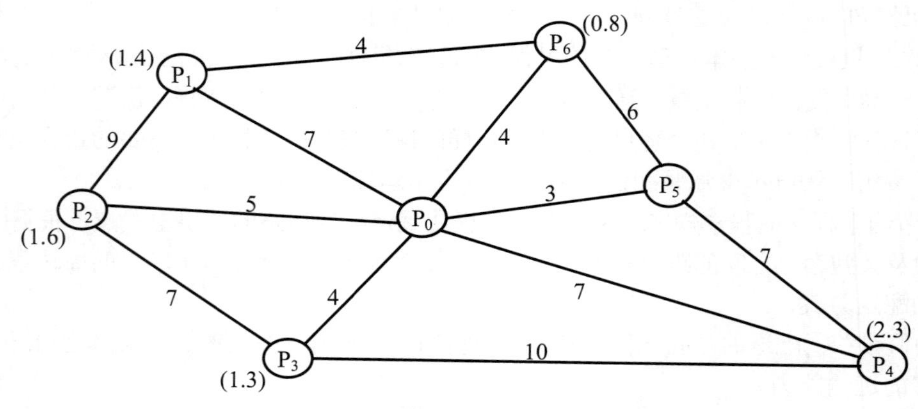

图 5-4 某配送中心配送网络

第一步，计算任意两点间最短距离。

根据配送网络中的已知条件，使用最短路径的计算方法，计算配送中心与客户之间及各客户之间的最短距离，得出表 5-7。

表 5-7 任意两客户点间的距离

客户	P_0	P_1	P_2	P_3	P_4	P_5	P_6
P_0		7	5	4	7	3	4
P_1			9	11	14	10	4
P_2				7	12	8	9
P_3					10	7	8
P_4						7	11
P_5							6
P_6							

第二步，计算任意两点间的节约里程(节约里程$\Delta d_{ij}=d_{0i}+d_{0j}-d_{ij}$)，如表 5-8 所示。

表 5-8　任意两客户点间的节约里程

客户	P_1	P_2	P_3	P_4	P_5	P_6
P_1		3	0	0	0	7
P_2			2	0	0	0
P_3				1	0	0
P_4					3	0
P_5						1
P_6						

第三步，将节约里程按从大到小的顺序排序，如表 5-9 所示。

表 5-9　节约里程排序

序号	连接点	节约里程	序号	连接点	节约里程
1	1—6	7	4	2—3	2
2	1—2	3	5	3—4	1
3	4—5	3	6	5—6	1

第四步，确定配送线路。

根据节约里程排序，组成线路图。

① 初始方案：对每一客户分别单独派车送货，原路返回，如图 5-5 所示。

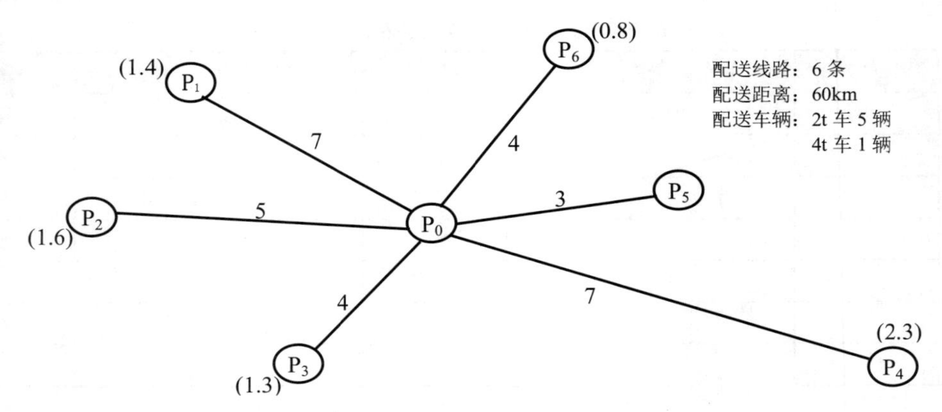

图 5-5　初始调运方案

② 二次修正方案：按节约里程Δd_{ij} 由大到小的顺序，同时考虑两个约束条件，将 P_1、P_6 连成一条线路，得二次修正方案，如图 5-6 所示。

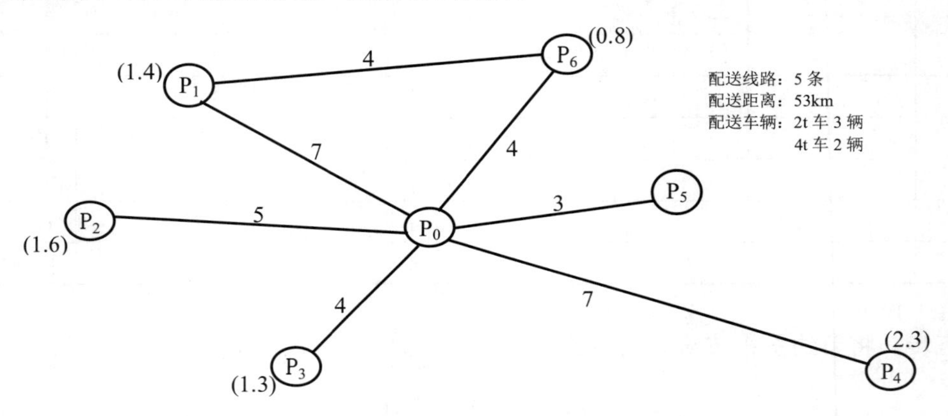

图 5-6　二次修正方案

③ 三次修正方案：在剩余的Δd_{ij}中，按由大到小的顺序连接 P_1、P_2，同时考虑两个约束条件，得三次修正方案，如图 5-7 所示。

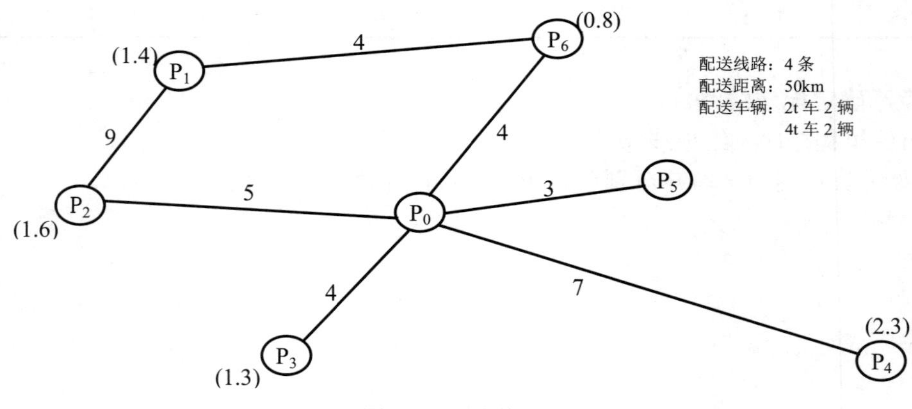

图 5-7　三次修正方案

④ 四次修正方案：在剩余的Δd_{ij}中，最大的是Δd_{45}，连接 P_4、P_5，同时考虑两个约束条件，得三次修正方案四，如图 5-8 所示。

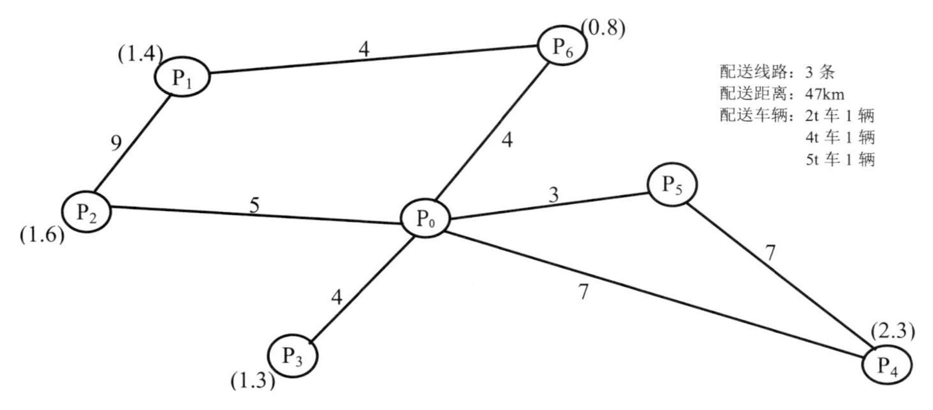

图 5-8　四次修正方案

⑤ 最终方案：在剩余的Δd_{ij}中，最大的是Δd_{23}，连接 P_2、P_3，同时考虑两个约束条件，得最终方案，如图 5-9 所示。

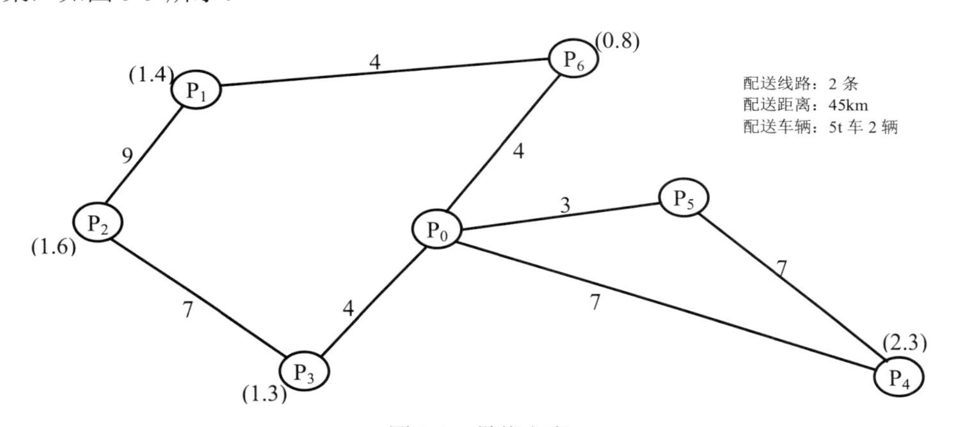

图 5-9　最终方案

第五步，得出优化后的配送方案。

从图 5-9 中可以看出，依次确定的 2 条路径均符合约束条件。

行驶总里程：28+17=45km，

共节约里程：(7+3+2)+3=15km。

最后配送方案：使用 2 辆 5t 车，

线路Ⅰ为 P_0—P_3—P_2—P_1—P_6—P_0，配送距离 28km，装载量 4.1t，需要 5t 的车一辆。

线路Ⅱ为 P_0—P_4—P_5—P_0，配送距离 17km，装载量 4.2t，需要 5t 的车一辆。

5.3.3 提高配送作业效率的措施

配送中心的运作费用中，送货费占比为35%～60%。因而若能降低送货费，对配送中心的收益应有极大贡献。配送作业的主要分析指标包含人员负担、车辆负荷、车辆安排、时间效益、配送成本、配送质量等。

目前多数客户都要求配送中心采取准时化(JIT)的配送，以实现“距离最小”“时间最小”“成本最小”三个目标，这就要从提高每次输配送量、提高车辆运行速率、削减车辆使用台数、缩短输配送距离及适当配置物流设施据点等方面考虑。提高配送作业效率的措施如下所述。

1) 消除交错输送

消除交错输送可提高整个配送系统的送货效率。例如，将原直接由各工厂送至各客户的零散路线以配送中心来做整合并调配转送，这样可舒缓交通网路的复杂程度，且大大缩短配送距离。

2) 开展直配、直送

厂商与零售商做直接交易，零售商的订购单可通过信息网络直接传给厂商，因此各工厂的产品可从厂商的配送中心直接交货到各零售店。

3) 共同配送

共同配送是指多家企业共同参与只由一家运输公司独自进行的配送作业。这种模式的形成要点在于参与配送者要能认清自身的条件、定位，以及未来成长的目标，并加强各自体系的经营管理与物流设备设置。

4) 建立完整的信息系统

建立完善的运输管理与配送管理系统，这样配送部门能够依交货配送时间、车辆最大积载量、订货量、订货个数、订货质量选择一个最经济的运输配送方法；依货物的形状、容积、质量及车辆的运输能力等，自动安排车辆、装载方式；依最短距离原则找出各客户的最便捷路径。

5) 改善车辆运行中的车载通信设施

通过健全的车载通信设施，配送部门能够把握车辆及司机的状况，传达道路信息或气象信息，把握车辆作业状况及装载状况，进行作业指示，传达紧急指令，提高运行效率，保证安全运转，把握运行车辆的所在地。

6) 均衡配送系统的日配送量

配送企业与客户进行有效沟通，尽可能使客户的配送量均衡化，这样能有效地提高送货效率。为使客户的配送量均衡，通常可以采用对大量订货的客户给予一定的折扣、确定最低订货量、调整交货时间等办法。

7) 配送规划

配送规划中需要考虑静态和动态两方面因素。静态方面，考虑配送客户的分布区域、道路交通网路、车辆通行限制(单行道、禁止转弯、禁止货车进入等)、送达时间的要求等因素；动态方面，考虑车流量变化、道路施工、配送客户的变动、可供调度车辆的变动等诸多因素。

❖ 知识检测

一、判断题

(　　) 1. 仓储成本是指仓储企业在开展仓储业务活动中各种要素投入的以劳动量计算的总和。

(　　) 2. 存储费率一般以每吨•天为单位，计费吨可分为重量吨、体积吨，存储费的计收天数从货物进仓之日起至货物出库的前一天为止。

(　　) 3. 配送成本是指在配送活动的各项物流服务及配送加工等环节所发生的各项费用总和，是配送过程中所消耗的各种活动和物化劳动的货币表现。

(　　) 4. 对配送成本的控制就是在配送的目标即满足一定的顾客服务水平与配送成本之间寻求平衡，在一定的配送成本下尽量提高顾客服务水平，或在一定的顾客服务水平下使配送成本最大。

(　　) 5. 车辆装货时，必须将重货置于底部，轻货置于上部，货物重心下移确保稳固，同时避免重货压坏轻货，以保证运输安全。

(　　) 6. 货物包装的尺寸有大有小，应大小搭配，以减少箱内的空隙确保稳固，同时充分利用车厢的内容积。

(　　) 7. 标准化策略就是尽量减少因品种多变而导致的附加配送成本。

(　　) 8. 延迟策略是指为了降低供应链的整体风险，有效地满足客户个性化的需求，将最开始的生产环节或物流环节推迟到客户提供订单以后进行的一种经营策略。

(　　) 9. 合理确定配送线路能够有效节约配送里程，降低油耗费用，节省成本，提高配送时效性，保证配送作业的及时完成。

(　　) 10. 节约里程法的基本条件是同一条线路上所有客户的需求量总和大于一辆车的额定载重量。

二、单选题

(　　) 1. 下列哪项不属于仓储收入的项目？

A. 货物存储费　　B. 货物进出库的装卸费

C. 货物加工费　　D. 仓库折旧

(　　) 2. 仓储成本按性质可分为哪两种？

A. 支出成本和收入成本　　B. 固定成本和变动成本

C. 存储成本和配送成本　　D. 装卸成本和搬运成本

(　　) 3. 下列哪项不是提高仓容利用率的有效方式？

A. “双仓法”储存

B. 采取高垛的方法增加储存的高度

C. 减少库内通道数量以增加有效储存面积

D. 缩小库内通道宽度以增加储存有效面积

(　　) 4. 下列哪项没有以采用“先进先出”方式减少仓储物的保管风险？

A. “双仓法”储存　　B. 贯通式(重力式)货架系统

C. 采取高垛的方法　　D. 计算机存取系统

(　　) 5. 下列哪项没有以采用监测清点方式提高仓储作业的准确程度？
A. “五五化”堆码　B. 光电识别系统
C. 电子计算机监控系统　D. 贯通式货架系统

(　　) 6. 下列哪项不属于降低仓储成本的措施？
A. 降低仓容利用率　B. 采用“先进先出”方式
C. 采用有效的储存定位系统　D. 采用有效的监测清点方式

(　　) 7. 下列哪项属于按不同对象分类的配送成本？
A. 按商品计算配送成本　B. 物品流通费
C. 信息流通费　D. 人工费

(　　) 8. 下列哪项属于按支付形态的分类的配送成本？
A. 物品流通费　B. 按分店计算配送成本
C. 人工费　D. 按顾客计算配送成本

(　　) 9. 下列哪项不属于影响配送作业的因素？
A. 用户分布　B. 商品用途
C. 订单货品特性　D. 用户交货时间

(　　) 10. 实施延迟策略常采用哪两种方式？
A. 生产延迟和物流延迟　B. 时间延迟和空间延迟
C. 收入延迟和支出延迟　D. 仓储延迟和配送延迟

三、多选题

(　　) 1. 仓储成本包括哪几种？
A. 仓库折旧　B. 设备折旧
C. 仓库租金　D. 装卸费用
E. 货物包装材料费用和管理费

(　　) 2. 仓储收入通常会综合用仓储费率来计算，而仓储费率由哪些构成？
A. 存储费率　B. 进出库装卸搬运费率
C. 劳务费率　D. 配送费率

(　　) 3. 配送成本按功能分类，可以分为哪几种？
A. 物品流通费　B. 信息流通费
C. 人工费　D. 配送管理费

(　　) 4. 影响配送成本的因素有哪些？
A. 时间　B. 距离
C. 货物的数量与质量　D. 货物的种类及作业过程
E. 外部不确定因素

(　　) 5. 通常在一定的服务水平下，配送成本最小化的策略有哪些？
A. 标准化策略　B. 差异化策略
C. 混合策略　D. 延迟策略
E. 同质化策略

实践训练

❖ 实践任务

任务 1　仓储成本分析

任务描述：物流成本正如浮在水面上的冰山(见图 5-10)，人们所能看见的向外支付的物流费用好比冰山的一角(即显性成本)，而大量的是人们所看不到的沉在水下的企业内部消耗的物流费用(即隐性成本)。水下的物流内耗越深，露出水面的冰山就越小，也就将各种问题掩盖起来。这种现象只有大力削减库存，才能将问题暴露并使之得到解决，这就是物流成本的冰山理论。请查阅资料并结合所学知识，根据提示将研究成果记录在表 5-10 中。

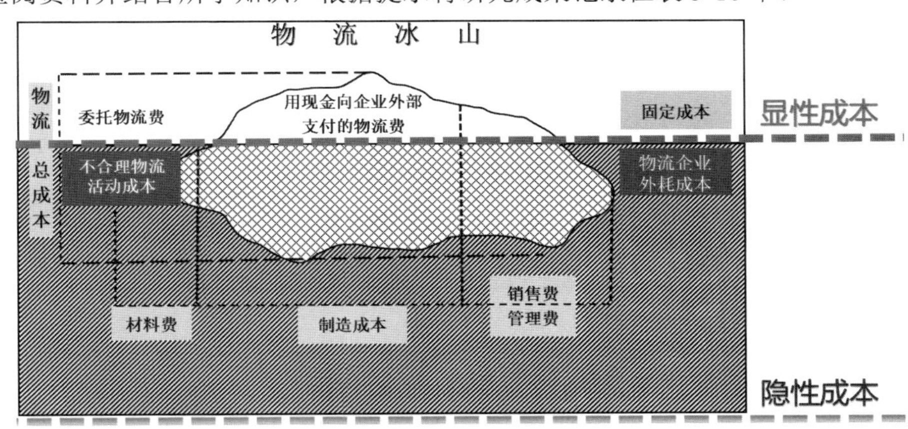

图 5-10　物流成本冰山理论示意

表 5-10　仓储成本分析

研究目标	研究成果	
	成本	成本控制措施
仓储显性成本		
仓储隐性成本		

任务 2　仓储收入与成本分析

任务描述：众所周知，利润=收入-成本。对收入与成本进行分析有利于挖掘仓储潜力，推动仓储技术革新，为仓储设施设备改造和提高管理水平提供依据，最终提高企业经济效益。请结合所学知识和仓储运作实际，在表 5-11 中详细分析仓储收入与成本所包含的项目及其释义。

表 5-11 仓储收入与成本分析

<table>
<tr><th rowspan="2">研究目标</th><th colspan="2">研究成果</th></tr>
<tr><th>项目</th><th>释义</th></tr>
<tr><td>仓储收入项目</td><td></td><td></td></tr>
<tr><td>仓储成本项目</td><td></td><td></td></tr>
</table>

任务 3 配送成本影响因素及其控制措施分析

任务描述：配送成本是配送过程中所消耗的各种活动和物化劳动的货币表现，诸如人工费用、作业消耗、物品损耗、利息支出、管理费用等，将其按一定对象进行汇集就构成了配送成本。不同的配送中心在经营战略、方式等很多方面有一定的差别，因此影响配送成本的因素及配送成本控制措施也就不同。请结合所学知识，将研究成果记录在表 5-12 中，分组做成 PPT 并进行展示。

表 5-12 配送成本影响因素及其控制措施

研究目标	研究成果
影响配送成本的因素	
配送成本控制的措施	

任务 4 快递企业配送成本构成及影响因素分析

任务描述：近年随着我国电子商务迅猛发展及人们消费方式的转变，人们对快递配送的要求越来越高，请从我国快递业的发展、快递市场的现状、快递企业的配送模式等方面进行查阅与调研，思考并完成以下任务，分小组做成 PPT 并进行展示。

1. 一般快递企业的配送成本由哪些成本组成？

____

____

2. 通常影响快递企业配送成本的因素有哪些？

____

____

3. 任选两家熟悉的快递公司，对它们的配送成本构成及影响因素进行对比分析，将研究成果记录在表 5-13 中。

表 5-13 快递公司配送成本构成及影响因素对比分析

<table>
<tr><th rowspan="2">研究目标</th><th colspan="2">研究成果</th></tr>
<tr><th>快递公司 1(　　　　)</th><th>快递公司 2(　　　　)</th></tr>
<tr><td>配送成本构成</td><td></td><td></td></tr>
<tr><td>配送成本影响因素</td><td></td><td></td></tr>
</table>

❖ 实践反思

1. 知识盘点：通过对仓储配送成本管理项目的学习，你掌握了哪些知识点？请画出思维导图。
2. 方法反思：在完成仓储配送成本管理项目的学习和实践过程中，你学会了哪些分析和解决问题的方法？
3. 行动影响：在完成仓储配送成本管理项目的学习任务后，你认为自己在思想、行动及创新上，还有哪些地方需要完善？

❖ 能力评价

评价总成绩=技能点评价得分(占比 50%)+素质点评价得分(占比 50%)

1. 技能点评价

使用说明：按评价指标技能点赋分(见表 5-14)，满分为 100 分。其中，研究成果作品文案(如报告、PPT 等)满分为 80 分，展示陈述满分为 20 分。

表 5-14　技能点评价

技能点评价指标		分值	得分
作品文案	对仓储成本构成描述的准确性	10 分	
	对降低仓储成本的措施判断的准确性	10 分	
	对仓储成本控制策略运用的合理性	10 分	
	对影响配送成本因素判断的准确性	10 分	
	对配送成本的核算的准确性	10 分	
	对配送作业流程描述的准确性	10 分	
	对配送方案优化方法运用的熟练程度	10 分	
	对配送方案优化项目实践任务展示的完整性	10 分	
展示陈述	汇报展示及演讲的专业程度	5 分	
	语言技巧和非语言技巧	5 分	
	团队合作配合程度	5 分	
	时间分配	5 分	
合　计		100 分	

2. 素质点评价

使用说明：请按素质点评价指标及对应分值打分，分为学生自评 30 分、组员评价 30 分、教师评价 40 分，满分为 100 分，如表 5-15 所示。

表 5-15　素质点评价

素质点评价指标		分值	得分
学生自评	团队合作精神和协作能力：能与小组成员合作完成项目	6 分	
	交流沟通能力：能良好表达自己的观点，善于倾听他人的观点	6 分	
	信息素养和学习能力：善于收集并借鉴有用资讯和好的思路想法	6 分	
	独立思考和学习能力：能提出新的想法、建议和策略	6 分	
	职业精神和创新创业能力：具有敬业、勤业、创业、立业的积极性	6 分	
组员评价	团队合作精神和协作能力：能与小组成员合作完成项目	6 分	
	交流沟通能力：能良好表达自己的观点，善于倾听他人的观点	6 分	
	信息素养和学习能力：善于收集并借鉴有用资讯和好的思路想法	6 分	
	独立思考和创新能力：能提出新的想法、建议和策略	6 分	
	职业精神和创新创业能力：具有敬业、勤业、创业、立业的积极性	6 分	
教师评价	对学生的综合素质进行评价(包括团队合作精神和协作能力、交流沟通能力、信息素养和学习能力、独立思考和创新能力、职业精神和创新创业能力)	40 分	
合　计		100 分	

巩固提升

❖ 案例思索

案例 1 配送中心的送货方案优化

由配送中心 P 向 A～I 等 9 个用户配送货物(见图 5-11)。图 5-11 中连线上的数字表示公路里程(单位：km)。靠近各用户括号内的数字，表示各用户对货物的需求量(单位：t)。

配送中心备有 2t 和 4t 载重量的汽车，且汽车一次巡回走行里程不能超过 35km，设送到时间均符合用户要求，请运用节约里程法求得该配送中心的送货方案。

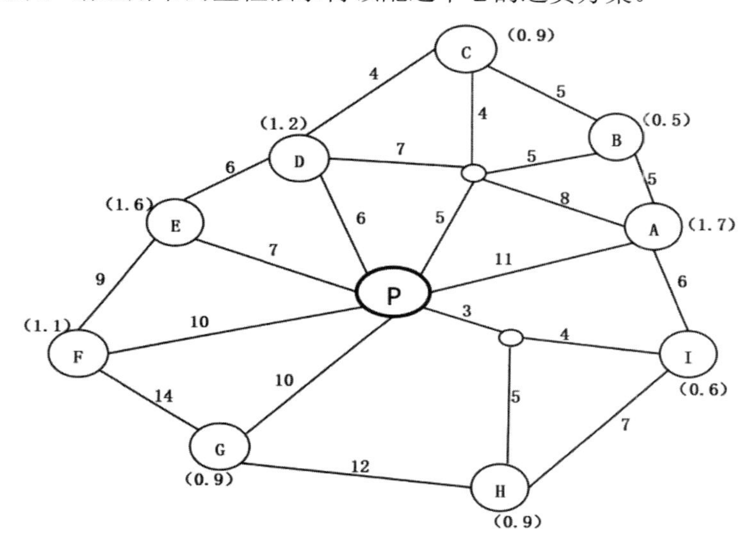

图 5-11 配送中心的用户分布情况

案例 2 物流中心的送货方案优化

某物流中心的用户分布情况如图 5-12 所示，由配送中心 P 向 A、B、C、D、E 用户配送物品，图 5-12 中连线上的数字表示运距(单位：km)，靠近各用户括号里的数字表示对货物的需求量(单位：t)。

配送中心备有 2t 和 4t 载重量的汽车，且汽车一次巡回行驶里程不能超过 30km。请运用节约里程法求得该物流中心满意的配送方案。

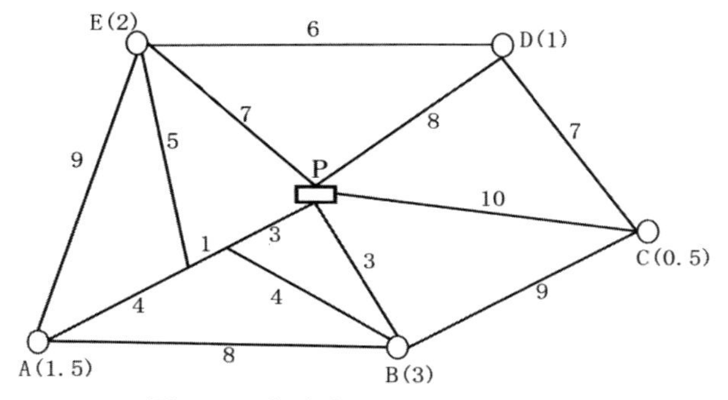

图 5-12 物流中心的用户分布情况

案例 3　月山啤酒的仓储成本管理

月山啤酒集团在几年前就借鉴国内外物流公司的先进经验，结合自身的优势，制定了自己的仓储物流改革方案。第一，成立了仓储调度中心，对全国市场区域的仓储活动进行重新规划，对产品的仓储、转库实行统一管理和控制。由提供单一的仓储服务到对产成品的市场区域分布、流通时间等全面调整、平衡和控制，仓储调度成为销售过程中降低成本、增加效益的重要一环。第二，以原运输公司为基础，月山啤酒集团注册成立具有独立法人资格的物流有限公司，引进现代物流理念和技术，并完全按照市场机制运作。作为提供运输服务的“卖方”，物流公司能够确保按规定要求，以最短的时间、最少的投入和最经济的运送方式，将产品送至目的地。第三，筹建了月山啤酒集团技术中心。月山啤酒集团应用建立在互联网信息传输基础上的 ERP 系统，筹建了月山啤酒集团技术中心，将物流、信息流、资金流全面统一在计算机网络的智能化管理之下，建立起各分公司与总公司之间的快速信息通道，及时掌握各地最新的市场库存、货物和资金流动情况，为制定市场策略提供准确的依据，并且简化了业务运行程序，提高了销售系统工作效率，增强了企业的应变能力。

通过这一系列的改革，月山啤酒集团获得了很大的直接和间接经济效益。第一，集团的仓库面积由 7 万多平方米下降到不足 3 万平方米，产成品平均库存量由 1.2 万吨降到 0.6 万吨。第二，产品物流体系实现了环环相扣，销售部门根据各地销售网络的要货计划和市场预测，制订销售计划，仓储部门根据销售计划和库存及时向生产企业传递要货信息；生产厂有针对性地组织生产，物流公司则及时地调度运力，确保交货质量和交货期。第三，销售代理商在有了稳定的货源供应后，可以从人、财、物等方面进一步降低销售成本，增加效益。经过一年多的运转，月山啤酒物流网取得了阶段性成果。实践证明，现代物流管理体系的建立，使月山集团的整体营销水平和市场竞争能力大大提高。

资料来源：仓储成本控制案例. 百度文库. https://wenku.baidu.com/view/40f629fceef9aef8941ea76e58fafab068dc44ea.html.

思考回答：

1. 结合案例分析仓储成本分析的意义。

____

____

____

____

____

____

____

____

____

____

____

____

2. 月山啤酒集团是如何控制仓储成本的？

3. 月山集团是怎样通过控制仓储成本获得经济效益的？

❖ 知识归纳

学习完仓储配送成本管理项目后，归纳总结本项目的重点知识、难点知识及课堂要点等。

项目 6 仓储安全管理

教学目标

❖ 知识目标

1. 掌握可燃物、助燃物和着火源三要素的内涵。
2. 掌握火灾的种类及其内容。
3. 掌握常见的灭火方法，能区分冷却灭火法、隔离灭火法、窒息灭火法和抑制灭火法。
4. 熟知仓储消防设施。
5. 熟悉各种常见灭火器使用方法。
6. 理解仓储人员安全管理的重要性。
7. 理解仓储设备使用的基本原则及安全作业要求。
8. 理解仓库 7S 管理的内涵、作业、基本要求及原则。

❖ 能力目标

1. 会根据火灾的分类，选择合适的正确的灭火方式。
2. 懂得灭火原理，会区分常见的灭火方法，从而正确使用仓储消防设施灭火。
3. 区分不同灭火器及其适用范围，能够在仓储管理中正确使用各种灭火器。
4. 加强仓储安全意识的自我教育和自我防护。
5. 会严格规范地使用仓储设备。
6. 会严格按照仓库 7S 管理要求完成仓储管理任务。

❖ 素质目标

1. 具有严格的仓储安全服务意识。

2 具有认真、严谨、精细、规范的工作作风。

3. 具有良好的职业素养和学习能力，能够运用科学的方法和技巧领悟新知识和新技能。

4. 具有团队协作精神和能力，会关心组员，时刻关注生产安全，能够与组员协调分工并圆满完成任务。

5. 具有独立分析问题、解决问题的能力，以及勇于创新、敬业乐业的工作作风。

6. 具备敢于创新、勇于拼搏、敬业乐业的工作作风。

❖ 思政目标

1. 具有坚定的理想信念和艰苦奋斗的思想作风。
2. 树立安全第一的工作意识。
3. 树立精益化服务的意识及科学发展观。
4. 具有敬业精神和工匠意识，意识到仓储安全管理活动的重要性。
5. 树立仓储安全管理制度化的专业意识。

思维导图

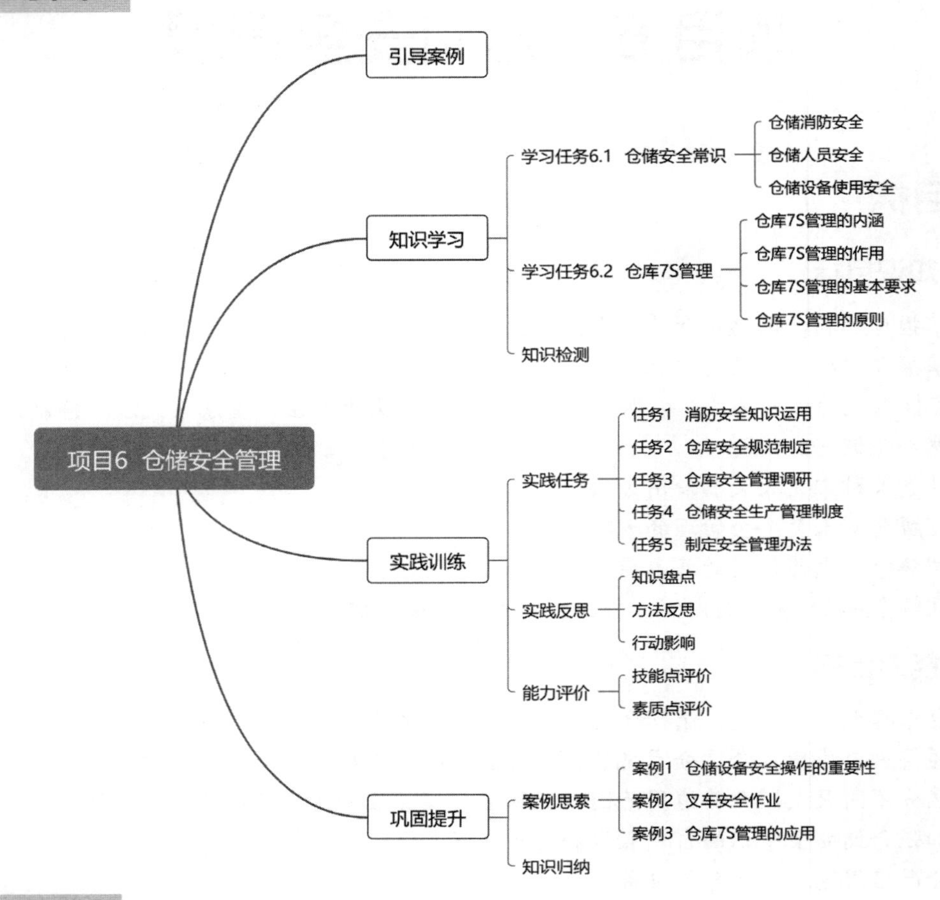

引导案例

原料储存不当导致仓库失火

某公司值班人员发现原料仓库冒出烟雾，判断可能是原料仓库里面堆放的硫黄起火，于是立刻向公司总调度室报告，同时向公司领导报告。公司领导接到报告后立即组织人员进行扑救，并报警。据了解，该仓库存放有400吨硫黄、31吨氯酸钾，在仓库的一角还堆放有100吨水泥。由于燃烧物是硫黄和氯酸钾，遇高温时就变成液态，绿色的火苗随着液化的化学物质流动，火苗竟高达1尺。接警后，消防队员到达起火地点参与扑救，采取两种灭火办法：一是降温扑救；二是用编织袋装泥沙，在仓库东、南、西面砌起矮墙，防止液态的硫黄外流。经过约6个小时扑救，火势得到初步控制，11小时后大火被完全扑灭。

经事后分析，这起事故的起因是化学品的自燃。就化学品的存放而言，把硫黄和氯酸钾堆放在一个仓库内，是极不科学的。氯酸钾是强氧化性物质，如果与强还原性物质混合，极易发生燃烧或爆炸，而硫、磷都是强还原性物质，氯酸钾遇明火或者高温都有可能发生燃烧，严重时还可能发生爆炸。请思考：

(1) 这起火灾事故属于哪一类？

(2) 仓储应如何做到安全管理？

知识学习

学习任务6.1 仓储安全常识

扫码观看学习视频

6.1.1 仓储消防安全

1. 火灾基本知识

1) 燃烧三要素

燃烧是强烈的氧化反应，并伴随热和光的同时发生。发生燃烧必须具备3个条件，如图6-1所示。

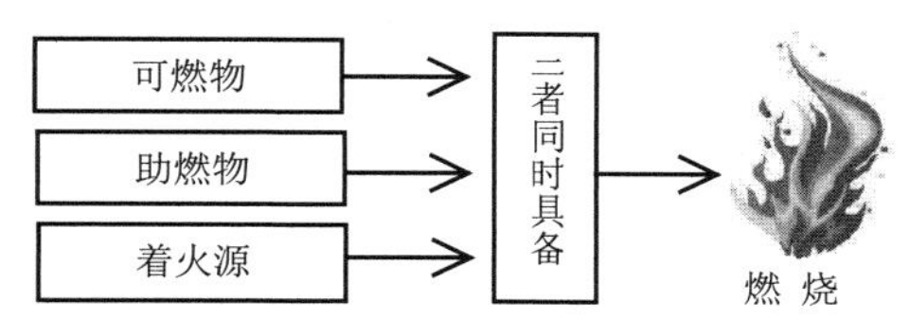

图6-1 燃烧三要素

(1) 具有可燃物。可燃物就是可以燃烧的物质，大部分有机物和少部分无机物都是可燃物。

无机可燃物中的无机单质有钾、钠、钙、镁、磷、硫、硅、氢等；化合物有一氧化碳、氨、硫化氢、磷化氢、二硫化碳、联氨、氢氰酸等。

有机可燃物有天然气、液化石油气、汽油、煤油、柴油、原油、酒精、豆油、煤、木材、棉、麻、纸以及三大合成材料(合成塑料、合成橡胶、合成纤维)等。

想一想： 你还知道生活中的哪些无机可燃物、有机可燃物？请举例说明。

______

______

______

(2) 具有助燃物。助燃物是指帮助可燃物燃烧的物质，主要有空气、氧气、氯、氟、氯酸钾或氧化剂等，如过氧化钠、过氧化钾、高锰酸钾、高锰酸钠等都属于一级无机氧化剂。

(3) 具有着火源。着火源包括明火或明火星、电火花、化学火灾和爆炸性火灾、自燃、雷电与静电、聚光、撞击或摩擦、人为纵火等。

小提示

要想防火，就要防止燃烧条件的产生，不使燃烧的3个条件相互结合并同时发生作用，采取限制、削弱燃烧条件发展的办法，阻止火势蔓延，是防火和灭火的基本原理。

2) 火灾分类

火灾是指在时间和空间上失去控制的燃烧所造成的灾害。根据国家标准《火灾分类》(GB/T 4968—2008)，按可燃物的类型和燃烧特性，将火灾分为A、B、C、D、E、F六大类，如表6-1所示。

表 6-1 火灾种类

分类	内容	示例
A 类火灾	固体物质火灾，这种固体物质通常具有有机物性质，一般在燃烧时能产生灼热的余烬	如木材、干草、煤炭、棉、毛、麻、纸张等引起的火灾
B 类火灾	液体或可熔化的固体物质火灾	如煤油、柴油、原油、甲醇、乙醇、沥青、石蜡、塑料等引起的火灾
C 类火灾	气体火灾	如煤气、天然气、甲烷、乙烷、丙烷、氢气等气体引起的火灾
D 类火灾	金属火灾	如钾、钠、镁、锂、铝镁合金等金属引起的火灾
E 类火灾	带电火灾，物体带电燃烧的火灾	如电视机着火
F 类火灾	烹饪器具内的烹饪物火灾	如动植物油脂引起的火灾

想一想：针对每一类火灾，应采用哪种方式灭火？

2.仓库的灭火和防火方法

1) 灭火方法

物质燃烧必须同时具备 3 个必要条件，即可燃物、助燃物和着火源。所有的灭火措施都是为了破坏燃烧三要素中的任何一个要素；或终止燃烧的连锁反应；或把火势控制在一定范围内，最大限度地减少火灾损失。

常见的灭火方法及原理如表 6-2 所示。

表 6-2 常见灭火方法及原理

灭火方法	灭火原理
冷却灭火法	原理是把燃烧物的温度降到其燃点以下，使之不能燃烧。例如使用水枪、二氧化碳灭火器、干粉灭火器、泡沫灭火器等，将灭火剂直接喷到燃烧物上，使燃烧物质的温度降低到燃点之下，使其停止燃烧
隔离灭火法	原理是将火源及其周围的可燃物质搬开或拆除，使火无法蔓延
窒息灭火法	原理是减少空气中的含氧量。例如使用二氧化碳、黄沙、泡沫、湿棉被等不燃和难燃的物质覆盖着火物，使火源附近的氧气含量减少，从而达到灭火的目的
抑制灭火法	使灭火剂参与燃烧反应过程，使燃烧过程产生的游离基消失，从而形成稳定分子或活性的游离基，使燃烧的化学反应中断

2) 防火方法

对于火灾，应“以防为主、防患于未然”。引发仓库火灾事故的原因有多种，如火源管理不善，易燃、易爆物资保管方法不当，装卸搬运中由事故引起火灾，仓库建筑及平面布局不合理，防火制度、措施不健全，管理人员违规操作、意识麻痹大意等。

仓库防火很重要，防火原理主要是控制可燃物、隔绝助燃物、消除着火源。仓库日常安全管理注意事项如下所述。

(1) 消除着火源。严格把关，严禁火种带入仓库。仓库内严禁明火作业，部分库内严禁使用和设置移动照明设备。

(2) 日常检查。检查各种安全隐患，如检查易自燃货物的温度，保证库内通风良好。

(3) 隔绝助燃物，使用封闭、惰性气体、真空等方法进行隔绝。

(4) 出入库作业过程中注意防火。装卸搬运作业时，不应采用滚动、滑动的作业方式，避免使用易产生火花的作业器具，避免用金属器具撞击货物。进行容易产生静电的作业要采取防静电措施。

(5) 作业机械注意防火。进入库区的机械设备应安装防火罩，电动车安装防火星溅出装置。

(6) 选择安全货位。货物分类存放，按照防火规范留出合理间距。

(7) 电器设备注意防火。经常检查库区内供电系统，发现电线老化、绝缘不好，应及时更换。每个库房应在库房外设置独立的开关箱，保管员离库时，拉闸断电。

(8) 及时处理易燃物。将废弃的油污棉纱、垫料、可燃包装及时清除。

(9) 严格管理库区明火。库房外使用明火作业，必须在专人监督下按章进行，明火作业后应彻底消除明火残迹。仓库周围 50m 内严禁燃放烟花爆竹。

读一读：2015 年 8 月，天津某仓库发生火灾爆炸事故，爆炸致百余人遇难，造成巨大经济损失。

本次爆炸涉及仓储的多类危险品，包括压缩液化气体、易燃固体、液体及氧化剂和有机过氧化物等，包括硝酸铵 800 吨左右、硝酸钾 500 吨左右，危险化学品总计 3000 吨左右。此类危险品属于特殊化学货物，这种化学品燃烧产生的火焰不能直接用水扑灭，只能通过沙土覆盖、隔绝燃烧环境，救援难度很大。经过一夜的奋战，火势依然没有完全被扑灭。

此次爆炸事故造成的破坏，大多并非来自直接爆炸，而是由冲击波引发的玻璃、碎片等造成的二次伤害。初次爆炸引发了一连串后续爆炸，波及周边的大量房屋、建筑和车辆，并且造成较大人员伤亡，当地医院人满为患。

案例评析：该公司危险品仓库特别重大火灾爆炸事故造成重大人员伤亡和财产损失，教训极其深刻。造成后续多起连环爆炸的原因有很多，如危化货物不明示导致灭火方式受影响；堆放次序混乱，不能堆放在一起的几类危化品放在一起导致连环爆炸；操作人员没有经过危化品培训，安全防护不到位。这次事故暴露出企业安全红线意识淡薄、管理比较粗放，很多方面都违反相关法规和标准。因此，企业如何做好仓库的防火工作是事关人员生命和国家财产的大事，仓库的防火工作应该位于一切管理工作的首位，并且始终贯穿整个仓储的全过程。

3. 仓储消防设施

仓库内主要的消防设施有消防栓、沙箱、灭火器等。

1) 消防栓

消防栓也叫消火栓，是一种固定式消防设施，主要作用是控制可燃物、隔绝助燃物、消除着火源。消防栓主要分室内和室外两种，本章所指为仓库内消火栓，具体使用方法如下。

第一按下火警按钮，打开室内消火栓的柜门，按下内部火警按钮。

第二铺设水带，向火场方向铺设水带，注意避免扭折水带。

第三开阀灭火，一人连接好枪头和水带，然后奔向起火点；另一人接好水带和阀门口，待同伴赶到起火点附近，逆时针打开阀门即可。

第四使用消防软管，若消火栓配有消防软管，可拉出消防软管、打开闸门，然后奔向起火点，最后开启软管喷枪，即可喷水灭火。

水是仓库消防的主要灭火剂，它在灭火时有显著的冷却和窒息作用，能使某些物质的分解反应趋于缓和，并能降低某些爆炸货物的爆炸威力。当水形成柱状时，有一股冲击力能破坏燃烧结构，把火扑灭。水还可以冷却附近其他易燃烧物质，防止火势蔓延。

小提示

水能导电，不能用于电气装备的灭火，更不能用于对水有剧烈化学反应的化学危险品(电石、金属钾等)的灭火，也不能用于比水轻、不溶于水的易燃液体的灭火。

想一想：你知道生活中哪些物品不能用水灭火吗？

____

____

2) 沙箱

消防沙箱的工作原理是利用沙箱中储存的沙土将火焰熄灭，沙土隔绝外部的氧气，使火焰无法继续在氧气中燃烧，从而达到灭火的效果。沙土可以扑救酸碱货物引起的火灾，也可以扑救过氧化剂及遇水燃烧的液体和化学危险品引起的火灾。

小提示

爆炸性货物(硫酸铵等)不可用沙土扑救，而是要用冷却法灭火，即把旧棉被或旧麻袋用水浸湿覆盖在燃烧物上。

3) 灭火器

灭火器是一种可由人力移动的轻便灭火器具，能在其内部压力作用下，将所充装的灭火剂喷出，用来扑救火灾。灭火器的种类有较多，常用的主要有二氧化碳灭火器、干粉灭火器、泡沫灭火器、清水灭火器。下面介绍各类灭火器的用途和使用方法。

(1) 二氧化碳灭火器(见图 6-2)。二氧化碳灭火剂获取、制备容易，主要依靠窒息作用和部分冷却作用灭火。二氧化碳灭火器是以高压气瓶内储存的二氧化碳气体作为灭火剂进行灭火。

图 6-2　二氧化碳灭火器

二氧化碳灭火器适用于扑救 A 类火灾，如扑救图书、档案、贵重设备、精密仪器的初起火灾；适用于扑救一般 B 类火灾，如油制品、油脂等引起的火灾，但不能扑救 B 类火灾中的水溶性可燃、易燃液体引起的火灾，如醇、酯、醚、酮等物质引起的火灾；可用于扑救 600V 以下电气设备引起的火灾，如计算机室内火灾，但不能扑救带电设备及 C 类和 D 类火灾，例如不可用它扑救钾、钠、镁、铝等物质火灾和煤气、天然气火灾。

知识链接

二氧化碳灭火器的使用步骤如下所述。

① 使用前不得使灭火器过分倾斜，更不可横拿或颠倒，避免两种药剂混合而提前喷出。

② 拔掉安全栓，将筒体颠倒过来，一只手紧握提环，另一只手扶住筒体的底圈。

③ 将射流对准燃烧物，按下压把即可进行灭火。

(2) 干粉灭火器。常用的干粉灭火器为干粉储压式手提灭火器，如图 6-3 所示。干粉储压式手提灭火器以氮气为动力。

干粉灭火器适用于扑救石油货物、油漆、有机溶剂引起的火灾，也适用于扑救液体、气体、电气火灾，有的还能扑救固体火灾。它通过抑制燃烧的连锁反应灭火，但不能扑救轻金属燃烧造成的火灾。

知识链接

干粉灭火器的使用步骤如下所述。

① 拔掉安全栓，上下摇晃几下。

② 根据风向，站在上风位置。

③ 对准火苗的根部，一只手握住压把，另一只手握住喷嘴进行灭火。

(3) 泡沫灭火器。泡沫灭火器可分为手提式泡沫灭火器(见图 6-4)、推车式泡沫灭火器和空气式泡沫灭火器。泡沫能覆盖在燃烧物的表面，以防止空气进入。它适用于扑救一般火灾，如油制品、油脂等引起的无法用水扑灭的火灾；适用于扑救液体火灾，但不能扑救水溶性可燃、易燃液体引起的火灾，如醇、酯、醚、酮等物质引起的；不可用于扑救带电设备引起的火灾。

图 6-3　干粉储压式手提灭火器

图 6-4 手提式泡沫灭火器

对于油类火灾，使用泡沫灭火器时，不能对着油面中心喷射，以防着火的油品溅出，应顺着火源根部的周围上侧喷射，逐渐覆盖油面，将火扑灭；不可将筒底筒盖对着人体，以防发生危险。

知识链接

泡沫灭火器的使用步骤如下所述。

① 在未到达火源的时候切忌将其倾斜放置或晃动。

② 距离火源 10m 左右时，拔掉安全栓。

③ 拔掉安全栓之后将灭火器倒置，一只手紧握提环，另一只手扶住筒体的底圈。

④ 对准火源的根部进行喷射。

(4) 清水灭火器。清水灭火器喷出的主要是水，使用时不用颠倒筒身，先取下安全帽，然后用力打开凸头，就有水柱喷出。清水灭火器主要起冷却作用，只能扑救一般固体火灾，如竹木、纺织品等引起的火灾，不能扑救液体及电器火灾。清水灭火器如图 6-5 所示。

图 6-5 清水灭火器

清水灭火器使用时无须倒置，有效期长，抗复燃，双重灭火，灭火后不会污染物体表面，而且部分清水灭火剂可以喷在人身上，减少火焰对人体的伤害。清水灭火器的质量相对来说比干粉的灭火器重，其保质期也短一些，干粉灭火器可保存 10 年左右，清水灭火器最高可保存 6 年。

各类灭火器及适用的火灾种类如表 6-3 所示。

表 6-3 各类灭火器及适用的火灾种类

灭火器种类	适用范围
二氧化碳灭火器	适用于扑救贵重仪器、图书档案、电器设备以及其他忌水物资的初起火灾
干粉灭火器	适用于扑救易燃液体、有机溶剂、可燃气体和电器设备的初起火灾
泡沫灭火器	适用于扑救油类、木材及一般货物的初起火灾
清水灭火器	适用于扑救一般固体(如竹木、纺织品等)的火灾

想一想：如果图书馆着火，应如何扑救？

4. 常见仓储货物灭火方式

仓库消防安全工作是仓库管理的重要工作之一。一旦不慎仓库发生火灾，仓库管理员不要惊慌，要根据仓库所存货物的特性采取合适的灭火方式及消防器材。常见储存货物的灭火方式如表 6-4 所示。

表 6-4　常见储存货物的灭火方式

储存货物	可选用的灭火方式	不可选用的灭火方式
纸张	干粉灭火器	水
木材	水、泡沫灭火器	——
家电	干粉灭火器	水
精密仪器	二氧化碳灭火器	水
包装食品	水、泡沫灭火器	——
酒	干粉、泡沫灭火器(先开启雨淋喷洒系统)	用水并站在离火源较近的地方
油	泡沫灭火器	水
棉花	水	干粉灭火器
油漆	泡沫灭火器	水
粮食	水	干粉灭火器
金属材料	干粉灭火器	水

6.1.2　仓储人员安全

仓库管理人员在装卸、搬运、堆码、保管养护货物等操作过程中，直接与装卸搬运设备以及不同特性的货物接触，人员的安全防护很重要。

1. 仓储工作人员潜在风险

仓储工作人员在实际操作过程中，面临许多潜在的危险因素，如从货架等高处掉落的物料、尖锐的棱角、危险品毒性等。在仓库发生的人身伤亡事故中，比较常见的有电气导致的伤亡，叉车等移动设备导致的人员伤亡，危险品的存储发生意外导致的人员伤亡，装卸货物操作不当导致的人员伤亡，尖锐物体导致的人员划伤等。

仓库要做好人身安全保护工作应从以下几方面入手。

(1) 优化工作环境，消除事故隐患。

(2) 加强安全意识教育。

(3) 进行仓储机械设备的安全操作规程培训。

(4) 建立健全工作场所、仓储机械设备的安全检查制度，并有效组织实施。

小提示

做好人身安全保护，应注意以下几个方面。

① 在开放式装卸平台作业中，应使用明显的视觉标志设定出安全区域，保证叉车行驶路段没有任何视觉障碍和潜在风险，叉车和工作人员可安全进行装卸作业。

② 仓库地面和通道保持整洁和畅通，避免因杂物、电线、软管和危险物而导致的人员摔倒。

③ 安排合理的休息时间，可以避免重大的意外事故和提高工作质量。

④ 新员工要学习如何使用正确的姿势搬运货物，认真接受职业培训。

⑤ 使用通风设备，保持仓库内空气流通。

⑥ 对于仓库设施设备存在的尖锐棱角，仓库工作人员使用保护措施加以防护，在搬运有尖锐棱角的物料时小心作业。

⑦ 设施设备发生故障时，请接受过培训的专门人员进行维修。

2. 仓储安全防护设备

仓库的安全防护设备主要有面部防护设备、头部防护设备、手和胳膊防护设备以及脚部防护设备。

根据工作需要，仓库应配置以下设备。

(1) 面部防护设备：防护眼镜、防护面罩。

(2) 头部防护设备：安全帽或者头盔。

(3) 手和胳膊防护设备：手套、指套和长手套。

(4) 脚部防护设备：鞋套或铁头鞋。

3. 仓储危险警示标志

仓储危险警示标志是指在有危险隐患的位置使用图形标志、警示语句或文字、警示线等提示安全要求的标志。

想一想： 在仓储警示标志中，不同颜色代表不同的含义，红色、蓝色、黄色、绿色分别代表什么意思？

____

____

1) 图形标志

图形标志可分为禁止标志(见图 6-6)、警告标志(见图 6-7)、指令标志(见图 6-8)和提示标志(见图 6-9)。这些图形标志一般用在工作场所入口处或工作场所的显著位置。

图 6-6 禁止标志

图 6-7 警告标志

图 6-8 指令标志

图 6-9 提示标志

2) 警示语句

警示语句是一组表示禁止、警告、指令、提示或描述工作场所危险的词语。警示语句可单独使用，也可与图形标志组合使用，如图 6-10 所示。

图 6-10　警示语句

3) 警示线

警示线是界定和分隔危险区域的标志线。按照需要，警示线可喷涂在地面或制成色带。警示线颜色有红色、黄色和绿色 3 种。红色警示线是禁止进入提示线(见图 6-11)，黄色警示线是有害区域提示线，绿色警示线是安全区域提示线。

图 6-11　警示线

6.1.3　仓储设备使用安全

读一读：某铝厂货物库房电动葫芦检修之后需要在辊筒上缠绕钢丝绳，检修工用左手(戴着线手套)拉紧松散的钢丝绳，用右手(也戴着线手套)操作按钮，试图将钢丝绳缠紧在辊筒上。但是，辊筒转动后操作按钮失灵，以致检修工的左手离辊筒很近时未能及时脱开而被绞进辊筒上的钢丝绳间，造成 4 根手指被压断，直到别人将电源闸刀拉下、反转辊筒，才将受伤的手取了出来。

案例评析：仓库中因使用设备不当造成人员伤亡的事故屡见不鲜，由此使用设备安全也是仓库安全管理的重要内容。

1. 仓储设备使用的基本原则

1) 确保所用设备处于良好状态

定期对设备进行维护保养，使其在使用时处于良好状态，不允许超负荷作业。

2) 使用适合的设备进行作业

在作业中尽可能采用专用设备作业或使用专用工具，使用时必须满足作业的需要，并进行必要的防护，如货物绑扎、限位等。

3) 载货移动设备上不得载人运行

除了连续运转设备(如自动输送线)外，其他设备需停稳后方可作业，不得在运行中载人作业。

2. 叉车操作安全

叉车是仓库中使用最广泛的装卸搬运设备，可在室内或室外的各种操作平台上进行工作。

知识链接

仓库叉车安全操作规程如下所述。

(1) 叉车驾驶人员要取得相关部门颁发的叉车驾驶特殊工种资格证。

(2) 严禁带人行驶，严禁酒后驾驶；行驶途中不准手机通话、饮食和闲谈。

(3) 在使用叉车前，应严格检查叉车状态，严禁带故障出车，不可强行通过有危险或潜在危险的路段。

(4) 起步前，观察四周，确认无妨碍行车安全的障碍后，先鸣笛、后起步。

(5) 行驶时，货叉底端距地高度应保持300～400mm，门架需后倾。

(6) 必须按照叉车载重量限制进行装载，不得超载，同时要注意所叉货物高度的限制。

(7) 在转弯盲角处要放慢速度，禁止高速急转弯，如附近有行人或车辆，应先发出行驶预警信号。

(8) 卸货后应先降落货叉至正常的行驶位置后再行驶。

资料来源：安全管理网，http://www.safehoo.com/Manage/System/Traffic/201607/449971.shtml.

想一想： 邓林是一位从事叉车作业近1年的叉车工，叉车操作熟练，让他引以为豪的就是他比相同工作时间的其他叉车人员作业效率高出近30%，而且从未出现事故。邓林以为，自己工作效率高的原因有两点：一是开车速度较快；二是一次所载货物较多，常常高出叉车顶部。对于别人的多次提醒，他也没放在心上，继续我行我素。一天，邓林像往常一样叉着高高一垛货物在仓库内快速行驶时撞倒了一位验货人员，致使其受伤。

造成这个事故的原因是什么？在安全生产中，“技高人胆大”是可行的吗？

3. 仓储作业安全

1) 人力作业的安全

由于人力作业方式受作业人员的身体素质、精神状况、应急能力等多种因素的影响，必须做好作业人员的安全作业管理工作，具体要求如下。

(1) 在合适的作业环境和负荷条件下进行作业。

(2) 尽可能采用人力机械作业。

(3) 只在适合作业的安全环境进行作业。

(4) 做好作业人员的安全防护工作。

(5) 必须有专人在现场指挥和安全指导。

(6) 合理安排作息时间。

想一想： 为保证仓储作业人员的体力和精力，每作业一段时间作业人员应做适当的休息，你认为作业时长与休息间隔多久合适？

2) 机械作业的安全

(1) 装卸平台作业有以下几点要求：①在平台装卸物料时应轻搬轻放，切忌猛烈碰撞；②严禁在平台上有任何跳跃动作；③在装卸平台边缘应设置视觉警示标志；④叉车行驶在装卸平台上或者平台登车桥上时要非常谨慎。

(2) 装卸车辆作业有以下几点要求：①在进行运输车辆装卸作业时，要注意保持安全间距；②通常车辆与堆放货物距离不小于 2m、与滚动货物距离不小于 3m；③多辆汽车同时进行装卸时，直线停放的前后车距不小于 2m，并排停放的两车侧板距离不小于 1.5m；④车辆装载应固定妥当、绑扎牢固。

想一想：小刘是某仓库新入职员工，一天午休时看到一辆未拔钥匙的叉车停放在仓库，他想着自己已经取得机动车驾驶证，开叉车应该和开机动车差不多，在好奇心的驱使下，他上车准备尝试开叉车。不料叉车一开动速度挺快，他有些慌神，又碰上门口拐弯处，为了躲避行人，他急打方向盘，致使叉车侧翻，小刘也因两根肋骨受伤被送进了医院。

这个事故发生的原因是什么？仓库在叉车使用管理上是否有需要改进的地方？

(3) 存储区作业有以下几点要求：①货物应当分类、分垛储存，注意保持“五距”(顶距、灯距、墙距、柱距、垛距)；②无论货物体积大小，一次只从货架上存取一个货物；③确保车辆和工作人员通过的通道畅通，没有任何障碍物；④堆垛时保持货物笔直和均匀地摆放；⑤将较重的货物放置于较低或中间的货架上；⑥定期对货物存储的设备进行维护和检修。

想一想：如果货物在仓库中堆放不当，可能会带来什么影响？

(4) 仓储设备作业有以下几点要求：①在机械设备设计负荷许可的范围内作业；②使用合适的机械设备进行作业；③设备作业要有专人进行指挥。

想一想：某食品批发仓库发生货架倒塌事件，成堆的货物突然从 5 ~ 6m 高的地方轰然塌落，在塌落过程中，货架上层立柱被压弯、扭曲变形，同时下层货架被压散。货架倒塌时，大量货物损坏，同时 1 名正在货垛旁作业的工人被从顶部掉落的货箱砸伤脚面。经调查，类似这样的货架倒塌或货物掉落导致人员和货物受损的情况，在该仓库时有发生，究其原因是仓库管理人员缺乏基本的安全意识，存放货物时没有注意货架的承重限制以及堆放次序等。

该案例给了我们什么启示？

学习任务 6.2 仓库 7S 管理

想一想：缔义物流公司的一号仓库新存放了一批食用油、粮食、实木家具等商品，数量多且储存期需在 6 个月以上。王二作为新入职的仓管员，需要管理以上商品。请依据仓库安全 7S 管理为他提供一些管理策略或建议。

____

____

____

____

____

为了提高仓库作业效率和仓库空间利用率、增强仓库形象，在仓库管理中多采用 7S 管理的方法，在 7S 管理中会有诸多规范与要求，为仓储规范化管理提供指导。

6.2.1 仓库 7S 管理的内涵

7S 管理起源于日本，仓库 7S 管理主要包括整理(seiri)、整顿(seiton)、清扫(seiso)、清洁(seiketsu)、素养(shitsuke)、安全(safety)、节约(save) 7 个项目，因其日语的罗马拼音均以“S”开头，简称“7S”。

仓库 7S 管理的操作意义如表 6-5 所示。

表 6-5 7S 管理的操作意义

7S	操作意义
整理(seiri)	增加作业面积；物流畅通、防止误用等
整顿(seiton)	工作场所整洁，一目了然，减少取放物品的时间，提高工作效率
清扫(seiso)	清除现场内的脏污、清除作业区域的物料垃圾
清洁(seiketsu)	使整理、整顿和清扫工作成为一种惯例和制度，是标准化的基础，也是一个企业形成企业文化的开始
素养(shitsuke)	让员工成为一个遵守规章制度并具有一个良好工作素养习惯的人
安全(safety)	保障员工的人身安全，保证生产的连续安全正常进行，同时减少因安全事故而带来的经济损失
节约(save)	对时间、空间、能源等方面合理利用，以发挥它们的最大效能，从而创造一个高效率的，物尽其用的工作场所

6.2.2 仓库 7S 管理的作用

(1) 改善和提高企业形象。

(2) 减少故障，保障品质。

(3) 改善员工精神面貌，使组织具有活力。

(4) 提高生产效率。
(5) 降低生产成本。
(6) 保证企业安全生产。
(7) 改善零件在库周转率。
(8) 缩短作业周期，确保交货期。

查一查：除了 7S 管理，有没有 8S、9S 甚至 10S 管理呢？

____
____
____
____
____

6.2.3　仓库 7S 管理的基本要求

1. 区域定位与标识要求

(1) 大型仓库分区域、分架、分层、分品种堆放，界线明确。
(2) 所有货架、储位、垛位定位标识。
(3) 车道、走道的界线标识明确。
(4) 物品的堆放符合区域标识。
(5) 无随意放置的不明杂物。
(6) 无超出区域界线存放的物品货物。
(7) 消防器材有隔离标识。

2. 垛位及货架物品要求

(1) 货架、垛位排列整齐，符合界线。
(2) 任何物品的摆放整齐有规则。
(3) 按物品的类别或用途分货架。
(4) 不同类物品之间有明显的界线。
(5) 所有的垛位、容器必须配备标识卡。
(6) 物品摆放方法符合节约空间的原则，提倡往空间发展。

3. 物品的定量、定容要求

(1) 同类物品的盛放容器相同，不同类物品容器不同，但要尽量减少容器种类。
(2) 相同的容器存放的数量一致。
(3) 所有的容器、垛位标识明确。
(4) 每个容器规定了最大容量标识。
(5) 不允许任何物品混放、混垛。
(6) 不允许出现任何不规则的堆放。
(7) 每种物品的放置位置固定，标识了存放量或管制界线。

4. 仓库卫生安全要求

(1) 地面无任何垃圾污迹。
(2) 仓库周围无吸烟、点火行为。
(3) 无危险垛位、无货架不牢。
(4) 墙壁、顶棚无蜘蛛网，避免蟑螂、老鼠的破坏。
(5) 产品、货架、垛位无灰尘脏污。
(6) 门窗牢固，无透风、漏雨现象。
(7) 窗台上无任何杂物灰尘堆放。
(8) 油类、稀释剂、酸碱、有机食品等危险物品必须专库存放。
(9) 风扇、吊灯无灰尘脏污。
(10) 在明显位置配备有足够的消防器材。

想一想：仓库 7S 管理除了以上提到的基本要求外，还有哪些其他点要求？

____

____

____

____

____

6.2.4 仓库 7S 管理的原则

通常仓库 7S 管理的原则有 4 个：一是效率化原则；二是持久性原则；三是美观原则；四是人性化原则。

1. 效率化原则

效率化原则，即便于操作者操作。因为一个新的管理手段如果不能给员工带来方便，就算是在铁的纪律要求下，它也是不得人心的，而不得人心者不得天下。所以，物流企业推行仓库 7S 必须考虑把所要管理的环境是否可以提高工作效率作为先决条件。

2. 持久性原则

持久性原则就是在整顿这个环节思考如何让管理实施过程更加人性化、更加便于遵守和维持。

3. 美观原则

随着时代的发展，客户不断追求精神上的寄托，当你的产品做的不再只是产品而是文化的代言人时，就能够征服更多的客户群。就像当薯条不再只是食物，咖啡不再只是饮品，而是用来作为馈赠的礼品被赋予更深层次的情感的时候，你不能不赞叹一声：“只要你真正热爱你的事业，你就能为它创造神话。”

4. 人性化原则

这里所指的人性化原则，其实就是指通过 7S 的实施推行进一步提高了人的素养。人是现场管理中诸多要素的核心，在 7S 管理推行过程中，所制定的标准流程都是由人来完善的，所有步骤的进行也要充分考虑了人的因素。

❖ 知识检测

一、判断题

(　　) 1. 燃烧是强烈的氧化反应，并伴随热和光的同时发生。

(　　) 2. D 类火灾是指液体或可熔化的固体物质火灾，如煤油、乙醇、塑料等引起的火灾。

(　　) 3. 物质燃烧必须同时具备 3 个必要条件，即可燃物、助燃物和着火源。

(　　) 4. 窒息灭火法原理是减少空气中的含氧量。

(　　) 5. 把燃烧物的温度降到其燃点以下，使之不能燃烧的方法是抑制灭火法。

(　　) 6. 水是仓库消防的主要灭火剂，它在灭火时有显著的冷却和窒息作用，水能使某些物质的分解反应趋于缓和，并能降低某些爆炸货物的爆炸威力。

(　　) 7. 沙土是一种廉价的灭火物质。沙土覆盖在燃烧物上，能隔绝空气，从而使火熄灭。

(　　) 8. 清水灭火器喷出的主要是水，能扑救液体及电器火灾。

(　　) 9. 装卸车辆作业时，车辆与堆放货物距离应不小于 2m。

(　　) 10. 仓库 7S 管理具有改善和提高企业形象、减少故障、保障品质、改善员工精神面貌等作用。

二、单选题

(　　) 1. 可燃物就是可以燃烧的物质，下列哪一项不是可燃物？

A. 钾　　B. 磷

C. 原油　　D. 氮气

(　　) 2. 助燃物是指帮助可燃物燃烧的物质，下列哪一项是助燃物？

A. 氧气　　B. 氮气

C. 氢气　　D. 一氧化碳

(　　) 3. 根据国家标准《火灾分类》(GB/T 4968—2008)，按可燃物的类型和燃烧特性将火灾分为几类？

A. 5 类　　B. 6 类

C. 7 类　　D. 8 类

(　　) 4. 煤炭引起的火灾属于几类火灾？

A. A 类　　B. B 类

C. C 类　　D. D 类

(　　) 5. 家用电视机引起的火灾属几类火灾？

A. C 类　　B. D 类

C. E 类　　D. F 类

(　　) 6. 二氧化碳灭火器不可以熄灭哪种物质引起的火灾？

A. 图书　　B. 贵重设备

C. 精密仪器　　D. 天然气

(　　) 7. 常用的干粉灭火器为干粉储压式手提灭火器，以氮气为动力，不能用来扑救哪种物质引起的火灾？

A. 石油　　B. 棉花
C. 油漆　　D. 有机溶剂

(　　) 8. 泡沫灭火器的泡沫能覆盖在燃烧物的表面，以防止空气进入，可以用来扑救哪种物质引起的火灾？

A. 油制品　　B. 木材
C. 油漆　　D. 乙醇

(　　) 9. 多辆汽车同时进行装卸时，并排停放的两车侧板距离不小于多少米？

A. 1 米　　B. 1.5 米
C. 2 米　　D. 3 米

(　　) 10. 要求在这个环节思考如何让管理实施过程更加人性化、更加便于遵守和维持，属于哪项原则？

A. 持久性原则　　B. 美观原则
C. 效率化原则　　D. 人性化原则

三、多选题

(　　) 1. 发生燃烧必须具备的条件有哪些？

A. 可燃物　　B. 助燃物
C. 着火源　　D. 水

(　　) 2. 下列哪些属于引起 C 类火灾的物质？

A. 天然气　　B. 甲烷
C. 氢气　　D. 煤气

(　　) 3. 仓储设备使用的基本原则有哪些？

A. 载货移动设备尽量载人运行
B. 确保所用设备处于良好状态
C. 使用适合的设备进行作业
D. 载货移动设备上不得载人运行

(　　) 4. 清水灭火器喷出的主要是水，使用时不用颠倒筒身，取下安全帽用力打开凸头就有水柱喷出。清水灭火器可以用来扑救哪些物质引起的火灾？

A. 竹木　　B. 纺织品
C. 电视机　　D. 棉花

(　　) 5. 仓库 7S 管理的原则有哪些？

A. 效率化原则　　B. 持久性原则
C. 美观原则　　D. 人性化原则

实践训练

❖ 实践任务

任务 1 消防安全知识运用

任务描述：根据国家标准《火灾分类》(GB/T 4968—2008)，按可燃物的类型和燃烧特性将火灾分为 A、B、C、D、E、F 六大类，不同类型的火灾采取的灭火方式不一样。以下货物引起的火灾属于哪一类，请在表 6-6 为这些物品选择正确的灭火方式和不可用的灭火方式。

表 6-6 消防安全知识运用

研究目标	研究成果		
	火灾类型	正确的灭火方式	不可用的灭火方式
棉被			
电视机			
食用油			
木衣柜			
白酒			
面粉			
塑料制品			
图书			
铝镁合金器具			
煤气罐			

任务 2 仓库安全规范制定

任务描述：物流园区某大型仓库丁某违规操作导致谭某伤残事故，事故原因有两点：一是丁某违反安全生产规定，无证违章操作叉车；二是谭某缺乏安全保护意识，仓库缺乏安全管理规定，对员工的培训教育不到位。为完善仓库安全制度，请结合所学知识将研究成果填写在表 6-7 中，以小组为单位将研究成果做成 PPT 并进行展示汇报。

表 6-7 仓库安全规范制定

研究目标		研究成果
第一步	制定仓储人员安全保护制度	
第二步	配备仓储人员安全保护设备	
第三步	制定叉车的安全操作规范制度	
第四步	制定仓储作业的安全操作规范	

任务 3 仓库安全管理调研

任务描述：在学校所在地选择一家仓储企业或者超市，深入调查该企业或超市的安全管理制度及状况，结合所学知识，将研究成果要点记录在表 6-8 中，以小组为单位将研究成果做成 PPT 并进行展示与交流。

表 6-8 仓库安全管理调研

研究目标	研究成果
1. 记录该企业或超市有哪些安全管理制度	
2. 观察并记录关于物资防火方面配备了哪些设备	
3. 分析该企业在安全管理方面存在的不足，并提出对应解决措施	

任务 4 仓储安全生产管理制度

案例描述：物流园区某大型仓库发生了严重的人员伤亡事故。李某需要到货车车厢内取货，但身旁没有梯子。刚入职的同事丁某看到货车旁边停有一辆未拔钥匙的叉车，在明知自己没有叉车驾驶经验和叉车驾照的情况下，仍让李某站在叉车上，试图将其送上货车车厢，但因操作失误，在举升过程中李某被挤在车厢与叉车之间，致使李某头部及身体多处严重受伤，在送往医院抢救无效后死亡。

思考回答：

(1) 作为仓储管理员，请问上述悲剧出现的原因是什么？

____

____

(2) 为避免此类安全事故发生，请试着为仓库制定安全生产管理制度。

____

____

____

任务 5 制定安全管理办法

任务描述：根据所学知识，为校园超市或校园快递站制定安全管理办法，包括人员管理、消防管理、设备安全使用操作等方面内容。

____

____

❖ 实践反思

1. 知识盘点：通过对仓储安全管理项目的学习，你掌握了哪些知识点？请画出思维导图。
2. 方法反思：在完成仓储安全管理项目的学习和实践过程中，你学会了哪些分析和解决问题的方法？
3. 行动影响：在完成仓储安全管理项目的学习任务后，你认为自己在思想，行动及创新上，还有哪些地方需要完善？

❖ 能力评价

评价总成绩=技能点评价得分(占比 50%)+素质点评价得分(占比 50%)

1. 技能点评价

使用说明：按评价指标技能点赋分(见表 6-9)，满分为 100 分。其中，研究成果作品文案(如报告、PPT 等)满分为 80 分，展示陈述满分为 20 分。

表 6-9 技能点评价

技能点评价指标		分值	得分
作品文案	对仓储安全判断与认识的重要性	10 分	
	对仓库火灾类型描述的准确性	10 分	
	对仓储物资灭火方式使用的正确性	10 分	
	对仓储人员安全管理认识的重要性	10 分	
	对仓储设备安全使用规范描述的准确性	10 分	
	对仓储 7S 管理描述的准确性	10 分	
	对仓储 7S 管理要求及原则判断的准确性	10 分	
	对仓储安全管理实践项目完成的正确性	10 分	
展示陈述	汇报展示及演讲的专业程度	5 分	
	语言技巧和非语言技巧	5 分	
	团队合作配合程度	5 分	
	时间分配	5 分	
合　计		100 分	

2. 素质点评价

使用说明：请按素质点评价指标及对应分值打分，分为学生自评 30 分、组员评价 30 分、教师评价 40 分，满分为 100 分，如表 6-10 所示。

表 6-10 素质点评价

素质点评价指标		分值	得分
学生自评	团队合作精神和协作能力：能与小组成员合作完成项目	6 分	
	交流沟通能力：能良好表达自己的观点，善于倾听他人的观点	6 分	
	信息素养和学习能力：善于收集并借鉴有用资讯和好的思路想法	6 分	
	独立思考和学习能力：能提出新的想法、建议和策略	6 分	
	职业精神和创新创业能力：具有敬业、勤业、创业、立业的积极性	6 分	
组员评价	团队合作精神和协作能力：能与小组成员合作完成项目	6 分	
	交流沟通能力：能良好表达自己的观点，善于倾听他人的观点	6 分	
	信息素养和学习能力：善于收集并借鉴有用资讯和好的思路想法	6 分	
	独立思考和创新能力：能提出新的想法、建议和策略	6 分	
	职业精神和创新创业能力：具有敬业、勤业、创业、立业的积极性	6 分	
教师评价	对学生的综合素质进行评价(包括团队合作精神和协作能力、交流沟通能力、信息素养和学习能力、独立思考和创新能力、职业精神和创新创业能力)	40 分	
合　计		100 分	

巩固提升

❖ 案例思索

案例 1　仓储设备安全操作的重要性

5 月 12 日，某公司生产部仓管员 H 在确认发货时站在等待作业的叉车旁，当叉车驾驶员 A 向后倒车转弯时后轮碾轧到 H 的脚部，造成其脚趾、关节部位骨折。事故原因有两点：一是仓管员 H 安全意识不足，站位离叉车太近；二是叉车驾驶员 A 安全意识不足，倒车前未观察叉车两侧人员、未提醒叉车旁人员离开危险区域。

思考回答：

1. 针对本案例，如果你是仓管员 H，你应该如何正确防范？

____

____

____

____

____

____

____

2. 针对本案例，如果你是驾驶员 A，你应该如何正确防范？

____

____

____

____

____

____

____

3. 假如你是目击者 B(身份为公司其他岗位员工)，你应该如何应对？

____

____

____

____

____

____

____

案例 2　叉车安全作业

1 月 9 日，叉车驾驶员 C 正在西区仓库从事码垛作业，某公司消防员 K 正在成品仓库行走，走到叉车后方时叉车正好倒车，消防员 K 躲闪不及，被叉车撞倒在地，由于其穿了防碾压劳防鞋，因此本次事故仅造成 K 左脚膝盖软组织肿胀。

思考回答：

1. 针对该案例，如果你是消防员 K，当你正在进入仓库进行安全检查等作业时，发现前面有叉车正在侧向进行堆码作业，你应该如何正确防范？

2. 针对该案例，如果你是叉车驾驶员 C，应该如何正确防范叉车倒车撞击事故？

案例 3　仓库 7S 管理的应用

某仓储公司各库房经常有零件落地、倒置，露天存放的货物没有苫盖、作业现场乱等情况。每次检查组发现问题，公司都下达整改通知，各库房现场管理状况也会有所改善，但一段时间后，又恢复原样，一直没有达到标准的管理状态。

思考回答：

1. 案例中，仓库现场管理混乱会产生哪些弊端？

2. 规范化管理执行的标准是什么？

3. 仓库中 7S 管理的内容具体是什么？

❖ 知识归纳

学习完仓储安全管理项目后，归纳总结本项目的重点知识、难点知识及课堂要点等。

项目 7　仓储规划设计

教学目标

❖ 知识目标

1. 掌握仓储中心总体规划设计原则。
2. 了解仓储中心总体规划设计程序以及仓储中心定位。
3. 理解仓储中心平面布局的要求及其结构设计。
4. 了解仓库选址的含义及其考虑因素。
5. 掌握仓库选址的方法——重心法。
6. 熟悉仓库的基本结构组成。
7. 理解仓库内部布置的常见功能区。
8. 掌握动线设计原则以及常见的几种动线类型。
9. 理解存储区分区分类存放的原则及货位布置的形式。
10. 理解仓库各类设施设备的特点及选择原则。

❖ 能力目标

1. 能根据仓储中心平面布局规划的步骤进行仓储设计。
2. 会根据实际分析各种仓储中心的定位。
3. 会根据仓储中心平面布局的要求及结构组成合理地进行仓储设计。
4. 会运用仓储中心平面布局规划知识，结合实际提出合理的改进建议。
5. 在进行仓库选址时会综合考虑各种影响因素，采取合理的选址方法做出更优选择。
6. 能阐述仓库结构对实现仓库功能所起的重要作用，会合理布局仓库内部结构。
7. 会运用重心法对单一仓库的选址进行分析，并形成选址报告。
8. 会结合各类动线设计的特点合理规划仓库功能区及动线。
9. 会根据实情分析仓库存储区储存能力并提出提高仓库存储区储存能力的建议。
10. 会根据实情和一定的原则选择合适的仓库设施设备，合理进行仓库平面布置。

❖ 素质目标

1. 具有严格的仓储安全服务意识。
2 具有认真、严谨、精细、规范的仓储工作作风。
3. 具有良好的职业素养和学习能力，能够运用科学的方法和技巧领悟仓储知识与技能。
4. 具有团队协作精神和能力，时刻关注生产安全，能够与组员协调分工并圆满完成任务。
5. 具有独立分析问题、解决问题的能力，以及勇于创新、敬业乐业的工作作风。

❖ 思政目标

1. 具有坚定的理想信念和艰苦奋斗的思想作风。
2. 树立安全第一的工作意识。
3. 树立精益化服务的意识及科学发展观。
4. 具有敬业精神和工匠意识，意识到仓储安全规范的重要性。
5. 具备仓储科学规划设计的专业意识。
6. 树立绿色环保的物流仓储设计理念。

思维导图

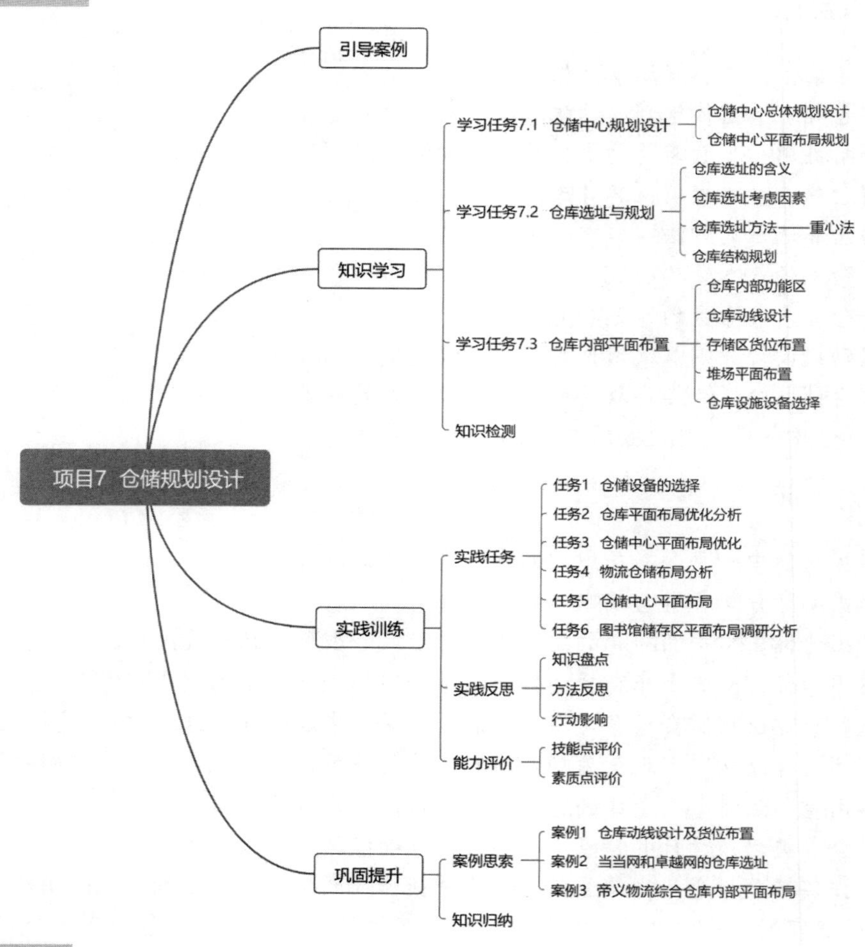

引导案例

某石化加工企业地处我国西南地区，根据生产经营目标，该企业拟建两个仓储中心。A 仓储中心计划承担在华中、华东地区的供应与销售产品，B 仓储中心承担生产所需物资的采购与供应。请完成以下任务：

(1) 确定 A、B 两个仓储中心规划的服务策略和运营目标。

(2) 对比说明 A、B 两个仓储中心规划时选址考虑的因素。

知识学习

扫码观看学习视频

学习任务 7.1　仓储中心规划设计

不同类型的仓储中心在经营范围、功能、作业内容及流程等方面不尽相同，但其系统规划与设计有很多共同之处，可以按照一般规律进行研究。

7.1.1　仓储中心总体规划设计

1. 仓储中心总体规划设计原则

进行仓储中心规划与设计时，应遵循以下各项基本原则。

1) 动态原则

规划时仓储中心要有相当的柔性，以适应数量、用户、成本等多方面的变化。

2) 竞争原则

仓储中心的布局应体现多家竞争。

3) 低运费原则

运费与运距和运量等因素有关，可通过数学方法求解。

4) 交通便利原则

一是布局时要考虑现有的交通条件；二是把交通作为布局的内容来规划。

5) 统筹原则

统筹原则是指统筹兼顾、全面安排，既要做微观的考虑，也要做宏观的考虑。

2. 仓储中心总体规划设计程序

一般来说，仓储中心的总体规划程序分为 5 个阶段：筹划准备阶段、总体规划阶段、方案评估阶段、详细设计阶段、系统实施阶段。

3. 仓储中心的定位

不同类型的仓储中心，核心功能不同，处理的商品种类不一，辐射的范围也差别很大，因此需要对仓储中心进行合理的定位。仓储中心的定位主要解决几个问题，即仓储中心提供哪些服务功能、为谁服务、在什么地域范围内服务、物流作业的客体是什么、在市场竞争中处于什么地位等。概括来说，仓储中心主要从 5 个方面进行定位分析。

1) 层次定位

在层次上，主要观察仓储中心属于哪种类型。如果仓储中心具有商流职能，则属于流通中心的一种类型；如果它只具有物流职能，则属于物流中心的一种类型。

2) 横向定位

跟其他物流设施比较，仓储中心是有完善组织和设备的专业化流通设施。

3) 纵向定位

仓储中心在物流系统中的位置应该是处于末端物流的起点，直接面向用户，起全程指导的作用。

4) 系统定位

在大物流系统中，仓储中心处于重要位置，对整个系统效率的提高起着决定性的作用。

5) 功能定位

仓储中心的主要功能是配货和送货，除此之外还有加工、分拣、储存等功能。

7.1.2 仓储中心平面布局规划

1. 仓储中心平面布局规划的步骤

仓储中心平面布局规划是仓储中心规划的核心内容，通过平面布置规划就可以得到仓储中心规划的雏形，其基本规划步骤如下所述。

第一步，对影响仓储中心布局的基础资料进行分析，得出仓储中心布局的相关建议，包括设计规模、设备选用、建设成本等。

第二步，根据仓储中心的功能设计作业流程，按照流程对区域进行规划，绘制平面规划图。

第三步，考虑各种限制条件和因素，对方案进行优化和选择。

2. 仓储中心平面布局规划的要求

1) 有利于仓储企业生产运行

(1) 单一的物流方向。货物的卸车地、验收地、存放地位置安排遵循仓储生产流程，使物料沿一个方向流动，即保持单一物流方向。某仓储中心平面布局如图 7-1 所示。

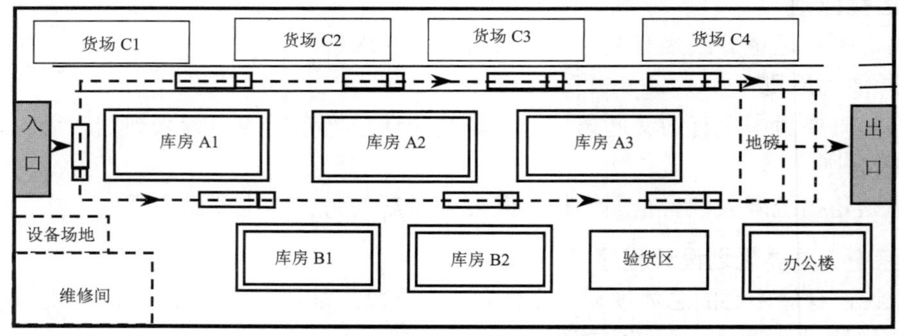

图 7-1　某仓储中心平面布局

(2) 最短的运距。尽量避免迂回运输，专用线应布置在库区中间，并根据作业方式、仓储货物的品种、地理条件合理安排库房、堆场、专用线与主干道的相对位置。

(3) 最少的装卸次数。应尽量减少装卸、搬运次数，货物的卸车、验收、堆码作业最好一次完成，避免二次装卸和搬运。

(4) 最大的仓容利用率。仓库总平面布置是立体设计，应有利于商品的合理存储，有利于达到最大的仓容利用率。

2) 有利于提高仓储经济效益

(1) 平面总体布局应能充分、合理地使用机械化设备。如合理配置目前普遍使用的门式、桥式起重机等固定设备，并配置其他配套设备，便于开展机械化作业。

(2) 平面布局要因地制宜。仓储中心平面布局应充分考虑地形、地质条件，满足货物运输和存放上的要求，并能保证仓库的充分合理利用。

(3) 平面布局应与竖向布置相适应。竖向布置是指建立场地平面布局中每个因素(如库房、货场、转运线、道路、排水、供电、站台等)在地面标高线上的相互位置。

3) 有利于保证安全生产和文明生产

(1) 平面总体布局应符合卫生和环境要求，既满足库房的通风、采光等要求，又考虑到环境保护、文明生产，有利于企业科学发展和职工身体健康。

(2) 库内各区域间、各建筑间应根据“建筑设计防火规范”的有关规定，留有一定的防火间距，并设有防火、防盗等安全设施。

3. 仓储中心的结构

仓储中心内部可能有多个建筑物和货场，仓储中心总体布局规划就是对中心内部的建筑物、场所等进行平面位置的布局规划，确定库房、货场、库内道路、辅助建筑物、办公场所、附属固定设备等的平面位置。

按照功能划分，仓储中心一般由 3 个部分组成，即生产作业区、辅助生产区和办公生活区。

1) 生产作业区

生产作业区是开展仓储作业活动的场所，主要包括储货区、铁路专用线、中心园区道路、装卸站台等。

储货区是储存保管、收发整理商品的场所，是生产作业区的主体区域，具体分为库房、货棚、货场。货场可用于存放货物，也可用于货位的周转和调剂。

铁路专用线、中心园区道路是仓库内外的货物运输通道，货物进出中心园区都要通过这些运输通道。铁路专用线应与中心园区内道路相通，保证畅通。道路分为主干道、次干道、人行道和消防道等。主干道一般采用宽度在 6～7m 的双车道；次干道一般为 3～3.5m 的单车道，消防道的宽度不少于 6m，布局在库内的外周边。

装卸站台是卡车装卸商品的平台，也称月台，是供货运车辆装卸货物的平台，其高度和宽度应根据运输工具和作业方式而定，有单独站台和库边站台两种。一般汽车站台高出路面 0.9～1.4m，宽度不少于 2m；铁路站台高出轨面 1.1m，宽度不少于 3m；另外，有些是可升降站台，可以根据实际需要方便调整站台高度。

2) 辅助生产区

辅助生产区是为货物储运保管工作服务的辅助设施，包括车库、变电室、充电室、加油站、维修加工及动力车间、工具设备库、物料库等。

3) 办公生活区

办公生活区是仓库办公管理和员工生活区域。它一般设在中心园区入口附近，便于业务接洽和管理，同时应与生产作业区保持一定距离，以保证仓库的安全及营造安静的行政办公和生活环境。

想一想：立信公司是一家经营日用品的公司，经营的货物有营养保健食品、美容化妆品、家居用品和个人护理用品等，其在全国 10 余个城市都设有仓库，现面向社会招标仓储管理与配送物流服务商，对仓库要求如表 7-1 所示。假如你作为物流服务商，谈谈你对仓储规划的想法。

____

____

____

____

表 7-1 招标仓库要求

类别	要求
地点要求	距离公司主店铺车程 1 小时以内
	仓库 3km 内无水库或堤坝；1km 内无危险品仓库和存放刺激性气味货物，无排污工厂、废物堆放
外部环境要求	位于专业园区，封闭大院，保安管理，单体独立仓库
	院内有大型停车场
交通状况要求	距离高速路口小于 12km
	靠近主干道，出入口交通顺畅
仓库结构要求	钢架结构/水泥架结构/楼层结构仓库
	墙体有隔热材料或降温措施，顶部有隔热材料
	有带雨棚的月台，装卸平台可调节高度
	仓库高度为 5~8m，仓库地面离地高度为 0.5~1m
	进出库门 2 扇以上，宽度为 3m，高度为 4m
	定期灭虫鼠，库内 6—9 月单月平均温度保证在 30℃以下
	地面铺设环氧树脂/金刚砂/水泥，环氧树脂地面优先
设备设施要求	备有托盘货架、流利货架等存储货架
	备有电动叉车、手动液压托盘搬运车、平板车等搬运设备
	备有拣货专用车、亮灯拣货系统等拣货设备
	备有抽风机、工业风扇等通风设备
	备有金卤灯/节能灯/LED 灯，顶部采光带等照明设备
	备有自然灾害应急方案、抽水泵、发电机(备用)等防洪及排水设备
	备有摄像机等监控设备
信息化要求	设有仓库管理系统(WMS)、无线网、计算机、宽带等

学习任务 7.2　仓库选址与规划

扫码观看学习视频

想一想：某物流公司拟建一个仓库，该仓库负责向 5 个生产工厂供应材料，各工厂的具体位置与年物料需求量如表 7-2 所示。假设拟建的仓库对各工厂的单位运输成本相等，请你帮该物流公司确定该拟建仓库的具体位置。

表 7-2　工厂位置坐标及其物料需求量

生产工厂	M_1	M_2	M_3	M_4	M_5
位置坐标/km	(50,40)	(40,40)	(30,60)	(50,60)	(20,30)
年物料需求量/t	800	600	1000	1600	1200

7.2.1　仓库选址的含义

仓库的选址在整个物流系统中占有非常重要的地位，属于战略层面研究的问题。合理的选址可使商品通过仓库的汇集、中转、分发，达到需求点的全过程的效益最好。

仓库选址是指在一个具有若干供应点及若干需求点的经济区域内，选一个地址建立仓库的规划过程。仓库选址需搞清楚三个问题：一是仓库设施的位置，二是仓库的数量，三是仓库的规模。仓库位置直接决定建设成本与物流成本的高低，而仓库数量与规模之间通常有密切联系，如图 7-2 与图 7-3 所示。

图 7-2 表明，仓库数量增多，会引起库存成本增加。所以，减少仓库数量、扩大仓库规模是降低库存成本的一个措施。这也是如今大量修建物流园、物流中心，实现规模化物流活动的原因。

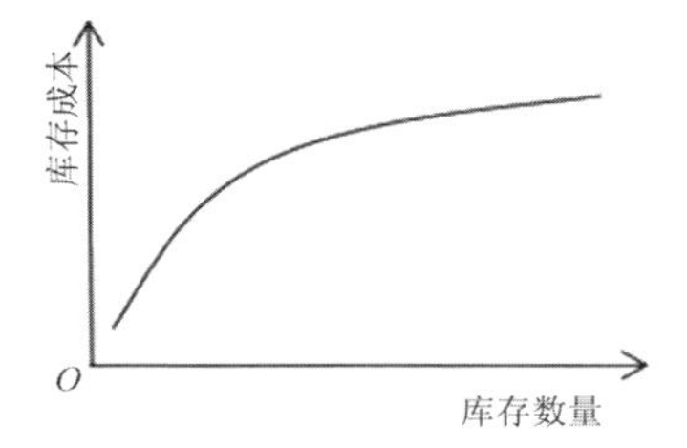

图 7-2　仓库数量与库存成本的关系

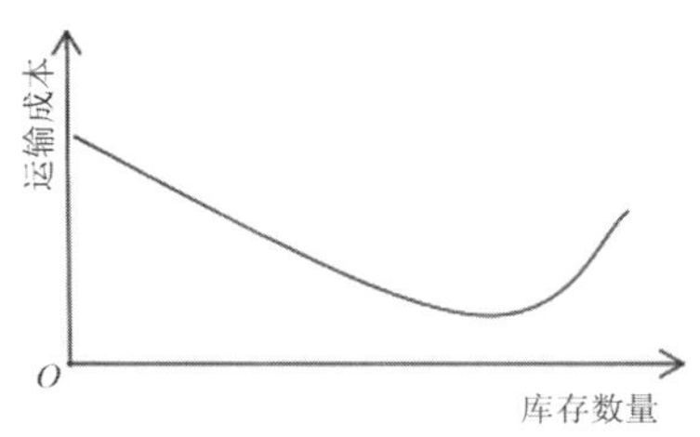

图 7-3　仓库数量与运输成本的关系

图 7-3 表明，随着仓库数量增加，运输距离缩小，但到一定数量的时候，由于单个订单的数量过小，增加运输频次反而造成运输成本增加。

7.2.2　仓库选址考虑因素

仓库选址时受诸多因素的影响，一般从仓库有关的外部因素和内在因素两个方面来考虑，如表 7-3 所示。

表 7-3　仓库选址考虑的因素

考虑因素	具体内容
外部因素	自然环境因素，包括气象条件、地质条件、水文条件、地形条件等
	经营环境因素，包括客户分布、供应商分布、服务水平、物流费用等
	社会环境因素，包括公共设施状况、地区或城市规划、竞争对手等
	社会经济因素，包括产业布局、货物流向、人力资源、政策法规等
内部因素	包括企业发展战略、经营模式、产品特性、技术特点、企业资金等

7.2.3 仓库选址方法——重心法

影响仓库选址的因素很多，且相互关系非常复杂，这就要求运用合适的方法进行仔细评估。

选址类型一般可分为单一仓库的选址和多个仓库的选址。下面就介绍简单、实用的单一仓库选址方法——重心法。这种方法将物流系统中的需求点和资源点看成分布在某一平面范围内的物流系统，各点的需求量和资源量分别看成物体的质量，物体系统的重心作为物流网点的最佳设置点。重心法是研究单个物流仓库选址的常用方法。

1. 重心法原理

重心法首先要在坐标系中标出各个地点的位置，目的在于确定各点的相对距离，坐标系可以随便建立。然后，根据各点在坐标系中的横纵坐标值求出配送成本最低的位置坐标(X_0，Y_0)，即为物流配送中心初始选址坐标。重心法的公式为

$$X_0=\frac{\sum_{i=1}^{n}c_i w_i x_i}{\sum_{i=1}^{n}c_i w_i}$$

$$Y_0=\frac{\sum_{i=1}^{n}c_i w_i y_i}{\sum_{i=1}^{n}c_i w_i}$$

式中，x_i为需送货物地点的横坐标；y_i为需送货物地点的纵坐标；c_i为到 i 点的运输费率；w_i为 i 点的运输量。

为了使计算更加准确，通常采用迭代法来进行计算，直至求出最优解为止。

2. 重心法优缺点

优点：数据容易收集，计算简单，容易理解。由于通常不需要对物流系统进行整体评估，所以在单一设施选址时常采用此方法。

缺点：一是重心法根据可变成本进行选址，没有区分在不同地点物流仓库或网点所需资本成本的差异；二是重心法假设运费随距离呈线性变化，而实际生活中运费常常是随距离增大而递减；三是仓库和其他网络节点之间的路线通常假定为直线，且被选地址是连续的，这常常不符合实际情况，没有考虑现实的地理条件，如可能出现选出的最佳配送中心仓库地点正好坐落在一个湖的中央。所以，更多时候，这种方法不是用于确定最佳位置，而是用于剔除一些不合适的备选方案。

7.2.4 仓库结构规划

仓库结构对实现仓库功能起着很重要的作用。仓库结构的规划设计应考虑以下几个因素。

1. 仓库出入口和通道

仓库出入口的位置和数量是由建筑的开间长度、进深长度、库内货物堆码形式、建筑物主体结构、出入库次数等因素所决定的。出入库口尺寸的大小由货物尺寸大小、叉车及载货汽车所决定的。载货汽车的仓库出入口，要求宽度与高度最低为 4m；叉车的仓库出入口，要求宽度与高度最低为 2.5m。

通道是保证库内作业的畅顺的基本条件，通道应延伸至每一个货位，使每一个货位都可以直接进行作业，通道需要路面平整和平直，减少转弯和交叉。卡车的作业通道宽度应大于 3m，叉车的作业通道宽度为 2m 左右，人工作业通道宽度为 0.75～1m。

2. 建筑结构

仓库是选用平房结构还是多层建筑结构，应从出入库作业的合理化方面考虑，一般采用平房建筑结构。但城市昂贵的地价往往使之选择建设多层仓库，此时要特别重视对上下楼通道的

设计，载货电梯的数量、体积、载重等是设计重点，否则这些位置易成为库内货物流转运过程中的瓶颈，而且易造成安全隐患。

3. 仓库高度

由于实现了仓库的机械化、自动化，对仓库的高度也提出了很高的要求。通常仓库的高度最低为 5m。

4. 地面构造

地面构造主要指地面的承载力，地面的承载力必须根据承载货物的种类或堆码高度具体研究。一般平房普通仓库 1m² 地面承载力为 2.5～3t，其次是 3～3.5t；多层仓库随着层数加高，每层地面承载力递减。仓库的地面承载力还必须保证重型叉车的正常作业。

5. 立柱间隔

库房内的立柱是出入库作业的障碍，会影响库内作业效率以及导致仓容率降低，因而设计时应尽可能减少立柱数量。

知识链接

仓库选址及建设要求

某 IT 国际化服务商在大的产品板块及组织结构上分为电子产品成品、备件服务及移动产品。其中，售后服务及备件体系是为各类客户提供涵盖售前、售中、售后的全程一体化服务体系。该公司的备件库房集中在北京、上海、广州，备件从北京、上海、广州发运到维修站，目前维修站有 643 个。为了实现全线产品售后服务 48 小时内修复，需要建立快速有效的物流服务系统。该公司准备在一些城市建立新的备件分库或在规模大的维修站下设立分库，在分库的选址和建设条件方面考虑如下。

1. 分库选址

每个城市选择 2～3 个维修站，由于要保证市内 2 小时送达，区域内次日送达，选择的分库地址应靠近市中心，且仓储成本适合，库存条件适合。地址应就服务商本身资源选择，或者就近选择租用仓库，外派服务人员。位置要求交通便利、道路顺畅，便于车辆出入、停放，满足区域内快速配送和对分库范围其他城市对外便捷运输要求。

2. 分库建设要求

1) 场地要求

(1) 400～500m² (库房及库内操作使用面积，办公场地除外)。

(2) 分库场地附近(100m 范围内)要求具有 DDN(digital data network)专线数字光纤链路的信息接入点，保证分库网络信息畅通。

(3) 分库要求防尘、防潮、防雨、防盗、防火、防鼠害，保证分库及库存备件绝对安全。

(4) 分库存温度、湿度可控，应该维持在 10～30℃，湿度为 50%～70%。

(5) 分库整体地面在同一水平面、平整光滑、无尘和便于备件出入，如果分库不在一层地面，必须有专用方便的货用电梯或升降平台。

(6) 分库对外应该便于车辆出入和装卸货物，装卸货物必须有足够的防雨设施。

(7) 分库库内要求吊顶处理，吊顶净高不低于 3.2m。

(8) 分库库内布局要求适合备件存储和内部出入库、包装发货操作，并体现整体性。

2) 信息系统要求

该公司拥有整个售后服务体系的实时库存系统和在途跟踪系统。每个备件库和维修站的信息录入要及时准确，实现公司全部信息的及时、完整同步，随时对物流供应商进行考核。另外，还要求每个维修站定期将坏件及返品收集，定期返回分库备件库，再按时返回总库。实现正向、逆向物流的结合。

扫码观看学习视频

学习任务 7.3　仓库内部平面布置

想一想：缔义物流公司的城南仓储中心的整体布局规划好以后，现在到了仓库内的规划阶段。现要求化妆品库设计有收货暂存区、验收区、退货区、存储区(拣货区)、出库暂存区、复核包装区、配装区。如果将该仓库的动线设计为U型，请试着绘制该仓库的平面布局图。

7.3.1　仓库内部功能区

根据作业需要，仓库通常划分为多个功能区，主要有存储区、收货区、分拣区、出库区、退换货处理区、流通加工区、理货区、配货区、拆零区、设备存放区、消防区、集货区、包装区等。

1. 存储区

存储区用于在库货物的储存和保管。根据需要，有些仓库又将存储区划分为平面存储区(地面堆码存放)和货架存储区(使用货架存放)。

2. 收货区

收货区可进行入库货物的清点核对(数量检验)、外观检验(质量检验)、入库交接、入库暂存等操作。

3. 分拣区

分拣区可进行出库拣货操作。有些仓库采用存拣合一模式，即直接从存储区分拣货物。有些仓库另设分拣区，先将待拣货物从存储区转移到分拣区，之后在分拣区按单拣货，这种方式可以缩短拣货人员的行走距离，提高工作效率，适用于拣货品种较少的场合。在存拣合一模式下，存储区也为分拣区；在存拣分离模式下，存储区外另设分拣区。

4. 出库区

出库区可进行出库货物的暂存、扫描复核、包装、称重、贴标签等操作。

5. 退换货处理区

退换货处理区可进行退换货的登记、质检、包装，以及退货上架前和次品退仓前的暂存操作。

除了上述功能区域，有些仓库还设有流通加工区、理货区、配货区、拆零区、设备存放区、消防区、集货区、包装区等。

7.3.2　仓库动线设计

在布置仓库的功能区域时，需要分析各区域业务流程的关联度，根据关联程度确定哪个功能区和哪个功能区相邻，形成合理的平面布局。

1. 动线设计的原则

(1) 不迂回，防止无效搬运。

(2) 不交叉，避免动线冲突，保证搬运安全。

2. 动线设计的常见类型

仓库内的常见动线设计类型如表 7-4 所示。

表 7-4　动线设计的常见类型

序号	类型	作业区域的物流路线
1	I 型(直线式)	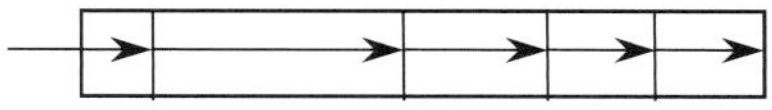
2	双直线式	
3	U 型	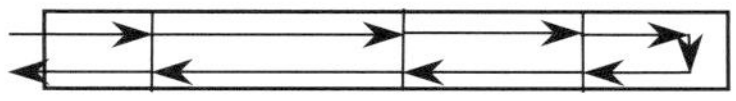
4	L 型	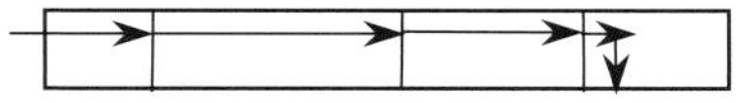
5	S 型(锯齿型)	
6	分流式	
7	集中式	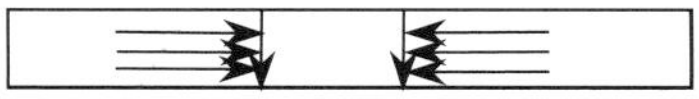

下面主要介绍 4 种类型的动线设计，分别是 I 型、U 型、L 型、S 型。

1) Ⅰ型动线布局

在Ⅰ型动线布局下根据作业顺序，自入仓到出仓，物料流动的路线为Ⅰ型或直线型，也有双Ⅰ型或双直线型，如图 7-4 所示。

I 型动线描述：出货和收货区域在仓库的不同方向。

I 型动线特点：可以应对进出货高峰同时发生的情况；常用于接收相邻加工厂的货物，适用收发货频率高、存储时间短、使用不同类型车辆出货和发货的仓储中心。

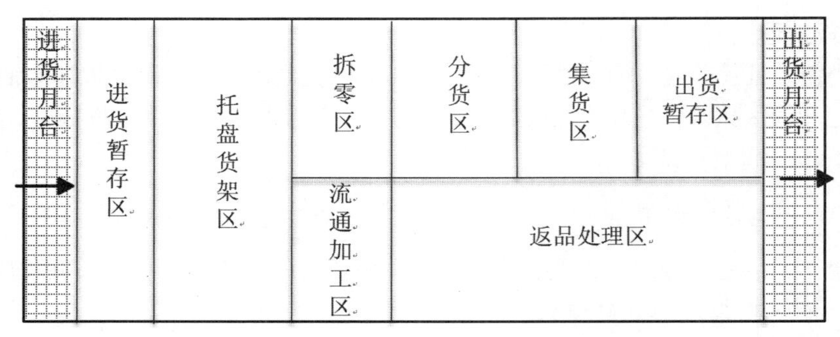

图 7-4 I 型动线布局

2) U 型动线布局

在 U 型动线布局下，根据作业顺序，自入仓到出仓，物料流动的路线为 U 型，如图 7-5 所示。

U 型动线描述：在仓库的一侧有相邻的两个发货和收货月台。

U 型动线特点：码头资源的最佳运用；适合越库作业的进行；使用同一通道供车辆出入；易于控制和安全防范；可以在建筑物三个方向进行空间扩张；适用于存储库存品流动具有强烈的 ABC 分类库存控制法特征的仓库，即少量的库存量单位具有高频率出入库活动的仓库，可以应对进出货高峰同时发生的情况。

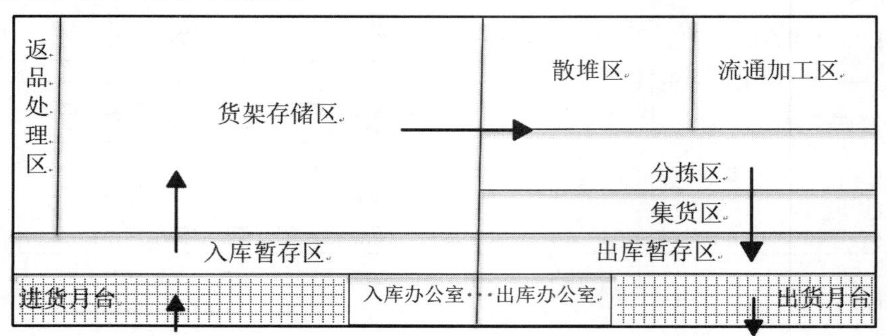

图 7-5 U 型动线布局

3) L 型动线布局

在 L 型动线布局下，根据作业顺序，自入仓到出仓，物料流动的路线为 L 型，如图 7-6 所示。

L 型动线描述：需要处理快速货物的仓库通常采用 L 型动线，L 型动线把货物出入仓库的途径缩至最短。

L 型动线特点：可以应对进出货高峰同时发生的情况；可同时处理“快流”及“慢流”的货物；适合越库作业的进行，便于装卸货月台的利用；适用于进货、出货数量相当庞大的物流中心。

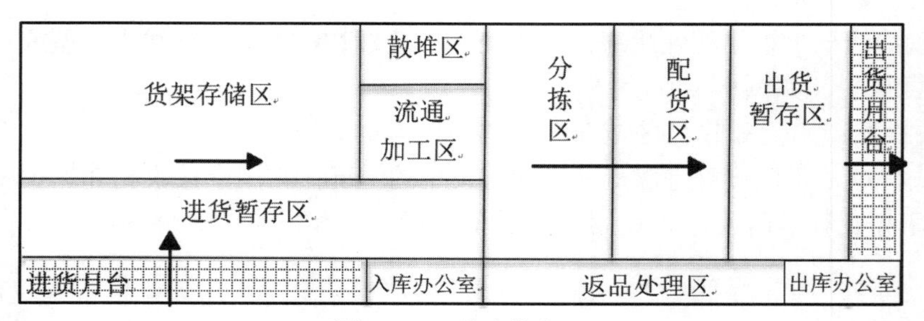

图 7-6 L 型动线布局

4) S 型动线布局

在 S 型动线布局下，根据作业顺序，自入仓到出仓，物料流动的路线呈 S 型或锯齿形，如图 7-7 所示。

S 型动线描述：需要经过多步骤处理的货品一般采取此种动线。

S 型动线特点：可以满足多种流通加工等处理工序的需要，且在宽度不足的仓库中作业；可与 I 型动线结合在一起使用。

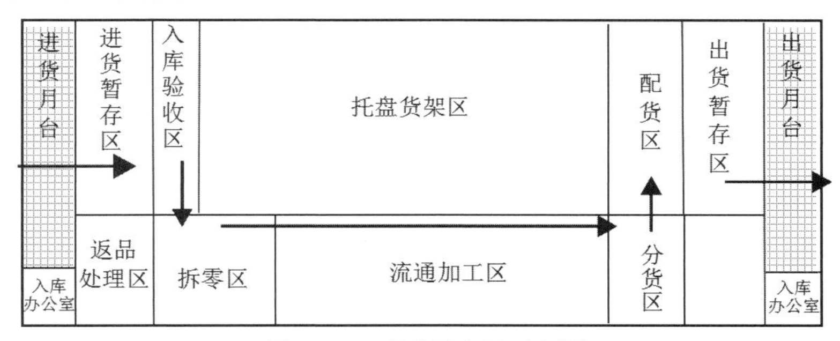

图 7-7 S 型动线布局示意图

7.3.3 存储区货位布置

1. 存储区货位分区方式

(1) 按货物的种类和性能进行分区。

(2) 按不同货主的储存货物进行分区。

(3) 按方便作业和安全作业进行分区。

(4) 按货物的危险性质进行分区。

(5) 按货物发往地区进行分区。

2. 存储区分区分类存放原则

分区分类存放应考虑货物的理化特性、保管条件要求、作业方式、灭火方式等因素，分区分类存放应遵循一定的原则。

(1) 保管条件不同的货物不应混存。

(2) 存放在同一货区的货物必须具有互容性。

(3) 灭火措施不同的货物不能混存。

(4) 作业手段不同的货物不应混存。

3. 存储区货位布置形式

存储区货位布置是指货垛、货架的排列形式。合理的货位布置，一方面要满足货物的保管要求，方便进出库作业；另一方面要尽可能提高仓库平面和空间利用率。库内货垛、货架的排列形式通常分为垂直式布局和倾斜式布局两种。垂直式布局又分为横列式布局、纵列式布局和纵横式布局；倾斜式布局又分为货垛倾斜式布局和通道倾斜式布局。

1) 横列式布局

横列式布局描述：货垛或货架的长度方向与仓库的长度方向互相垂直，如图 7-8 所示。

横列式布局优点：主通道长且宽，次通道短，整齐美观，便于存取盘点；如果将横列式用于库房布局，还利于通风和采光。

横列式布局缺点：主通道宽，占用面积大，仓库平面利用率受影响。

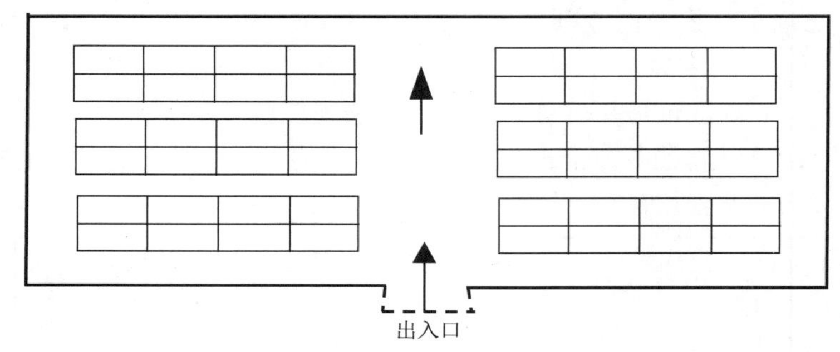

图 7-8　横列式布局

2) 纵列式布局

纵列式布局描述：货垛或货架的长度方向与仓库的侧墙平行，如图 7-9 所示。

纵列式布局优点：可以根据库存货物在库时间的不同和进出频繁程度安排货位。

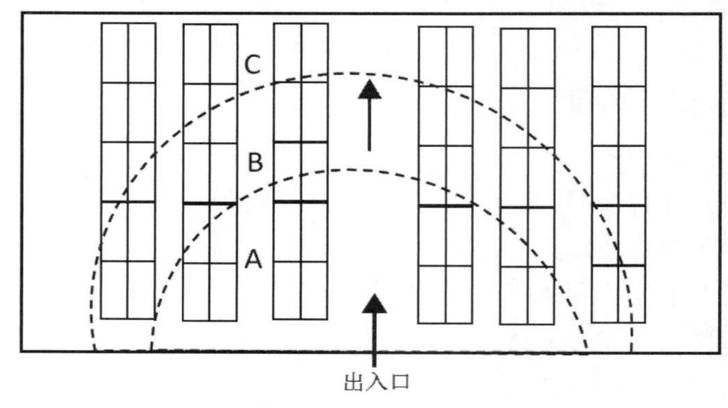

图 7-9　纵列式布局

图 7-9 中，A 区表示存放在库时间短、进出频繁的货物；B 区表示存放在库时间中等、进出库频率中等的货物；C 区表示存放在库时间长、进出库不频繁的货物。

做一做：生鲜食品在库时间最短，进出库频率最高；粮油类食品在库时间及进出库频率均中等；罐头及饮料类商品在库时间相对较长，进出库频率相对较低。请思考：若将这些商品存储在纵列式布局的食品类仓库中，应如何存放？

3) 纵横式布局

纵横式布局描述：在同一保管场所内，包含横列式布局和纵列式布局方式，货物储存中可以综合利用两种布局的优点。纵横式布局如图 7-10 所示。

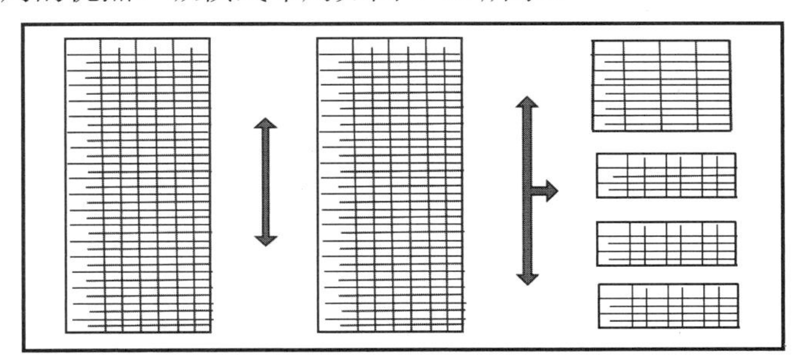

图 7-10　纵横式布局

4) 货垛倾斜式布局

货垛倾斜式布局描述：货垛或货架与仓库侧墙或主通道之间形成一定的夹角，如 60°、45°或 30°的夹角。这种布局方式是横列式布局的变形。货垛倾斜式布局如图 7-11 所示。

货垛倾斜式布局优点：便于叉车作业，能缩小叉车的回转角度，提高作业效率。

货垛倾斜式布局缺点：造成许多死角，仓库平面利用率较低。

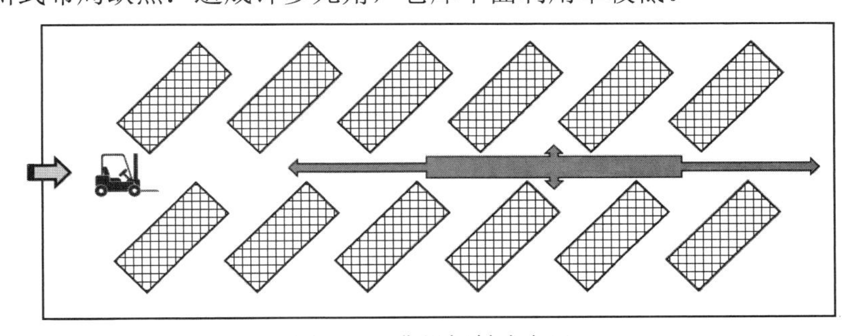

图 7-11　货垛倾斜式布局

5) 通道倾斜式布局

通道倾斜式布局是指仓库的通道斜穿保管区，把仓库划分为具有不同作业特点的区域，如大量存储和少量存储的保管区等，以便进行综合利用。这种布局方式能避免死角，仓库平面利用率较高，但库内形式较复杂。通道倾斜式布局如图 7-12 所示。

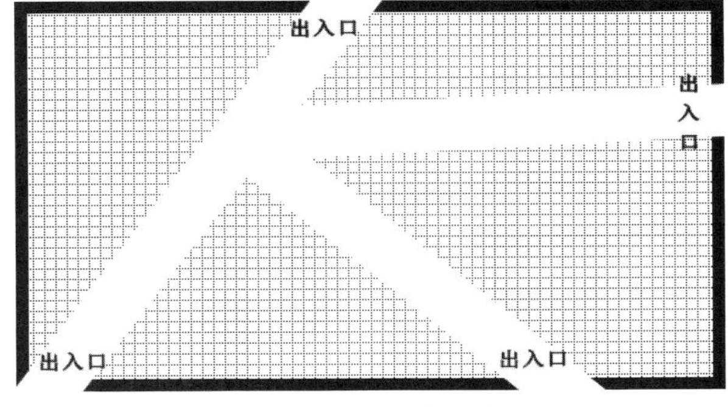

图 7-12　通道倾斜式布局

7.3.4 堆场平面布置

1. 集装箱堆场平面布置

1) 集装箱堆场的概念

集装箱堆场是指堆存和保管集装箱的场所。某集装箱堆场如图 7-13 所示。

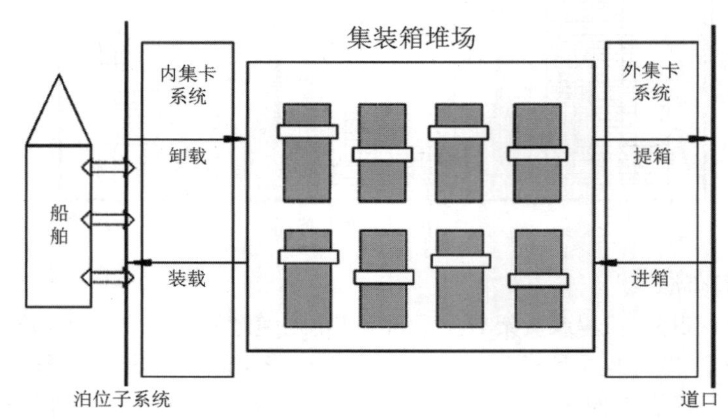

图 7-13 某集装箱堆场

2) 集装箱堆场布局结构设计

根据集装箱货运站的生产工艺，专用集装箱堆场分别设置重箱堆场、空箱堆场、维修与修竣箱堆场。设置堆场时，应满足发送箱、到达箱、中转箱、周转箱和维修箱等的生产工艺操作和不同的功能要求，并尽可能缩短运输距离，避免交叉作业，便于准确、便捷地取放所需集装箱，利于管理。

集装箱堆场布局结构设计基本原则如下所述。

(1) 合理布置箱位既要充分利用堆场面积，又要留有合理间距和通道，便于集装箱的运输和装卸。

(2) 周转箱区和维修箱区应布置在作业区外围，靠近维修车间，便于取送和维修。

(3) 中转箱区应布置在便于集装箱顺利地由一辆车直接换装到另一辆车的交通便利处。

(4) 合理选择与利用装卸机械和起重运输设备，保证作业机械畅通地进出堆场，提高设备利用率。

(5) 堆场场地要耐用，应根据堆存层数进行相关设计和处理。

(6) 场区内要有一定的坡度，利于排水。

2. 杂货堆场平面布置

1) 杂货的概念

杂货是指直接以货物包装形式进行流通的货物。杂货的包装有箱装、桶装、瓶装、袋袋、筐装、坛装、捆装、裸装等，如表 7-5 所示。杂货中的很大一部分可以直接在堆场露天存放，如钢材、油桶、日用陶器、瓷器等。

表 7-5 杂货分类

杂货包装方式	箱装	桶装	瓶装	袋装	筐装	坛装	捆装	裸装
杂货种类	食品、化妆品、五金件等	桶装油漆、桶装食用油等	瓶装饮料、瓶装酒水等	袋装零食、袋装水泥等	海鲜、水果等	泡菜、酒等	捆装钢筋、线缆等	木材、铝锭等

想一想： 杂货还有哪些包装形式？请举例说明。

2) 杂货存放的特点

在堆场存放杂货要考虑是否需要苫盖、垫垛，以便排水除湿。杂货的杂乱性使得杂货的装卸、堆垛作业效率极低，而且需要较大的作业空间；同时杂货容易混淆，需要严格区分。

3) 杂货堆场的货位布置形式

大多数杂货的货位布置形式采用分区分类布置，即存储货物在遵循“保管条件一致、货物特性一致、消防方法一致、作业手段一致”的前提下，把堆场划分为若干保管区域，再根据货物大类和特性等划分为若干类别，以便分类集中堆放。某杂货堆场的货位布置如图 7-14 所示。

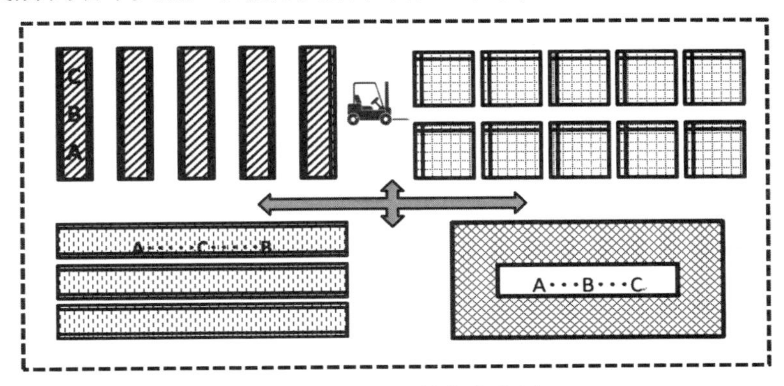

图 7-14 某杂货堆场的货位布置

3. 散货堆场平面布置

1) 散货的概念

散货是指无包装、无标记的小颗粒直接以散装方式进行运输、装卸、仓储、保管和使用的货物。在仓储中，不受风雨影响的散货一般直接堆放在散货堆场上，如沙、石、矿等物资。

2) 散货堆场地面结构布置

散货堆场根据堆放货物的种类不同，地面结构也不完全相同，可以是沙土地面，也可以是混凝土地面。由于存量巨大，要求地面有较高的强度，也需要较大面积的散货堆场。为了便于排水疏通，散货堆场一般采用明沟的方式排水，同时通过明沟来划分较大面积的货位。散货堆场采用铲车、龙门吊车、输送带等设备进行作业，所堆的垛形较大。散货堆场实景如图 7-15

所示。

图 7-15 散货堆场实景

7.3.5 仓库设施设备选择

1. 仓库设施设备种类

库内活动包括收货、验货、装卸搬运、物料存储、物料分拣、配货发运，与之相匹配的仓储设备主要有存取货设备、验货养护设备、分拣配货设备、防火防盗设备、流通加工设备、控制及管理设备、其他配套设施等，如表 7-6 所示。

表 7-6 库内设施设备种类

种类	常见设备
存取货设备	货架、托盘、叉车、人力搬运设备、堆垛机械、起重运输机械等
验货养护设备	检验仪器、验收工具、商品养护设备等
分拣配货设备	分拣机械、托盘、周转箱、搬运车、传输机械设备等
防火防盗设备	温度监视器、防火报警器、监控设备、防盗报警设施等
流通加工设备	所需的作业工具、机械设备
控制及管理设备	计算机及辅助设备等
其他配套设施	站台、轨道、通道、收发货站台、站台登车桥、地磅等

2. 仓库设施设备的特点

(1) 专业化程度高。

(2) 标准化程度高。

(3) 机械化、自动化程度高。

(4) 运动线路较固定。

(5) 节能性和经济性要求高。

(6) 搬运要求较高，但对速度的考虑较低。

(7) 环保性要求。

3. 仓库设施设备选择的原则

(1) 选用自动化程度高的机械设备。

(2) 计量和搬运作业同时完成。

(3) 仓储机械设备的型号应与仓库的作业量、出入库作业频率相适应。

(4) 注意仓储机械设备的经济性。

❖ 知识检测

一、判断题

(　　) 1. 仓储中心的总体规划程序分为 5 个阶段：筹划准备阶段、总体规划阶段、方案评估阶段、详细设计阶段、系统实施阶段。

(　　) 2. 横向定位是指配送中心在物流系统中的位置处于末端物流的起点，直接面向用户，起全程指导作用。

(　　) 3. 按照功能划分，仓储中心一般由 4 个部分组成，即调度区、生产作业区、辅助生产区和办公生活区。

(　　) 4. 仓库选址所考虑的内部因素包括企业发展战略、经营模式、产品特性、技术特点、客户分布等。

(　　) 5. 重心法首先要在坐标系中标出各个地点的位置，目的在于确定各点的相对距离，坐标系可以随便建立。

(　　) 6. 由于实现了仓库的机械化、自动化，对仓库的高度也提出了很高的要求，通常仓库的高度最低为 5 米左右。

(　　) 7. 通道是保证库内作业的畅顺的基本条件，人工作业通道宽度为 0.5 米。

(　　) 8. I 型动线设计的仓库，在仓库的一侧有相邻的两个发货和收货月台。

(　　) 9. S 型动线可满足多种流通加工等处理工序的需要，且可在宽度不足的仓库中作业。

(　　) 10. 横列式布局的优点是可以根据库存货物在库时间的不同和进出频繁程度安排货位。

二、单选题

(　　) 1. 在对仓储中心进行合理定位时，观察配送中心属于哪种类型是从哪方面进行定位分析的？

A. 横向　　B. 纵向
C. 层次　　D. 功能

(　　) 2. 仓储中心平面布局中有利于提高仓储经济效益的做法是哪一种？

A. 要因地制宜　　B. 单一的物流方向
C. 最少的装卸次数　　D. 最大的仓容利用率

(　　) 3. 生产作业区是开展什么活动的场所？

A. 储存保管　　B. 仓储作业
C. 货物配送　　D. 车辆调度

(　　) 4. 仓库选址应考虑哪种外部因素？

A. 经营模式　　B. 产品特性
C. 技术特点　　D. 气象条件

(　　) 5. 设计叉车的仓库出入口，要求宽度与高度最低为多少米？

A. 1.8 米　　B. 2.5 米
C. 3.5 米　　D. 4 米

(　　) 6. 设计仓库通道时，卡车的作业通道宽度应大于多少米？
A. 3 米　　B. 4 米
C. 5 米　　D. 6 米

(　　) 7. 设计仓库通道时，叉车的作业通道宽度在多少米左右？
A. 4 米　　B. 3 米
C. 2 米　　D. 1 米

(　　) 8. 根据仓库动线设计的原则，下列哪一种是合理的动线类型？
A. L 型　　B. O 型
C. X 型　　D. P 型

(　　) 9. 下列关于 U 型动线设计的特点描述错误的是哪一项？
A. 码头资源的最佳运用　　B. 适合越库作业的进行
C. 易于控制和安全防范　　D. 可以应对进出货高峰同时发生的情况

(　　) 10. 下列哪项是存储区横列式布局的缺点？
A. 主通道宽且占用面积大　　B. 便于存取盘点
C. 利于通风和采光　　D. 次通道短但整齐美观

三、多选题

(　　) 1. 进行仓储中心规划与设计时应遵循的原则有哪些？
A. 动态原则　　B. 竞争原则
C. 低运费原则　　D. 交通便利原则
E. 统筹原则

(　　) 2. 仓储中心平面布局中有利于仓储企业生产运行的做法有哪些？
A. 因地制宜　　B. 最短的运距
C. 最少的装卸次数　　D. 最大的仓容利用率

(　　) 3. 仓库选址需要先搞清楚的问题有哪些？
A. 仓库设施的位置　　B. 仓库的数量
C. 仓库的规模　　D. 仓库的大小

(　　) 4. 仓库选址时所考虑的外部因素有哪些？
A. 自然环境因素　　B. 经营环境因素
C. 社会环境因素　　D. 社会经济因素
E. 企业经营因素

(　　) 5. 仓库动线设计的原则有哪些？
A. 不移动　　B. 不迂回
C. 不平行　　D. 不交叉

实践训练

❖ 实践任务

任务 1　仓储设备的选择

缔义物流公司的城北仓储中心化妆品库既有面向店铺的企业对企业(B2B)配送，也有面向个人的商家对顾客(B2C)配送。B2B 配送为托盘拣货，经出库复核后直接装车运输；B2C 配送为整箱或散件拣货，散件出库需要二次包装，在出库区经扫描复核、包装、称重、粘贴配送标签后，由出库流水线输送至环形快递分拣线，分拣线根据标签条码按路向进行分拣，然后摆放在指定区域等待快递配送。结合所学知识，分组完成表 7-7 中的仓储设备选择，并做成 PPT 进行展示。

表 7-7　仓储设备选择

研究目标	研究成果
1. 为化妆品库选择存储货架	
2. 为化妆品库选择拣货设备	
3. 为出库区选择相应作业设备	
4. 为快递分拣区选择作业设备	

任务 2　仓库平面布局优化分析

G 公司是知名日化类产品生产销售商，产品包括洗化用品、妇卫用品、化妆品等。G 公司在某市设立销售公司，并租用 4000m² 仓库对该地区进行配送，仓库的平面布局图如图 7-16 所示。请结合所学知识完成以下任务。

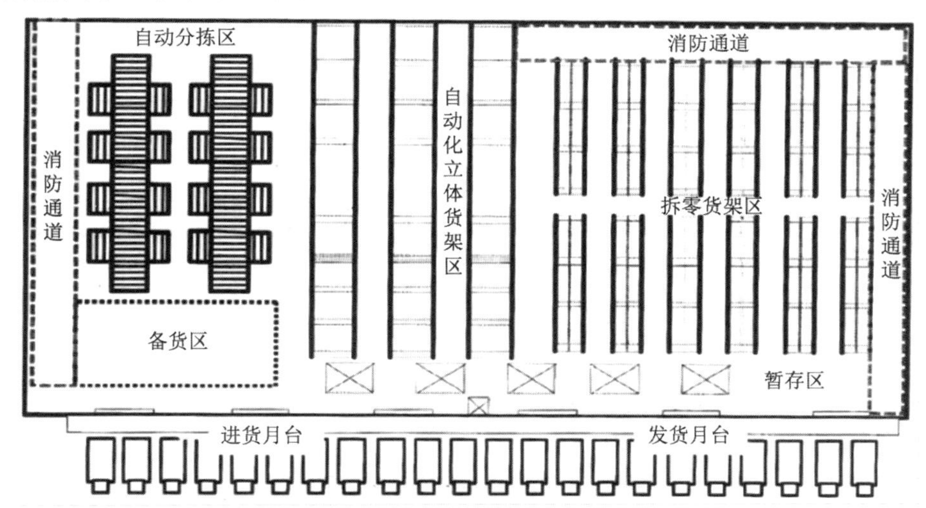

图 7-16　G 公司租用仓库平面布局

1. 找出该仓库平面布局的不妥之处，并说明理由。

2. 请优化 G 公司的仓库平面布局，并画出优化后的示意图。

任务 3　仓储中心平面布局优化

任务描述：经过前期需求调研，刘成设计了仓储中心平面布局方案如图 7-17 所示，其中，化妆品库和药品库为高地面仓库，仓库一侧设计了突出型月台。结合所学知识梳理仓储中心平面布局原则和仓储中心的基本结构组成。分小组讨论与评价该设计方案，并尝试优化该方案，将修改后的平面布局方案做成 PPT 进行展示。

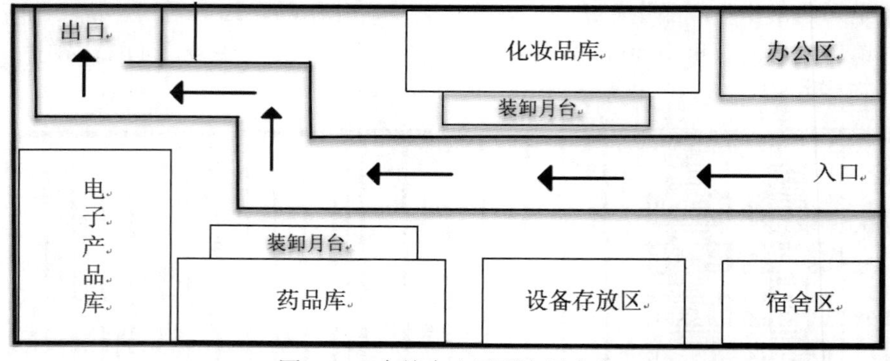

图 7-17　仓储中心平面布局方案

1. 分析仓储中心平面布局应遵循的原则和库房建筑设计需要考虑的因素。

2. 分析评价图 7-17 仓储中心平面布局方案，画出优化后的示意图。

任务 4　物流仓储布局分析

任务描述：选择本地一家物流企业进行调研，参观该企业的仓储场地，记录仓库或货场的相对位置。如果企业使用的是封闭式仓库，观察仓库的建筑结构，记录出入库的位置和数量，库内有哪些功能区域以及相对位置，观察货物的存放形态，记录所使用的存储设备、装卸搬运设备和分拣设备等；如果企业使用的是露天货场，记录货场有哪些功能区域，货物的存放位置。将调研成果记录在表 7-8 中，以小组为单位制作 PPT 并进行展示。

表 7-8　物流仓储布局分析

研究目标	研究成果
1. 写出该企业的仓储设备类型和特点，分析选择这些设备的原因	
2. 指出每个仓库或货场的类型	
3. 分析库区的物流动线类型及特点	
4. 绘制该企业的仓储区总平面布局图	

任务5 仓储中心平面布局

任务描述：中国邮政速递物流股份有限公司准备在成都市新建一个仓储中心。该仓储中心内拟规划1个化妆品仓库、1个电子货物仓库、1个药品仓库、1个设备存放区、1处办公区和1处员工宿舍。假设你是规划组组长，请认真思考并完成表7-9任务单。

表7-9 仓储中心平面布局分析

研究目标	研究成果
1. 作为组长，你需要培训组员，培训前请梳理出仓储中心平面布局应遵循的原则和库房建筑设计需要考虑的因素	
2. 考虑设计符合所存放货物对环境的要求的仓库，试着绘制仓储中心总平面布局图	

任务6 图书馆储存区平面布局调研分析

任务描述：选择校内图书馆或市内公共图书馆，结合所学知识，分组完成调研任务，将研究成果记录在表7-10中，并做成PPT进行展示。

表7-10 图书馆储存区平面布局调研

研究目标	研究成果
1. 绘制图书馆各楼层分布示意图，标出其主要功能区	
2. 选择图书馆阅览室、书库或其他某一层房间，绘制房间内的平面布局示意图，标出功能区域	
3. 描述书馆内书架是如何摆放的，属于哪种货位布置形式，画出示意图	

❖ 实践反思

1. 知识盘点：通过对仓储规划设计项目的学习，你掌握了哪些知识点？请画出思维导图。
2. 方法反思：在完成仓储规划设计项目的学习和实践过程中，你学会了哪些分析和解决问题的方法？
3. 行动影响：在完成仓储规划设计项目的学习任务后，你认为自己在思想-行动及创新上，还有哪些地方需要完善？

❖ 能力评价

评价总成绩=技能点评价得分(占比 50%)+素质点评价得分(占比 50%)

1. 技能点评价

使用说明：按评价指标技能点赋分(见表 7-11)，满分为 100 分。其中，研究成果作品文案(如报告、PPT 等)满分为 80 分，展示陈述满分为 20 分。

表 7-11 技能点评价

技能点评价指标		分值	得分
作品文案	对仓储中心总体规划设计原则判断的准确性	10 分	
	对仓储中心定位描述的准确性	10 分	
	对仓储中心平面布局结构设计的合理性	10 分	
	对仓库选址的方法运用的熟练程度	10 分	
	对仓库内部布置的功能区描述的完整性	10 分	
	对仓库动线设计原则把握的正确性	10 分	
	对存储区分区分类存放及货位布置的合理性	10 分	
	对仓储规划设计实践任务展示的完整性	10 分	
展示陈述	汇报展示及演讲的专业程度	5 分	
	语言技巧和非语言技巧	5 分	
	团队合作配合程度	5 分	
	时间分配	5 分	
合　计		100 分	

2. 素质点评价

使用说明：请按素质点评价指标及对应分值打分，分为学生自评 30 分、组员评价 30 分、教师评价 40 分，满分为 100 分，如表 7-12 所示。

表 7-12 素质点评价

素质点评价指标		分值	得分
学生自评	团队合作精神和协作能力：能与小组成员合作完成项目	6 分	
	交流沟通能力：能良好表达自己的观点，善于倾听他人的观点	6 分	
	信息素养和学习能力：善于收集并借鉴有用资讯和好的思路想法	6 分	
	独立思考和学习能力：能提出新的想法、建议和策略	6 分	
	职业精神和创新创业能力：具有敬业、勤业、创业、立业的积极性	6 分	
组员评价	团队合作精神和协作能力：能与小组成员合作完成项目	6 分	
	交流沟通能力：能良好表达自己的观点，善于倾听他人的观点	6 分	
	信息素养和学习能力：善于收集并借鉴有用资讯和好的思路想法	6 分	
	独立思考和创新能力：能提出新的想法、建议和策略	6 分	
	职业精神和创新创业能力：具有敬业、勤业、创业、立业的积极性	6 分	
教师评价	对学生的综合素质进行评价(包括团队合作精神和协作能力、交流沟通能力、信息素养和学习能力、独立思考和创新能力、职业精神和创新创业能力)	40 分	
合　计		100 分	

巩固提升

❖ 案例思索

案例 1　仓库动线设计及货位布置

缔义物流公司的城北仓储中心的电子产品库规划有存储区、收货暂存区、验收区、退货区、出库暂存区、复核包装区、配货区。各功能区的平面布局如图 7-18 所示。

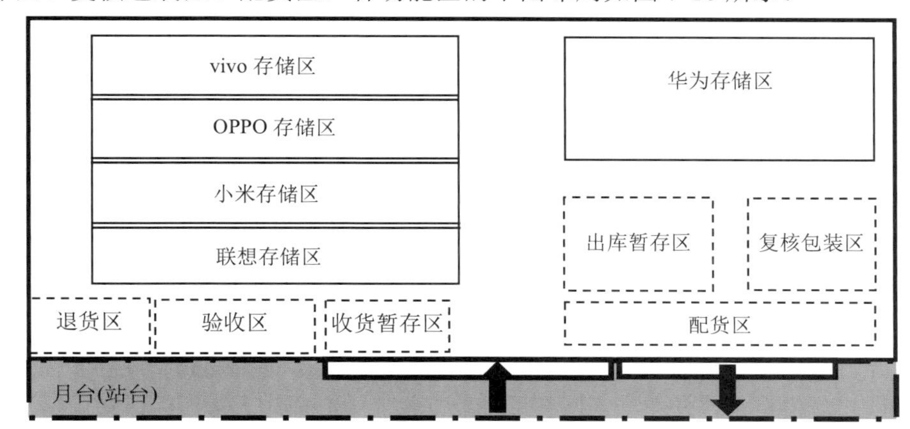

图 7-18　电子产品库平面布局

思考回答：

1. 在图 7-18 中画出该仓库内部的货物流动线路(动线)，阐述该类动线设计的特点。

____

____

____

____

2. 如果将该仓库的动线设计为 L 型，请重新绘制 L 型动线布局图。

3. 假设华为存储区有 16 组货架，请按照纵列式货位布置方式，绘制该区的货架布置图。

____

____

____

____

案例 2　当当网和卓越网的仓库选址

当当网与卓越网都是我国著名的在线零售商，两者的仓库网络建设如下所述。

1. 当当网的仓库选址

当当网公司总部位于北京，目前在北京、上海、广州、郑州、深圳、武汉、成都、无锡、西安、沈阳建立了仓储中心，总面积超过 10 万平方米。货到付款服务可覆盖全国 1238 个地区，近 800 个城市。

基于全国范围，当当网在以下城市的选址分析如下。

(1) 选址成都。当当网成都仓储中心位于大丰镇，计划使用面积在 1 万平方米以上，配送范围覆盖四川、云南、贵州以及重庆，直接满足整个西南地区绝大部分用户的购物需求。整个西南地区网购市场的爆发，使得当当网在成都建立物流中心成为大势所趋。在此情形下，当当网顺势而为，率先在这一新兴的电子商务企业的必争之地稳稳占据了头把交椅。鉴于成都是西南地区的枢纽，成都库房启用后可极大缓解当当网在西南地区的物流配送压力，提升当当网的商品吞吐量和多订单处理能力，缩短周边地区订单的送货时间，进而激活整个西南市场。

(2) 选址郑州。郑州虽属华北，但与当当网已有的北京、武汉两大物流中心相距极近。当当网投建郑州仓储中心，主要是为了覆盖河南、陕西、山西、山东四省。

(3) 选址武汉。当当网武汉库房位于武汉经济开发区，基本满足湖北、湖南、江西、河南四省的物流配送需求。而在配送速度上，凡武汉库房覆盖的地区，送货时间将缩短 1～2 天。

(4) 选址北京、上海、广州。三地有独特的优势。首先，三地经济基础雄厚，有很大的顾客量；其次，三地陆、海、空的交通都很便利。

2. 卓越网的仓库选址

在全国，卓越网有北京、苏州、广州、成都四大仓库。与许多电子商务企业仓库之间往往是总仓和分仓的关系不同，卓越网的仓库没有从属关系，全国任何一个消费者下的订单，系统会自动匹配给发货成本最低、到达效率最高的仓库。

卓越网的四大仓库分别以北京、苏州、广州、成都为中心，形成放射状的物流体系。四地是经济较为发达的地区，电子商务的需求量也很大，所以从经济性原则考虑，在其周边修建仓库，是不错的选择。

(1) 北京仓库为华南及华北地区提供了一个存储空间，方便了北京、沈阳、长春、哈尔滨、太原、济南、呼和浩特，以及环北京周边的物流区域。

(2) 苏州与上海很近，苏州仓库覆盖了华中地区。

(3) 广州仓库供应了中国的南部地区的需求。

(4) 成都仓库的建立，使得包括四川、重庆、云南、贵州、陕西等在内的西部省市的消费者网购收货提前了 1～3 天。

思考回答：

1. 当当网与卓越网在全国建设仓储网络时，在选址上有何异同？

2. 当当网与卓越网两家在线零售商在仓储中心选址及建设中考虑了哪些因素？

案例 3　缔义物流综合仓库内部平面布局

缔义物流公司正筹划在城东建设一个大型综合仓库。要求：仓库长×宽×高为 80m×50m×20m，库内布置存储货架类型≥3 种，库内货物搬运方式≥3 种，设有多个消防安全通道、若干配套实施设备，仓储作业功能区齐全，存储区储位设置清晰整齐，整体布局科学合理，库内货物流向符合动线设计原则。假设你是建设规划组组长，请协同组员完成仓库内部平面布局图。

(提示：学生另附平面布局图设计图纸)

❖ 知识归纳

学习完仓储规划设计项目后，归纳总结本项目的重点知识、难点知识及课堂要点等。

项目 8 现代仓储物流

教学目标

❖ 知识目标

1. 了解现代仓储配送技术。
2. 掌握自动化仓库的结构组成及其优点。
3. 理解智慧物流的含义及智慧物流技术的类型。
4. 了解智慧物流园区的含义及特征。
5. 理解电子商务物流的特征及实现模式。
6. 理解电子商务供应链的特征及构建方法。
7. 掌握跨境电商的构成。
8. 掌握几种常见的跨境电商物流方式。

❖ 能力目标

1. 能够为仓储的规划建设合理选择智慧仓储设备。
2. 能够运用自动化仓储系统的优点解决仓储管理效率等问题。
3. 能够熟知智慧物流技术的 5 种类型，能及时了解这些技术的前沿发展，并为仓储管理提出良好的改进意见。
4. 能够灵活掌握智慧物流在电子商务领域的应用，能为现代物流仓储升级优化提出合理改进建议。
5. 能辨析电子商务物流的 3 种实现模式(自建物流、第三方物流和物流联盟)的优劣势，会为电商企业在物流运作中选择合适的物流模式。
6. 能理解电子商务领域的供应链对于电子商务企业发展的重要意义。
7. 熟知几种典型的跨境电商平台，如速卖通、Wish、eBay、亚马逊等，并懂得其实际运营流程。
8. 能够熟知跨境电商物流方式包括邮政包裹、国际快递、专线物流和海外仓储的优缺点，会为跨境电子商务企业运营选择合适的物流方式。

❖ 素质目标

1. 具有与时俱进的学习态度和能及时吸收先进仓储物流技术的意识。
2. 具备认真、严谨、精细、规范的仓储物流工作作风。
3. 具有良好的职业素养和学习能力，能够运用科学的方法和前沿知识更新知识储备库。
4. 具有团队协作精神和能力，时刻注重生产安全，能够协同组员良好地完成任务。
5. 具有独立分析问题、解决问题的能力，形成勇于创新、敬业乐业的工作作风。

❖ 思政目标

1. 具有坚定的理想信念和艰苦奋斗的思想作风。
2. 树立安全第一的工作意识，意识到仓储安全的重要性。
3. 树立精益化服务的意识及科学发展观。
4. 具有不懈奋斗、精益求精的工匠精神。
5. 树立绿色环保的物流仓储运营管理理念。
6. 合理运用现代化科学技术，在专业领域不断实践创新。

思维导图

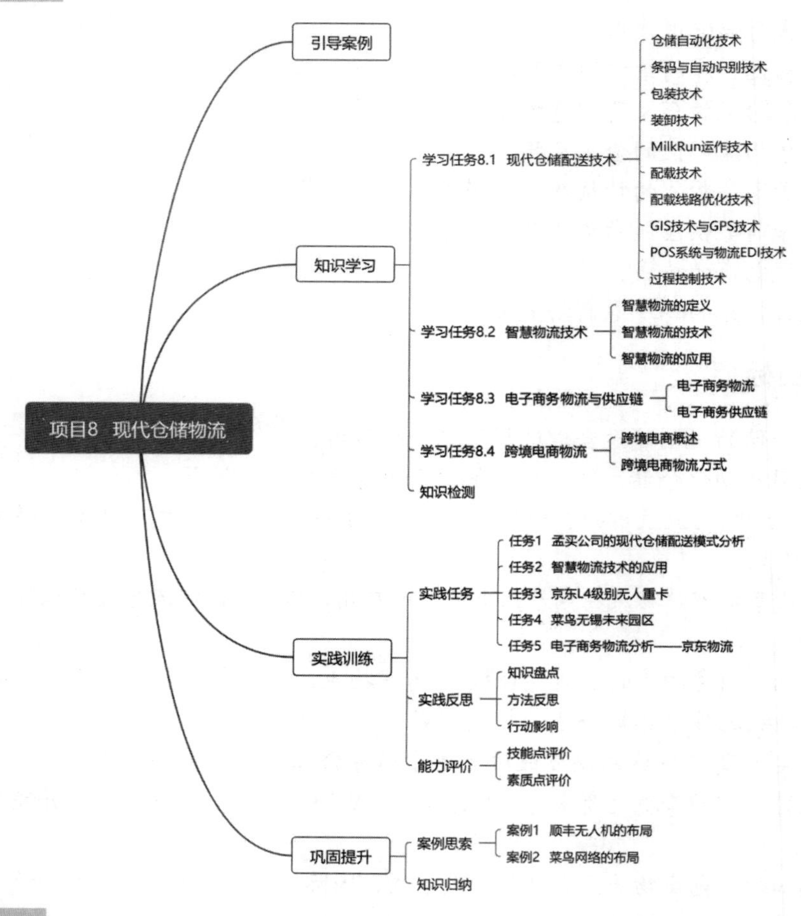

引导案例

一个连锁超市配送日用品的现代仓储物流中心，具有一般物流中心的采购、储存、分拣、加工、配装、送货等功能。该仓储物流中心常规配送半径大致为50km，服务门店有40多家。请结合该仓储物流中心的功能，完成以下任务：

充分考虑经营策略、仓储配送模式、物流服务项目及水平等的基础上设计该物流中心的信息系统。

要求：有设计目标、功能模块及结构的描述，试着用框图画出。

知识学习

扫码观看学习视频

学习任务 8.1 现代仓储配送技术

随着我国社会经济和电子商务的迅猛发展，各大贸易企业对物流的需求量日益增加，而且对物流服务的质量提出了更高的要求，因此现代物流仓储技术的发展要与时俱进，采用更加先进设备，不断提升仓储作业的效率和安全性。

8.1.1 仓储自动化技术

仓储作业自动化是提高仓储活动效率的一个重要途径和手段，也是物流产业发展的一个重要趋势。有关经验表明，要实现仓储作业自动化，并不仅仅是各种仓储机械装备的应用，而是要与大量信息技术的应用联系在一起。目前我国仓储作业的自动化水平越来越高，在搬运、点货、包装、分拣、订单及数据处理等诸多作业环节上，手工操作方式虽然占据着主导地位，但正在慢慢被自动化替代。

仓储自动化技术应用较为广泛的是自动化仓库。

自动化仓库即自动化仓库系统(automated storage and retrieval system，AS/RS)，是指在不直接人工干预的情况下，能自动地存储和取出物料的系统，主要由货物存取机、储存机构、输送设备和控制装置 4 个部分组成。自动化仓库是由电子计算机进行管理和控制，不需人工搬运作业而实现收发作业的仓库。

自动化仓库有以下 4 个方面的优点：一是可以节省劳动力，节约占地；二是出入库作业迅速、准确，缩短了作业时间；三是提高了仓库的管理水平；四是有利于商品的保管。

8.1.2 条码与自动识别技术

条码(barcode)是由一组按一定编码规则排列的条、空符号组成的标记，用以表示特定的信息。条码系统是由条码符号设计、制作及扫描阅读组成的自动识别系统。

例如，亚马逊对条码自动识别系统这一技术应用是比较广泛的，库内的每一件商品都带有独特的编号，每一个货架也带有编号，商品与货架以代码的形式存在于数据库内，每一次移动后，数据库都会自动更新，仓库管理人员由此可对库存情况了如指掌。

想一想： 条码技术还可以用在哪些领域中？

______

______

______

______

______

______

______

______

8.1.3 包装技术

包装是为在流通过程中保护产品，方便储运，促进销售，按一定技术方法而采用的容器、材料及辅助物等以及为达到上述目的而采用的一些技术措施的总称。包装技术包括包装工艺、包装材料、包装设计、包装测试等。

时下最流行的就是绿色环保包装。例如，在绿色包装技术上，亚马逊拥有独特的包装技术——所有商品在入库时都会由 Cubi Scan 3D 测量仪读取商品的尺寸并存储进入数据库，在消费者下了订单之后，系统会根据该商品的尺寸推荐尺寸最合适的包装箱，从而避免浪费。

想一想：你还知道哪些先进的或环保的包装技术？

8.1.4 装卸技术

装卸技术是指在同一地域范围内进行的、以改变物的存放状态和空间位置为主要内容和目的的活动。具体来说，装卸技术包括装上、卸下、移送、拣选、分类、堆垛、入库、出库等活动。装卸技术直接影响仓储管理中的成本、效率和质量管理。

装卸技术优化的目标是追求最省力的作业方式，但具体实施需要因地制宜，因为这是一项个性化的工作，不能照搬别人的模式，需要综合规划设计。

8.1.5 MilkRun 运作技术

MilkRun 是一种优化的物流系统，通常由一家(或几家)配送承包商根据预先设计的取货路线，按次序到供应商 A、B、C 取货，然后直接配送到工厂或零件再分配中心。

MilkRun 是一种相对优化的物流系统，是闭环拉动式取货。MilkRun 循环取货的特点是多频次、小批量，是及时拉动式的取货模式。它把原先的供应商送货的推动方式转变为工厂委托的物流配送者取货的拉动方式。

8.1.6 配载技术

配送是物流系统中的一个重要环节，是按客户的订货要求，在物流中心进行分货、配货工作，并将配好的货物及时送交收货人的物流活动。配载技术是在完成一个或者多个运作目标的前提下，将时间、成本、资源、效率、环境约束集中整合优化，实现现代物流管理低成本高效率的关键技术，是物流运营计划与实际运营之间的有效结合的关键。

8.1.7 配载线路优化技术

集货线路优化、货物配装及送货线路优化等，是配送系统优化的关键。

通常将配送车辆调度问题归结为 VRP(vehicle routing problem，车辆路径问题)、VSP(vehicle scheduling problem，车辆调度问题)和 MTSP(multiple traveling salesman problem，多路旅行商问题)。解决相关问题会运用到运筹学、应用数学、组合数学、图论与网络分析、物流科学、计算机应用等学科的集成，从不同执行角度支持和实现配送路线。在配送业务中，配载技术和配载路线优化技术对配送企业提高服务质量、降低物流成本、增加经济效益有着绝对性的影响。

以“亚马逊物流+”配载线路优化技术的实际运营为例，其配送站大多围绕着各大运营中心而建，运输网络四通八达，通过货车将包裹配送到各配送站，而配送管理部门通过对全国路线及实时路况的掌握，早已为配送部门的快递人员提前规划好最优化的路径。通过对配载线路技术的优化，亚马逊物流+大大提高了配送的效率。

8.1.8 GIS 技术与 GPS 技术

GIS(geographic information systems，地理信息系统)就是综合处理和分析地理空间数据的一种技术系统。

GPS(global positioning system，全球定位系统)包括三大部分：空间部分——GPS 卫星星座；地面控制部分——地面监控系统；用户设备部分——GPS 信号接收机。

通过 GIS 和 GPS 两项技术，人们可以实时了解配送车辆的位置和货物状况(车厢内温度、空载或重载)，真正实现在线监控，避免以往在货物发出后难以知情的被动局面，从而提高货物的安全性。同时，消费者也可以主动、随时了解到货物的状态以及货物运达目的地的整个过程，增强卖家和消费者之间的相互信任。

8.1.9 POS 系统与物流 EDI 技术

POS(point of sale，销售时点信息)系统，就是销售的动态数据要及时地传送到生产、采购、供应环节，POS 机通过收银机自动读取数据，实现整个供应链即时数据的共享。

提到 POS 系统，这里不得不提及物流 EDI(electronic data interchange)技术。EDI 技术的特点主要表现为两方面：一方面用电子传输的方式取代了以往纸单证的邮寄和递送，从而提高了传输效率；另一方面通过计算机处理数据取代人工处理数据，从而减少了差错和延误。

8.1.10 过程控制技术

现代物流已走向商流和信息流的一体化趋势，通过构建现代化物流中心、信息处理中心这一全新的现代物流体系，商流、物流和信息流实现互动，从而提供准确和及时的物流服务。现代物流的发展离不开信息技术，通过多种信息技术的支持，实现对各个物流环节的大量信息的收集、处理和分析，力求实现“缩短在途时间，实现零库存，及时供货和保持供应链的连续与稳定”的现代物流管理目标。

在物流管理过程中，过程控制已经是物流透明化管理的必须环节。此领域是未来行业发展的新亮点，具有高度战略价值。

学习任务 8.2　智慧物流技术

扫码观看学习视频

随着我国电子商务交易额逐渐增多，电子商务行业对物流的需求也越来越多。智慧物流的出现则可以为消费者提供更优质、人性化的服务，为电子商务行业、物流行业的发展开拓出全新的局面。

8.2.1　智慧物流的定义

我国最早的智慧物流概念于 2009 年由中国物流技术协会信息中心、华夏物联网和《物流技术与应用》编辑部共同提出，其对智慧物流的定义是："智慧物流就是指在原有的物流的基础上，利用智能化的技术，使得物流系统在某种程度上拥有人类智慧，从而自主处理相关物流事件或是突发状况。"

中国物联网校企联盟认为，智慧物流是利用集成智能化技术，使物流系统能模仿人的智能，具有思维、感知、学习、推理判断和自行解决物流中某些问题的能力，即在流通过程中获取信息从而分析信息做出决策，使商品从源头开始被实施跟踪与管理，实现信息流快于实物流。

本书综合智慧物流的定义，认为，智慧物流是指通过智能软硬件、物联网、大数据等智慧化技术手段，在物流价值链上的 6 个基本环节(运输、仓储、包装、装卸搬运、流通加工、配送)实现精细化、动态化、可视化管理，提高物流系统智能化分析决策和自动化操作执行能力，提升物流运作效率的现代化物流模式。

读一读：近年来，国家政策利好因素刺激着物流行业的发展。2018 年 12 月 25 日，中华人民共和国国家发展和改革委员会、交通运输部印发《国家物流枢纽布局和建设规划》，提出加快现代信息技术和先进设施设备应用，构建开放共享、智慧高效的国家物流枢纽网络。同时，以物联网、云计算、大数据等为代表的新技术已经在我国有了广泛的应用，这些技术的发展也有力地推动了智慧物流的发展。在这样的背景下，我国智慧物流取得了一系列发展。

2018 年 3 月 28 日，顺丰宣布其旗下子公司已拿到国内首张无人机航空运营(试点)许可证。根据许可证的规定，顺丰物流无人机可在民航局批准的试点区域内使用无人机开展物流配送。这意味着我国的无人机技术已经比较成熟，可以正式投入物流应用。

2019 年 1 月 9 日，百度 Apollo 自动驾驶车队实现了跨洋物流运输，其采用接力的方式，从长沙出发，乘坐飞机跨越太平洋后将一个包裹由无人货运车成功送到美国拉斯维加斯，展示了无人驾驶技术的新成果。2019 年 2 月 28 日，菜鸟宣布建设的国内首个无人车未来园区在成都启用，这是菜鸟无人车首次从末端配送进入园区调拨运输环节。这两个事件标志着无人驾驶技术取得了新的突破，其应用场景也得到了进一步拓展。

2019 年 1 月 24 日，京东物流与中国联合网络通信有限公司网络技术研究院(以下简称"中国联通网研院")正式达成合作，共同探索 5G 在物流领域的落地应用，合作领域包括 5G 关键技术开发、物流场景技术应用等；同年 3 月 18 日，京东宣布建设国内首个 5G 智慧物流示范园区，尝试构建 5G 在智慧物流方面的典型应用场景。这标志着我国开始尝试将 5G 应用于智慧物流领域。

2022 年 10 月，我国交通运输部、国家标准化管理委员会印发《交通运输智慧物流标准体系建设指南》。其中提出，到 2025 年，聚焦基础设施、运载装备、系统平台、电子单证、数据交互与共享、运行服务与管理等领域，完成重点标准制修订 30 项以上，形成结构合理、层次清晰、系统全面、先进适用、国际兼容的交通运输智慧物流标准体系，打造一批标准实施应用典型项目，持续提升智慧物流标准化水平，为加快建设交通强国提供高质量标准供给。

资料来源：国家发展和改革委员会. 关于印发《国家物流枢纽布局和建设规划》的通知(发改经贸〔2018〕1886 号. https://www.ndrc.gov.cn/fzggw/jgsj/jms/sjdt/201812/t20181224_1112191.html?state=123.

8.2.2 智慧物流的技术

智慧物流的技术可以分为仓内技术、干线技术、“最后一公里”技术、末端技术以及智慧数据底盘技术五大类。

1.仓内技术

智慧物流的仓内技术主要包括仓内机器人和可穿戴设备技术。

1) 仓内机器人

仓内机器人包括自动引导运输车(automated guided vehicle，AGV)、分拣机器人以及无人叉车等，这些技术主要应用在搬运、上架、分拣等环节。

(1) AGV。AGV 是指装备有电磁或光学等自动导引装置，能够沿规定的导引路径行驶，具有安全保护以及各种移载功能的运输车。在工业应用中，AGV 不需驾驶员，只需定期充电。

(2) 分拣机器人。通过分拣机器人系统与工业相机的快速读码及智能分拣系统的结合，物流系统可实现包裹称重或读码后的快速分拣及信息记录交互。分拣机器人系统可以大幅度地减少分拣环节中的人工成本，提高分拣工作的效率、准确性以及自动化程度。

(3) 无人叉车。无人叉车通过中央控制系统进行数据分析和远程控制，可以完善物流管理，使货物存放更有序、更规范整齐。同时，相对于传统叉车，无人叉车对车道宽度的要求要低得多，改变运动路径的能力也大幅度增强，无人叉车在遇到障碍物时会自动停止，安全性更有保障。无人叉车可以节省大量人力，减少员工机械搬运的时间。

2) 可穿戴设备技术

目前，可穿戴设备技术仍属于科技前沿领域，应用在物流行业的产品主要包括免持扫描设备、AR 眼镜等。目前，可穿戴设备的发展还不够成熟，离大规模应用还需要一段时间。其中，具有实时识别物品、阅读条码和库内导航等功能的 AR 眼镜，是最有发展潜力的可穿戴设备。

2. 干线技术

干线技术主要指无人驾驶卡车技术。“无人驾驶”的概念已经出现多年，“无人驾驶”虽然尚处于研发阶段，但已取得较为喜人的成果，无人驾驶卡车在提升驾驶安全性、降低人力和燃料成本方面具有不小的优势。一旦大规模商用，无人驾驶卡车将改变干线物流现有格局。

目前，无人驾驶卡车的研发主要由整车厂商主导，但部分物流、电商企业也涉足其中。例如，某电商企业就自主研发了无人重型卡车，如图 8-1 所示。

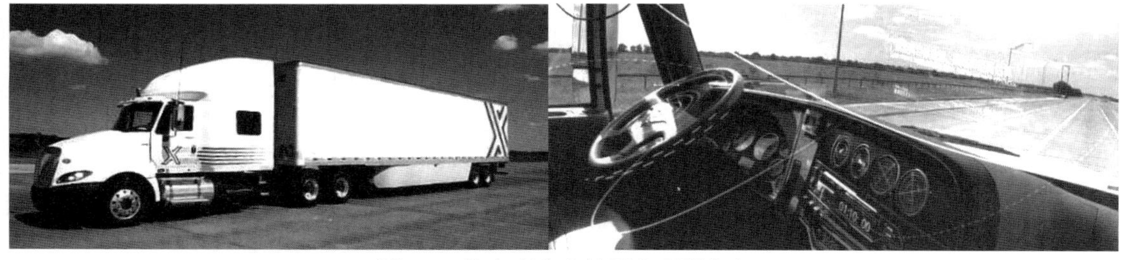

图 8-1 某电商企业的无人重型卡车

3. “最后一公里”技术

“最后一公里”技术主要包括无人机技术和3D打印技术。目前，无人机技术已相对成熟，京东、顺丰等国内物流企业已经开始商业化运用，而3D打印技术在物流领域尚处于研发阶段，仅有美国联合包裹运送服务公司(UPS)等少数企业拥有相关的技术储备。

1) 无人机技术

无人机技术已经相对成熟，具有成本相对较低、人员伤亡风险较低、机动性能好、使用便捷等优势，其在航空、摄影、农业、交通、消防救援、医疗等民用领域的应用前景极为广阔。就物流行业而言，无人机比较适用在人口密度相对较小的区域，如用于农村配送。我国企业在无人机技术上具有一定优势，且我国相关政策相对完善，可以预见的是，无人机技术将进入大规模商业应用阶段。图8-2为无人机运送包裹的场景。

图8-2 无人机运送包裹场景

2) 3D打印技术

3D打印技术是一种快速成型技术，又称增材制造。它是一种以数字模型文件为基础，运用粉末状的金属或塑料等可黏合材料，通过逐层打印的方式构造物体的技术。该技术常被应用于模具制造、工业设计等领域的模型制造环节，也可直接制造产品，如应用陶瓷3D打印技术生产制造燃料电池。3D打印技术不需要传统生产模式中的专用性设备，能对生产、消费方式产生巨大影响，使未来的产品生产及消费模式转变为“城市内 3D 打印+同城配送”，甚至“社区3D打印+社区配送”模式，给物流行业带来颠覆性的改变，即物流企业需要铺设3D打印网络，为消费者提供定制化生产产品的服务，并实现近距离生产、组装与配送。

4. 末端技术

智慧物流的末端技术主要指智能快递柜。智能快递柜实景如图8-3所示。目前，智能快递柜已经在各一、二线城市广泛应用，是物流企业的重点布局内容之一。对消费者而言，智能快递柜具有安全可靠、随时取件、有效保护个人隐私等优点；对快递员和物流企业而言，智能快递柜可以缩短投递时间，提高投递效率。但智能快递柜仍存在使用率偏低、成本高、智能化不足、不便于当面验货、盈利模式过于单一等问题。

图8-3 智能快递柜实景

5. 智慧数据底盘技术

智慧数据底盘技术主要包括物联网、大数据以及人工智能技术。目前，这三大技术研发已有一定的成果，在物流行业中的应用也日益广泛。

1) 物联网技术

在智慧物流领域中，物联网技术的应用场景主要有以下 4 种。

(1) 产品溯源。例如，通过传感器追溯农产品的生产、流通环节的相关信息，包括从种植、运输到交付的所有环节，以确保信息的可追溯性，提升产品信息的透明度，让消费者买得更放心。

(2) 车辆调度优化，即通过在运输车辆上安装信息采集设备，采集车况、路况、天气状况等信息，并将这些信息上传至信息中心，经信息中心分析后实现对车辆的实时智能调度优化。

(3) 冷链控制，即通过在车辆内安装温控装置，实时监控车内的温湿度情况，确保物流全程处于冷链控制。

(4) 安全运输，即通过安装相关设备，收集司机、车辆状态数据，及时发现司机疲劳驾驶、车辆超载超速等问题，做到及时预警，减少事故发生的概率。

2) 大数据技术

在物流领域，大数据技术应用场景主要有以下 4 种。

(1) 设备维护预测，即通过在物流设备上安装芯片，收集设备实时运行数据，经过大数据分析后得出设备使用情况，实现预先保养、维修，从而延长设备使用寿命。

(2) 需求预测，即通过收集消费者的消费喜好、商家前期销售情况等大数据，利用算法帮助企业判断其目标人群的消费行为和消费需求，反映市场需求的变化情况，对产品的市场生命周期做出预测，进而对库存和运输环节进行合理安排。

(3) 物流网络规划，即通过分析历史数据，优化仓储、运输、配送网络，如通过分析消费者的消费喜好数据提前在消费者附近仓库备货。

(4) 供应链风险预测，即通过收集异常数据，对贸易风险、货物损坏等方面的风险进行预测，帮助企业提前做好预防措施。

3) 人工智能技术

在物流领域，人工智能技术应用场景主要有以下 5 种。

(1) 仓库选址。人工智能可以通过计算消费者、供应商的地理位置、运输成本、人力资源分布、建设工程成本、税收政策等各种现实因素后，自动给出一个最优的仓库选址方案。

(2) 图像识别。人工智能可以通过计算机图像识别、地址库、神经网络等技术提高手写运单的识别率，大幅度减少人工输单的工作量，提升信息录入的准确性。

(3) 决策辅助。人工智能会自动识别周边人、物、设备的状态，吸收优秀的管理经验，辅助管理者做决策。

(4) 智能调度。人工智能通过分析货物数量、体积等数据，可以更加合理地规划、安排包装、运输等环节的工作。例如，在仓储管理中通过测算大批量货物的体积数据和包装箱尺寸，规划耗材量和打包顺序，从而选择最合适的包装箱，合理安排货物入库储位方案。

(5) 智能运营规划管理。未来人工智能将具备自学习、自适应的能力，可以自主决策并根据实际情况灵活调整，如对比分析“6·18”与平常的订单，自主设置不同销售期间产品的发货时间、异常订单处理等运营规则，实现人工智能管理。

8.2.3 智慧物流的应用

1. 智慧物流园区

1) 智慧物流园区的含义

智慧物流园区是以“平台构造节点化、园区管理智能化、业务服务全程化、行业效益长远化”为特色，充分利用各类信息技术，合理预测未来发展趋势，为园区运营提供智慧化决策指导，实现园区与其他利益相关方的互利共赢。与传统物流园区相比，智慧物流园区不仅能够改善物流投资环境、拉动经济增长、优化产业结构，更将互联网、物联网、大数据、云计算等信息技术融入供应链的各个环节，结合园区产业实际需求，高效整合各类资源，实现内外部多方主体信息资源的共建共享、互联互通，大大降低了各行业的物流管理成本和运营风险。

2) 智慧物流园区的特征

(1) 注重基础设施建设，形成基于平台的信息集成模式。

(2) 注重引入先进信息技术，实现园区运作智能化和决策智慧化。

(3) 注重园区企业的协同运作，促进资源共享，优化资源配置。

(4) 注重园区整体的全程可视，打造智慧物流生态圈。

2. 智慧物流在电子商务领域的应用

为应对电子商务行业对物流提出的新要求，京东、菜鸟网络等企业纷纷引进智慧物流技术，建设智慧物流园区，提升电子商务物流的服务质量。相对于传统的物流园区，智慧物流园区的应用主要表现在智能分拣、智能装车、智能视频监控、智能视觉 4 个方面。

1) 智能分拣

在传统分拣模式下，工作人员手持设备操作，凭借经验完成分拣，分拣效率不高，容易出错，而且相关工作人员的流动性较高，需要持续投入人员更替的培训成本。智能分拣则充分发挥速度快、目的地多、效率高、差错率低、无人化作业的优势，目前已在国内外大多数大型配送中心应用。图 8-4 为京东某园区内智能分拣的场景。

图 8-4 智能分拣场景

想一想： 结合所学知识，说说分拣机器人是如何工作的。

____

____

____

2) 智能装车

在传统装车模式下，司机完全按照经验，无序地往车上摆放产品，费时且空间利用率不高。智能装车则根据需要装车的订单和可用的车辆，通过码放位置算法自动生成匹配关系以及实操顺序，指导司机装车及码放，灵活安排产品码放，实现装车有序化，有效提高装车工作效率和装载率。

3) 智能视频监控

智能视频监控采用“云+端”的分布式云计算架构，负责端上视频采集、云端视频智能分析以及视频识别结果通知推送等一系列工作。智能视频监控可以在收集库房验收、上架、拣货、复核、打包等各环节的海量视频数据后开展视觉算法学习，然后分析整个环节的车、人、场、货等，识别操作不规范等异常情况并实时预警，帮助相关管理人员进行决策分析、处理突发事件，从而有效提高物流工作的整体效率，使整个园区内的物流工作更加透明，优化园区管理。

4) 智能视觉

智能视觉可识别指定区域的人、车、货，如检测识别区域内是否有车辆停靠和离开、是否有人员在进行装卸货操作、通道是否被占用(如果被占用及时警告)、是否有货物堆积和堆积度(如果堆积度大于预设值则及时预警)等情况。

想一想：你还知道哪些智慧物流技术？

3. 智慧物流配送网络

在电子商务中，产品到达消费者所在城市后需要运输到站点，再由站点的快递员进行“最后一公里”配送，传统的电子商务物流在这些环节需要大量人工操作，不仅效率低，还需要花费大量人工成本，而智慧物流的出现有望解决这些问题。

1) 智能站点选址

传统的站点选址缺乏科学性指导，主要依赖人为经验，而智能站点选址能通过对配送成本、固定成本以及时效要求等的深度挖掘，运用大数据技术和运筹学算法，结合实际场景，在数据分析结果的基础上科学、合理地推荐站点位置。这能够提高站点中转时效，降低站点中转成本、配送成本。

2) 智能调度

智能调度可以将订单信息和可用车辆信息进行智能匹配，通过合理调配系统资源，结合实际道路拥堵情况以及特定区域的货车限行和限号等数据，根据实际场景预计订单履约到达时间，给出每辆车的最优订单配送顺序和路径。智能调度不仅提升了车辆利用率，降低了成本，还能使配送时间更加准确，提升了消费者的消费体验。

3) 无人配送

无人配送主要包括无人机配送和无人车配送两类。

想一想：相对于传统物流，智慧物流会给我们的生活带来哪些改变？

学习任务 8.3　电子商务物流与供应链

一般来说，电子商务的完整交易流程包含信息流、商流、资金流和物流。物流作为电子商务不可缺少的重要一环，对电子商务来说具有重要的作用。优质的物流服务可以让消费者获得更加良好的消费体验，促进电子商务的发展。

8.3.1　电子商务物流

电子商务的快速发展给全球物流带来了新的发展，也使物流具备了一些新的特征。而这些特征又使不同的电子商务企业根据自身的条件选择不同的物流方式。

1. 电子商务物流的特征

电子商务物流的特征主要包括信息化、自动化、网络化、智能化、柔性化和集成化。

1) 信息化

电子商务环境下，物流信息化是必然的结果。无论是供应链管理的上游还是下游，都需要进行频繁的信息交换，而通过网络进行信息的传递，可以有效地实现对物流的实时控制，保证供应链各环节的正常运行。常用的物流信息化技术有条形码技术、数据库技术、电子订货系统、电子数据交换技术、企业资源计划(ERP)技术等。

2) 自动化

物流自动化是基于物流信息化的基础而实现的物流作业过程的设备和设施的自动化，如自动识别系统、自动检测系统、自动存取系统和自动跟踪系统等的应用。物流自动化在物流管理的各个层次中都发挥着重要的作用，并且在电子商务的带动下有了快速的发展，国内外很多大型企业都装备了物流自动化生产线，以适应电子商务时代物流的需求，提升企业的物流运作能力，如海尔集团、新华书店等。

3) 网络化

电子商务环境下，信息能够通过网络进行传递，使原本费时、费力的物流信息传递能够以低廉的成本进行即时传递，从而促进了物流信息管理系统与网络系统的重合。物流网络化是指物流信息管理的网络化。由于网络化的组织结构，整个组织结构中的各个组织成员都能实现信息资源的共享。

4) 智能化

物流智能化是物流信息化、自动化的一种高层次应用，是指物流系统具有推理判断和自行解决物流中某些问题的能力。物流智能化主要包括物流运筹和决策、确定库存水平、选择运输路线、自动导向运动轨迹和自动运行分拣机等的应用。

5) 柔性化

物流柔性化原本是在“以消费者为中心”理念的基础上提出的，是快速适应市场的一种应对方法。但要真正实现物流的柔性化，需要根据市场需求的变化来灵活调节生产工艺，进而需要相应的柔性化的物流配套系统。物流柔性化就是为了适应生产、流通与消费的需求而发展起来的一种新型物流模式。

6) 集成化

集成是指把多种东西融合在一起。在电子商务物流系统中，物流与供应链的其他环节日益集成化，主要包括物流与商流渠道的集成、物流渠道之间的集成、不同物流功能板块的集成、物流与制造两个环节间的集成等。

读一读： 电子商务物流行业急需应用型服务人才，这类人才除了应具备扎实的专业知识和较强的实践操作能力外，还应具备宽广的知识面、灵活的思维方式，以及敢于开拓创新的精神，更应具有将创新意识转化为成果的能力，以能较好地解决电子商务物流的实际问题。

2. 电子商务物流的实现模式

目前电子商务物流主要包括自建物流、第三方物流和物流联盟等模式。

1) 自建物流

自建物流是指市场中自营型的企业(集团)根据自身的发展经验及各方面所具备的独特优势，通过独立组建物流中心，实现对企业内各部门之间的物品供应。这类电子商务企业的主要经济来源不在于物流，只是其有能力承担自身物流业务并从中获利。

目前，我国采用自建物流模式的电子商务企业主要有两类。一类是资金实力雄厚且业务规模较大的电子商务企业(如京东)，这类企业有足够的资金自建物流体系，以提供比国内第三方物流更优质的物流服务。另一类是传统的大型制造业企业或批发企业经营的电子商务网站(如海尔)，由于企业自身在长期的传统商务中已经建立起初具规模的营销网络和物流配送体系，在开展电子商务时只需将其加以改进、完善，即可满足电子商务模式下对物流配送的要求。

2) 第三方物流

第三方物流一般被称为合约物流，是指从生产到销售的整个流通过程中，进行服务的第三方本身不生产和拥有产品，而是通过合作协议或结成合作联盟，在特定的时间段内按照特定的价格向商家提供个性化的物流代理服务。由于技术先进、配送体系较为完备，第三方物流成为电子商务物流配送的理想方案之一，是社会分工日益明确的产物。除了有实力自建物流体系的大企业之外，更多的中小企业倾向于采用这种“外包”方式进行物流管理。

3) 物流联盟

物流联盟是指两个或两个以上的经济组织为实现特定的物流目标而采取的长期联合与合作，其目的是实现联盟参与方的“共赢”，如菜鸟网络科技有限公司(以下简称“菜鸟网络”)。物流联盟具有相互依赖、强调合作的特点，是一种介于自营和外包之间的物流模式。在物流联盟中，企业可以汇集、交换或统一物流资源以谋取共同利益；同时，各合作企业仍保持着各自的独立性。

读一读： 物流联盟对电子商务企业的意义是什么？

对于电子商务企业而言，物流联盟的建立减少了物流合作伙伴之间相关交易的费用，有效维持了物流的稳定性，有助于企业学习并建立自身完善的物流服务体系。我国企业目前的物流管理水平总体还处于初级阶段，组建物流联盟可以让企业在投入相对较少资金的前提下提高物流服务质量，因此，组建物流联盟对企业的物流战略来说是十分重要的。

3. 电子商务物流作业流程

要完成一项电子商务活动，需要 4 个角色：供应商、物流配送中心、快递公司和消费者。一般电子商务物流作业流程如图 8-5 所示，其中实线表示货物实体流动，虚线表示物流信息流动。

从图 8-5 可以发现，电子商务物流作业从供应商将货物送达物流配送中心开始工作，操作流程为集货、验收、库存管理、入库搬运、储存、订单处理、拣货及补货、发货、快递等。

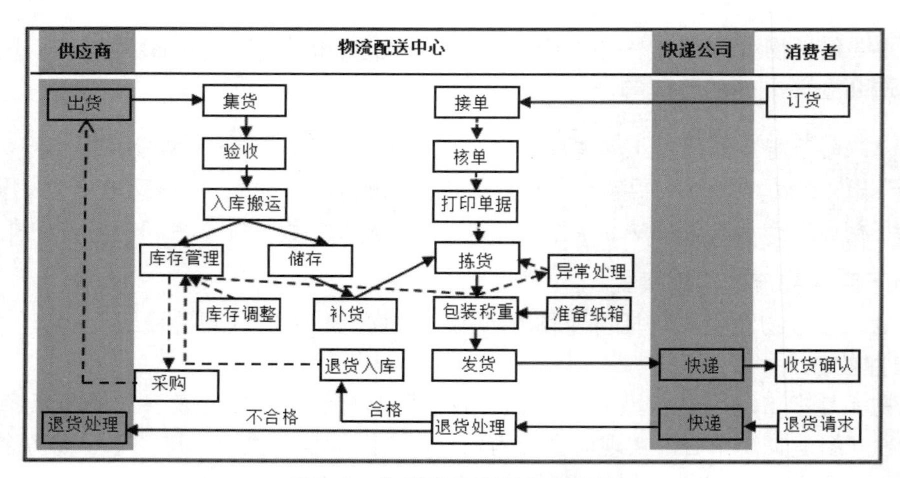

图 8-5 电子商务物流作业流程

为了更好地满足消费者的个性化需求或应对消费者提交订单后发现错误需要修改订单的情形，电子商务企业一般允许消费者通过备注进行订单内容的补充或修改，因此核单员需要根据订单备注修改订单，以满足消费者需求。

想一想：以菜鸟网络为例，结合自己的相关经验和理解，分析物流联盟模式是怎样运作的？

8.3.2 电子商务供应链

在传统行业中，企业间的竞争更多的是生产、销售等环节的竞争；而在电子商务环境下，企业间的竞争结果很大程度上取决于供应链，企业的供应链管理水平将直接影响企业的经营状况。因此，在电子商务领域，如何进行供应链管理，成为很多企业不断探索的重要问题。

1. 供应链与供应链管理

供应链与供应链管理是两个不同的概念，下面分别进行介绍。

1) 供应链

供应链(supply chain)，是指生产及流通过程中，将产品或服务提供给最终消费者的上游与下游企业所形成的网链结构。随着经济一体化的推进，供应链的含义不再局限于企业内部，而是拓展为以供应链核心企业为中心的一个整体的功能网链结构，供应链上的各个企业(包括供应商、制造商、分销商等)具有密切利益关系。

2) 供应链管理

供应链管理(supply chain management，SCM)是指在满足一定的消费者服务水平的条件下，为了使整个供应链系统成本达到最小而把供应商、制造商、仓库、配送中心和渠道商等有效地组织在一起进行的产品制造、转运、分销及销售的管理方法。

供应链管理的目的是站在系统的层面统筹管理相互间有密切联系的环节，提高整条供应链的运作效率，尤其是各环节连接处的工作效率，并降低总成本，提高供应链整体的竞争力。就其本质而言，供应链管理是集中管理供应链上各成员的各种活动，从而在很短的时间内为消费者提供更高的价值和更优质的服务，提高消费者的满意度。

2. 电子商务供应链的特征

当前，电子商务供应链不再只是人、流程、硬件设施等要素的简单叠加，而是要向数字化和技术化转型，其主要特征表现为以下 3 个方面。

1) 可视化

供应链可视化是指利用信息技术，对供应链中的订单、物流以及库存等相关指标信息进行采集、传递、存储、分析、处理，然后根据供应链的需求，将处理结果以图形化的方式展现。供应链可视化将有助于提升整条供应链的透明度和可控程度，降低供应链的风险。

2) 人工智能化

人工智能本质上是一种预测技术，可以用来指导人们的各项行为决策。在新零售时代，越来越多的零售运营数据(如产品、销售、库存、订单等方面的数据)将在不同的应用场景中产生。在这样的背景下，电子商务供应链系统将结合不同的业务场景和目标，运用不同的算法，对这些应用场景进行数字建模，从而实现预测未来的目的。

3) 指挥智慧化

在数字化、技术化的电子商务供应链中，运营指挥控制系统是核心，其由对应不同管理领域的各业务应用模块组成，可实时显示运营指标，同时各模块又相互连接、协同，经过整合后能够给出最终的运营决策建议，从而实现智能选品、智能定价、自动促销、自动补货和下单等功能，使供应链的指挥智慧化。

3. 电子商务供应链的构建

一般而言，电子商务供应链的构建有两种方法，即顺流构建法和逆流构建法。

1) 顺流构建法

顺流构建法是指在建设电子商务供应链时，按照材料采购到生产再到消费的顺序，依照自己的产品制造或销售服务的特点进行供应链流程设计，直至最终的消费者。

具体步骤：找到最上游的供应商；确定该供应商到本企业的供应链配置，包括供应链各环节的流程、信息传递方式等；确定本企业到最终消费者的供应链配置，包括供应链各环节的流程、信息传递方式等；统筹选择供应链各成员。

2) 逆流构建法

逆流构建法是指从市场的需求出发构建从零售商或分销商到本企业的供应商的供应链。与顺流构建法的顺序刚好相反，逆流构建法以最终消费者的上一级零售商或分销商为出发点，不断寻找为了满足消费者的需求而必须加入供应链的企业，最终形成一条完整的供应链。除了第一步是确定消费者的需求外，逆流构建法的步骤与顺流构建法基本类似，只是构建方向相反。

想一想：根据自己的理解，电子商务供应链管理的相关人员需要具备哪些能力和素质？

____

____

____

____

学习任务 8.4　跨境电商物流

扫码观看学习视频

跨境电子商务是在经济与互联网的快速发展下，为了实现与不同国家(地区)间的商贸合作而逐渐发展起来的电商模式。跨境电商模式下，境内的电子商务企业可以向境外的消费者销售产品，境内的消费者也可以通过跨境电商平台购买境外产品，它构建了一个开放、立体的多边经贸合作模式，拓宽了国际市场的范围，提升了电子商务企业的综合竞争力。

8.4.1　跨境电商概述

跨境电商是指分属不同关境的交易主体，通过电商平台达成交易、进行支付结算，并通过跨境物流送达产品、完成交易的一种国际商业活动。

1. 跨境电商的构成

跨境电商主要由跨境电商平台、跨境物流公司和跨境支付平台构成。

跨境电商平台用于展示产品信息，提供在线购物功能，如速卖通、亚马逊和 eBay 等。

跨境物流公司用于运输和送达跨境包裹，主要有中国邮政速递物流股份有限公司(以下简称“中国邮政”)、联邦快递(FedEx)、联合包裹运送服务公司(UPS)、TNT 快递、中外运敦豪国际航空快递有限公司(DHL)等。

跨境支付平台则用于完成交易双方的跨境转账、信用卡支付和第三方支付等支付活动。

2. 跨境电商平台

速卖通、Wish、eBay、亚马逊等都是典型的跨境电商平台。

1) 速卖通

速卖通的全称是全球速卖通，是阿里巴巴为帮助中小商家接触终端批发零售商，以拓展利润空间为目的，全力打造的融合订单、支付、物流于一体的外贸在线交易平台，被称为“国际版淘宝”。在速卖通上，商家可以将产品信息发布到境外，供广大消费者查看并购买，然后商家可以通过国际快递进行货物运输，完成交易。

2) Wish

Wish 于 2011 年在美国创立，是一家专注于移动购物的跨境 B2C 电商平台。Wish 使用优化算法大规模获取数据，并快速了解如何为每个客户提供最相关的商品，让消费者在移动端便捷购物的同时享受购物的乐趣。Wish 与其他跨境平台不同的是基于 App 的跨境电商平台，Wish 平台 97%的订单量来自移动端，主要靠价廉物美吸引客户，核心品类包括服装、饰品、手机、礼品等，大部分都是从中国发货。

想一想： WishPost 是 Wish 推出的跨境电商物流平台，是 Wish 与多家优质物流商合作推出的优质的跨境电商物流服务产品，为我国商家提供了下单、揽收、配送、跟踪查询等服务。WishPost 的产品主要有 Wish 达、Wish 邮-E 邮宝、Wish 邮-中邮小包。此外，WishPost 还提供 A+物流计划服务，该服务是 Wish 推出的针对某些国家或地区路向的托管式物流服务，加入 A+物流计划后，商家只需将 A+物流计划订单对应的包裹寄到指定的境内仓库，后续的流程将全部由 Wish 负责。

(1) WishPost 为什么要分别推出 3 种不同的物流产品?

(2) A+物流计划对商家有什么意义?

3) eBay

1995 年 9 月 4 日，皮埃尔 • 奥米迪亚(Pierre Omidyar)在加利福尼亚州创立了 Auctionweb 网站，在全美寻找 Pez 糖果爱好者。1997 年 9 月，Auctionweb 正式更名为 eBay，并逐渐发展为让全球消费者在网上买卖产品的线上拍卖及购物网站。目前，eBay 已经成为全球最大的电子交易市场之一，是美国、英国、澳大利亚、德国和加拿大等地的主流电子商务平台。eBay 只有两种销售方式：一种是拍卖，另一种是一口价。平台一般按照产品发布费用和成交佣金的方式收取费用。

4) 亚马逊

亚马逊(Amazon)成立于 1995 年，是美国最大的一家电子商务公司之一，也是最早开始经营电子商务的公司之一。亚马逊一开始只涉及图书品类的销售业务，现在则涉及了范围广泛的产品品类业务，主要包括图书、影视、音乐和游戏、数码下载、电子和计算机、家居园艺用品、玩具、婴幼儿用品、食品、服饰、鞋类和珠宝、健康和个人护理用品、体育及户外用品、汽车及工业产品等。亚马逊已成为全球产品品种最多的网上零售商和全球第二大互联网企业。

8.4.2 跨境电商物流方式

交易成功后，产品需要物流运输，而跨境电商物流与境内物流运输不同，需要跨越边境，将产品运输到境外。目前，常见的跨境电商物流方式包括邮政包裹、国际快递、专线物流和海外仓储。

1. 邮政包裹

邮政具有覆盖全球的特点，是经常使用的一种跨境物流运输方式。目前常用的邮政运输方式包括中国邮政小包、新加坡邮政小包和一些特殊情况下使用的邮政小包。相对而言，邮政包裹价格低，但速度较慢。

需要注意的是，邮政包裹不运输含电、粉末、液体的产品，且邮政包裹需要挂号才能跟踪物流信息，运送的周期也较长，通常要 15～30 天。

2. 国际快递

国际快递主要是通过国际有名望的四大快递公司(FedEx、UPS、TNT、DHL)进行国际快递业务的邮寄。国际快递具有速度快、服务好和丢包率低等特点，如使用 UPS 从我国寄送到美国的包裹，最快 48 小时内可以到达，但价格较昂贵，一般只有在消费者要求时才会使用该方式发货，且费用一般由消费者支付。

3. 专线物流

专线物流一般通过航空包舱的方式运输到境外，再通过合作公司在目的地进行派送，具有送货时间基本固定、运输速度较快和运输费用较低的特点。

目前市面上较普遍的专线物流产品有美国专线、欧美专线、澳洲专线和俄罗斯专线等，也有不少物流公司推出了中东专线、南美专线和南非专线等。整体来说，专线物流能够集中大批发往某一特定国家或地区的货物，能够通过规模效应降低成本，但专线物流具有一定的地域限制。

4. 海外仓储

海外仓储需要在境外建立海外仓，并将货物从境内出口以海运、货运和空运等形式运送到仓库并储存。当消费者通过网上下单购买所需物品时，商家可以第一时间做出快速响应，通过网络及时通知海外仓进行货物的分拣、包装。海外仓储能够大大减少物流的运输时间，保证货物安全、及时和快速地到达消费者手中。

海外仓储的费用由头程费用、仓库管理费用和本地配送费用组成。头程费用是指货物从我国到海外仓产生的运费；仓库管理费用是指货物存储在海外仓和处理当地配送时产生的费用；本地配送费用是指通过海外仓进行配送产生的本地快递费用。这种模式下运输的成本相对较低、时间较快，是未来的主流运输方式。

做一做： 查找相关资料，说说跨境电商的发展趋势。

❖ 知识检测

一、判断题

(　　) 1. 自动化仓库是指在不直接人工干预的情况下，能自动地存储和取出物料的系统。

(　　) 2. 自动化仓库是由电子计算机进行管理和控制，不需人工搬运作业而实现收发作业的仓库。

(　　) 3. 包装是指在同一地域范围内进行的、以改变物的存放状态和空间位置为主要内容和目的的活动。

(　　) 4. MilkRun 是一种相对优化的物流系统，是闭环推动式取货。

(　　) 5. 在工业应用中，AGV 不需驾驶员，不需定期充电。

(　　) 6. 智慧物流的末端技术主要是指智能快递柜，对快递员和物流企业而言，可以缩短投递时间，提高投递效率。

(　　) 7. 供应链是指生产及流通过程中，将产品或服务提供给最终消费者的上游与下游企业所形成的网链结构。

(　　) 8. 物流联盟是指市场中自营型的企业(集团)根据企业自身的发展经验及各方面所具备的独特优势，通过独立组建物流中心，实现对企业内各部门之间的物品供应。

(　　) 9. 跨境电商由跨境电商平台、跨境物流公司和跨境支付平台构成。

(　　) 10. 邮政包裹一般通过航空包舱的方式运输到境外，再通过合作公司在目的地进行派送，具有送货时间基本固定、运输速度较快和运输费用较低的特点。

二、单选题

(　　) 1. 下列哪一项关于自动化仓库的优点描述不恰当？

A. 占地面积大　　B. 出入库作业迅速

C. 提高了仓库的管理水平　　D. 有利于商品的保管

(　　) 2. 什么是由一组按一定编码规则排列的条、空符号组成的标记，用以表示特定的信息？

A. 二维码　　B. 商标

C. 条码　　D. 标志

(　　) 3. 下列哪一项不属于包装技术？

A. 包装工艺　　B. 包装材料

C. 包装设计　　D. 包装商品

(　　) 4. 下列关于 EDI 技术特点描述不恰当的是哪一项？

A. 用电子传输的方式取代了以往纸单证的邮寄和递送

B. 提高了传输效率

C. 通过计算机处理数据取代人工处理数据

D. 增加了差错和延误

(　　) 5. 下列哪一项不属于仓内机器人技术？

A. 自动引导运输车　　B. 手动液压叉车

C. 分拣机器人　　D. 无人叉车

(　　) 6. 下列关于3D打印技术描述不恰当的是哪一项？
A. 一种快速成型技术　　B. 以数字模型文件为基础
C. 可应用于模具制造等领域　　D. 需要用到传统生产模式中的专用性设备

(　　) 7. 下列属于物流领域中人工智能的应用场景是哪一项？
A. 设备维护预测　　B. 需求预测
C. 仓库选址　　D. 物流网络规划

(　　) 8. 下列哪项不是电子商务供应链的特征？
A. 柔性化　　B. 可视化
C. 人工智能化　　D. 指挥智慧化

(　　) 9. 下列关于邮政包裹的特点描述正确是哪一项？
A. 覆盖部分区域　　B. 价格低
C. 速度快　　D. 集中大包发运

(　　) 10. 下列关于海外仓储描述不正确的是哪一项？
A. 在境内建立海外仓　　B. 减少物流运输时间
C. 保证货物安全　　D. 及时快速

三、多选题

(　　) 1. 自动化仓库系统由哪几部分组成？
A. 货物存取机　　B. 储存机构
C. 输送设备　　D. 控制装置
E. 叉车

(　　) 2. 全球定位系统(GPS)由哪几部分构成？
A. 空间部分——GPS卫星星座　　B. 地面控制部分——地面监控系统
C. 信号塔——GPS信号发送机　　D. 用户设备部分——GPS信号接收机

(　　) 3. 智慧物流技术可分为哪几类？
A. 仓内技术　　B. 干线技术
C. “最后一公里”技术　　D. 末端技术
E. 智慧数据底盘技术

(　　) 4. 在智慧物流领域中物联网的应用场景包括哪些？
A. 产品溯源　　B. 车辆调度优化
C. 冷链控制　　D. 安全运输
E. 需求预测

(　　) 5. 要完成一项电子商务活动，需要哪几个角色共同协作？
A. 生产者　　B. 供应商
C. 物流配送中心　　D. 快递公司
E. 消费者

实践训练

❖ 实践任务

任务 1　孟买公司的现代仓储配送模式分析

任务描述：沃斯堡孟买家具及配件公司(以下简称“孟买公司”)，想要成立一家服务于成千上万家零售店和网上商店的批发分公司。原计划利用其原有的物流网络组织新的商业物流，但孟买公司的物流副总裁很快就意识到：批发分公司要想成功，就必须采用全新的物流方式。因为孟买公司的配送中心的设计是专门针对家具的存储和分拣配送而设计，与新成立的批发分公司所销售的产品的性质和零售渠道完全不同，新成立的批发分公司必须要有能力履行位于不同地方的成千上万个客户的订单。由于服务的集约化以及运量的不同，这个公司几乎需要使用所有的运输方式，对有的客户还采用特殊的条码和标签技术。

由于孟买配送中心初期并不具有灵活处理订单的能力，因此该中心打算寻求物流业务外包，但是新的批发分公司刚刚起步，未来发展如何还不能确定，与第三方物流公司签订长期的个体租用合同对其来说是一种冒险。孟买公司的总裁说：“在我们不知道业务会做到多大时，我们需要更多的柔性。”于是综合各方面的因素，共同配送成为孟买批发分公司的首选。当年 10 月，孟买批发分公司选择了 USCO 物流公司作为其物流服务商，共享其物流设施，双方协议是一个月签约一次，并且是采用按件计费的收费方式。这样使得孟买批发分公司避免了支付人工、设备和设施等高额的管理费用，这种做法同样给孟买公司更大的发展空间，并为其服务能力带来了更大的柔性。

随着客户订单的快速增长，对于不同客户订单的自动处理能力是孟买公司的成功的关键，而该能力恰恰是孟买公司的物流系统所不具备的，因此孟买批发分公司依靠 USCO 物流公司帮助其实现订单履行程序的自动化，并提供帮助该公司建立为顾客定制的条码和标签的技术支持。孟买批发分公司同样把公司所有的外向运输交给了 USCO 物流公司，这在一定程度上要比孟买公司自己与运输公司谈判签约所付的运费要低。

孟买公司物流经理相信：共同配送与高交付率和订单履行能力将一起帮助孟买公司为客户提供优于其竞争对手的服务，更重要的是，这种更具竞争力的优势将帮助孟买批发分公司树立良好的服务品牌。

思考回答：

1. 孟买公司为什么要采用共同配送的配送服务模式？

____

____

____

2. 如果孟买公司的业务量进一步增长，该公司应做出怎样的配送安排？

____

____

____

任务 2　智慧物流技术的应用

任务描述：2022 年 6 月，京东首次公布了全球织网计划成果，除了相继在美国、德国、荷兰、法国、英国、越南、阿联酋、澳大利亚、马来西亚等地落地自营海外仓外，京东物流三位一体的供应链技术解决方案也在通过生态合作、技术输出赋能给海外的物流服务商。京东物流为欧洲综合物流服务商 MWLogistics 所改造的自动化仓库，通过引入智慧物流技术，包括 AGV(自动搬运车)、直线交叉带分拣机、无人叉车、包装机和输送机，运营效率提升 250%，人力成本降低 60%。

“电商市场在过去几年里发展迅速，为满足更多客户的期望，我们决定扩大仓库规模，推动仓储的自动化、智能化升级。”作为欧洲经验丰富的综合物流服务商，MWLogistics 携手京东物流，对其仓储、整体布局、自动化管理、系统架构以及物流运营等方面进行全方位的优化改造，推动其从物流服务商向国际型创新型公司的跨越式发展，并在短时间内在欧洲和亚洲市场建立起良好的服务口碑。

MWLogistics 负责人介绍，通过京东物流对其仓库的自动化、智能化改造，仓储存放、入库分流、出库打包、贴标以及分拣等诸多环节将大幅提升自动化程度，不仅能优化电商库内布局，提升存储能力，也能大幅增进人员作业效率，减少相关成本达 40%。目前 MWLogistics 的仓储运营区域达到了 26000m^2，并且实现三大功能分区。

要求：

学生以小组为单位，结合所学知识，将研究成果要点记录在表 8-1 中，以小组为单位将研究成果做成 PPT 并进行展示。

表 8-1　京东的智慧物流技术分析

研究目标	研究成果
1. 京东物流为 MW- Logistics 改造的自动化仓库运用到哪些智慧物流技术？带来的效果如何？	
2. 简述智慧物流在电子商务领域的应用有哪些?	
3. 我国智慧物流技术发展热点有哪些？	

任务 3　京东 L4 级别无人重卡

任务描述：2018 年，京东正式发布了全自主研发的 L4 级别(高度自动驾驶)无人重卡。L4 级别无人重卡是地面干线物流实现智慧化转型的关键一步，一旦广泛应用，将改变我国长途运输形态，解决地面干线物流长期存在的速度偏慢、人工成本高、安全隐患大等问题，提升干线物流的安全性和便捷性。

京东无人重卡的自动驾驶达到了 L4 级别，这意味着除了某些特殊情况外，该无人重卡无须人工驾驶即可自动完成高速行驶、自动转弯、自动避障绕行、紧急制动等绝大多数人工驾驶功能。该无人重卡长 9 米、高 3.5 米、宽 2.5 米，车厢长度约 14 米，车顶、车身有多个激光雷达与摄像头，能对远距离范围内的物体进行检测、跟踪以及距离估算，自行得出结论并执行驾驶行为，还可通过结合视觉定位和高精度地图，实现了车辆厘米级定位，使无人重卡具有即使在隧道中也能清晰定位的能力，从而保证驾驶的安全性。

思考回答：

1. 京东无人重卡对建设智慧物流有什么意义？

____

____

____

____

2. 无人重卡可以为物流服务带来哪些提升？

____

____

____

____

任务 4　菜鸟无锡未来园区

任务描述：菜鸟无锡未来园区于 2018 年正式投入使用，并于投入使用当日正式上线近 700 台机器人，刷新了行业纪录。这些机器人各司其职，有的带着移动货架去找订单箱，有的带着订单箱赶到货架指定区拣货。在近 3 万平方米的库区内，这些机器人井然有序地工作，它们会互相避让、自己充电，形成了一个高效的分拣系统。

此外，园区的智能设备可以自动识别人员进出情况，为货车行驶和装卸进行引导，同时还能识别通道占用、货物堆积，甚至识别员工抽烟等情形，并及时发出预警。在仓库内，摄像头不再只是简单地记录和保存视频画面，而是能结合算法分析，不间断动态扫描仓内情况，自动计算货物存储和进出情况，并将计算结果实时反馈给调度系统。

在未来园区投入使用前，“双 11”期间的物流园区人流和车流都会大幅度增加，增加了园区的安全风险和管理成本，对物流效率产生了负面影响。而采用了物联网、人工智能等技术的无锡未来园区则是一个数字化的智慧物流园区，改变了物流行业中存在已久的人工作业模式，实现了实时在线和自动化作业。菜鸟网络相关负责人表示，目前即将旧园区改造为智慧物流园区，同时也在建设新的智慧物流园区。随着技术的进一步创新，物流园区将变得更加智能，帮助提高整张物流网络的效率。

思考回答：

1. 菜鸟无锡未来园区采用了哪些智慧物流技术？

____

____

____

2. 菜鸟无锡未来园区相对于传统物流园区的优势特征表现在哪些方面？

____

____

____

任务 5　电子商务物流分析——京东物流

任务描述：京东集团自 2007 年开始自建物流，并于 2017 年 4 月正式成立京东物流集团，是我国电子商务企业自建物流模式的典型代表。京东物流集团以“技术驱动，引领全球高效流通和可持续发展”为使命，在智慧物流方面大力投入，打造了一个智能物流系统。该系统覆盖了从产品销量分析、预测，到入库出库，再到运输配送的各个环节，实现了综合效率的大幅度提高。

目前，京东物流提供的服务包括京东快递、京东冷链、京东云仓和国际供应链等。

(1) 京东快递。京东物流网络几乎全面覆盖到全国的区、县，其中 90%的区县已经实现 24 小时抵达，甚至超过 90%的自营订单可以在 24 小时内完成。同时，京东物流还为消费者提供了代收货款、鸡毛信(通过快件实时定位与追踪，实现全程可视化的物流服务)和京尊达服务，为消费者提供更便利、更人性化的服务，赢得了消费者的广泛好评。

(2) 京东冷链。京东冷链于 2018 年正式推出，专注于生鲜食品、医药物流，凭借着社会化冷链协同网络，提供了全流程、全场景的一站式冷链服务。

(3) 京东云仓。京东云仓是一个物流和商流相融合的云物流基础设施平台，以整合共享为基础，以系统和数据产品服务为核心，服务对象包括区域化的中小物流企业、商家等。

(4) 国际供应链。京东物流通过在全球构建“双 48 小时”通路，帮助我国制造的产品通向全球，同时让全球产品进入我国。

要求：

学生以小组为单位，结合所学知识，将研究成果要点记录在表 8-2 中，以小组为单位将成果形成研究报告。

表 8-2　电子商务物流分析

研究目标	研究成果
1. 京东自建物流的优势	
2. 简述电子商务物流的特征	
3. 简述电子商务物流的实现模式	

❖ 实践反思

1. 知识盘点：通过对现代仓储物流项目的学习，你掌握了哪些知识点？请画出思维导图。
2. 方法反思：在完成现代仓储物流项目的学习和实践过程中，你学会了哪些分析和解决问题的方法？
3. 行动影响：在完成现代仓储物流项目的学习任务后，你认为自己在思想、行动及创新上，还有哪些地方需要完善？

❖ 能力评价

评价总成绩=技能点评价得分(占比 50%)+素质点评价得分(占比 50%)

1. 技能点评价

使用说明：按评价指标技能点赋分(见表 8-3)，满分为 100 分。其中，研究成果作品文案(如报告、PPT 等)满分为 80 分，展示陈述满分为 20 分。

表 8-3 技能点评价表

技能点评价指标		分值	得分
作品文案	对现代仓储技术掌握的前瞻性	10 分	
	对自动化仓库描述的准确性	10 分	
	对智慧物流技术运用的前瞻性	10 分	
	对电子商务物流的实现模式选择的合理性	10 分	
	对电子商务供应链特征描述的准确性	10 分	
	对典型的跨境电商平台运用的熟练程度	10 分	
	对跨境电商物流方式选择的合理性	10 分	
	对现代仓储物流项目实践任务展示的完整性	10 分	
展示陈述	汇报展示及演讲的专业程度	5 分	
	语言技巧和非语言技巧	5 分	
	团队合作配合程度	5 分	
	时间分配	5 分	
合　计		100 分	

2. 素质点评价

使用说明：请按素质点评价指标及对应分值打分，分为学生自评 30 分、组员评价 30 分、教师评价 40 分，满分为 100 分，如表 8-4 所示。

表 8-4 素质点评价

素质点评价指标		分值	得分
学生自评	团队合作精神和协作能力：能与小组成员合作完成项目	6 分	
	交流沟通能力：能良好表达自己的观点，善于倾听他人的观点	6 分	
	信息素养和学习能力：善于收集并借鉴有用资讯和好的思路想法	6 分	
	独立思考和学习能力：能提出新的想法、建议和策略	6 分	
	职业精神和创新创业能力：具有敬业、勤业、创业、立业的积极性	6 分	
组员评价	团队合作精神和协作能力：能与小组成员合作完成项目	6 分	
	交流沟通能力：能良好表达自己的观点，善于倾听他人的观点	6 分	
	信息素养和学习能力：善于收集并借鉴有用资讯和好的思路想法	6 分	
	独立思考和创新能力：能提出新的想法、建议和策略	6 分	
	职业精神和创新创业能力：具有敬业、勤业、创业、立业的积极性	6 分	
教师评价	对学生的综合素质进行评价(包括团队合作精神和协作能力、交流沟通能力、信息素养和学习能力、独立思考和创新能力、职业精神和创新创业能力)	40 分	
合　计		100 分	

巩固提升

❖ 案例思索

案例1 顺丰无人机的布局

2020年8月21日，一架顺丰大型无人机从宁夏起飞，并于一小时后在内蒙古的目的地机场降落。这是顺丰大型无人机首次在业务场景下进行载货飞行。这次飞行的圆满成功标志着国内首次将大型无人机应用到物流领域。

该大型无人机(FH-98)是当前国内最大的无人机之一，是顺丰与航天时代电子技术股份有限公司共同研发的，FH-98最大起飞质量可以达到5.25吨，配备有适合货运的最大业务载荷和最大货舱容量。FH-98最大业务载荷为1.5吨，最大货舱容量可达15立方米，飞行高度达4500米，最大航程为1200千米，最短的起飞和着陆距离仅为150米，巡航速度高达每小时180千米，因而能高效地完成运输任务。FH-98的运送范围可以覆盖周边区域枢纽城市，大大提高了支线物流的效率。同时，与传统飞机相比，FH-98不仅保留了速度上的优势，还大幅度降低了机型设计和机队运营方面的成本，甚至达到了卡车量级。对于顺丰此次试飞，业内人士表示，这全面地验证了FH-98无人机系统能够很好地适用于支线物流场景，也初步证明了FH-98无人机系统可以达到部分适航标准，为后续FH-98全面进入商业物流运行打下了坚实的基础。

作为国内较早自建航空物流的企业之一，顺丰一直将航空货运视为承载自己整个空中物流梦想的基础，也是顺丰保证核心竞争力的关键。其实早在2008年，顺丰就开始着手自建航空公司，并于2009年成立了航空部门。5年后，顺丰开始购买货运机，增强空运实力。截至2020年8月，顺丰已经拥有60架货运机，成功刷新了国内物流公司的机队纪录，使自己的空运实力在国内诸多物流企业中居于领先地位。2020年2月，民航局正式受理了顺丰旗下的丰鸟航空科技有限公司(以下简称“丰鸟航空”)提交的关于开展一系列支线物流无人机试运行的申请，此后，作为顺丰大型无人机主力机型的FH-98便立即在宁夏开展了一系列飞行测试。此次大型无人机的场景试飞，既是顺丰对航空货运的进一步布局，也是一次对大型无人机货运的小尝试，同时也开创了国内大型无人机在物流行业场景应用的先河。实际上，此次大型无机试飞，更深层次的用意是探求大型无人机的商业化。顺丰速运(宁夏)有限公司相关负责人刘栋介绍道：“未来，大型无人机在物流场景下的应用，有望打通国内干线与支线的航空物流新通道，有效解决偏远地区物流运输不便、运输效能低下等问题。”目前生鲜农副产品、医疗用品等高附加值货物的物流运输需求正在不断增长，顺丰布局支线航空领域，大力建设以“大型有人运输机＋大型支线无人机＋末端投送无人机”为主要模式的航空网络，致力于提供效率高、便捷性强和覆盖面广的运输服务。

资料来源：北京日报客户端. https://baijiahao.baidu.com/s?id=1675631931091565961&wfr=spider&for=pc.

思考回答：

1. 顺丰为什么要大力布局无人机？

______

______

______

______

2. 无人机可以应用在哪些物流场景中？

案例2　菜鸟网络的布局

2013年5月28日，阿里巴巴、银泰集团联合复星集团、富春控股、“三通一达”(申通、圆通、中通、韵达)以及相关金融机构共同组建菜鸟网络。

2015年，菜鸟驿站合作平台上线，推出生鲜电子商务专用仓，菜鸟驿站末端服务网络接入自提柜，并首次推出时效服务。

2016年3月28日，菜鸟网络宣布成立菜鸟联盟，联合各大物流企业的优质资源，提供优质物流服务。升级全球智慧物流网络，加快实现“全国24小时、全球72小时必达”的目标。

2017年9月，菜鸟获得阿里53亿元战略投资。阿里在物流领域的投资包括快递企业、落地配企业、即时配企业、仓储企业、供应链服务企业、国内外大型物流企业等，基本覆盖物流所有领域。

2019年5月，全球智慧物流峰会上，菜鸟宣布启动智能物流骨干网数字化加速计划。

2020年，菜鸟正式开通国内及全球绿色通道。菜鸟全球供应链在美国、日本、韩国、澳大利亚、新西兰、加拿大、英国、德国、比利时、西班牙、法国、东南亚各国等多地开通捐赠物资接收，可经北京、上海、武汉等口岸通关入境。菜鸟核心系统将首次支持海外11个国家的双11物流业务。

2021年，菜鸟驿站推出送货上门、按需派送。

2022年3月，菜鸟首批碳中和示范保税仓落户杭州下沙综保区和宁波前湾新区，成为当地率先使用清洁能源的保税仓。同时，国内物流行业首个线上绿色物流互动社区——“绿色家园”上线。

菜鸟网络采用一种竞争合作思维，将物流企业放入自己的平台统一运营。这种方式具有明显优势：大规模、集约化的配送方式将显著降低物流成本；分工更专业，有效提升配送效率；大大提升现有仓储设施的使用效率，降低空仓率，杜绝仓储分配不均；提高运输货物的集中度，有利于调度现有运输资源，降低车辆空置率。

资料来源：财经头条. https://cj.sina.com.cn/articles/7444828634/1bbbf11da00100zenx.

思考回答：

1. 简述菜鸟联盟运营的显著优势。

2. 未来菜鸟网络会向什么方向发展？

❖ 知识归纳

学习完现代仓储物流项目后，归纳总结本项目的重点知识、难点知识及课堂要点等。

参考文献

[1] 凌海平. 物流设施与设备[M]. 北京：北京师范大学出版社，2011.
[2] 马毅，张虎臣. 物流仓储与配送[M]. 北京：北京交通大学出版社，2009.
[3] 徐旭. 物流学概论[M]. 南京：南京大学出版社，2017.
[4] 李亦亮，徐俊杰. 现代物流仓储管理[M]. 合肥：安徽大学出版社，2009.
[5] 周慧，黄朝阳，等. 仓储与配送管理[M]. 南京：南京大学出版社，2017.
[6] 唐文登，谭颖. 物流成本管理[M]. 重庆：重庆大学出版社，2015.
[7] 杜朝晖. 仓储与配送[M]. 汕头：汕头大学出版社，2008.
[8] 蓝仁昌. 仓储与配送实务[M]. 北京：中国财富出版社，2019.
[9] 郑克俊. 仓储与配送管理[M]. 北京：科学出版社，2018.
[10] 谢毅松. 仓储与配送[M]. 北京：人民交通出版社，2015.
[11] 张念. 仓储与配送管理[M]. 大连：东北财经大学出版社，2008.
[12] 李朝晖. 仓储管理实务[M]. 北京：北京交通大学出版社，2013.
[13] 张向春. 仓储管理实务[M]. 北京：北京理工大学出版社，2012.
[14] 郭元萍. 仓储管理与实务[M]. 北京：中国轻工业出版社，2006.
[15] 胡云峰. 仓储业务管理[M]. 北京：中国铁道出版社，2014.
[16] 梁艳波. 仓储管理实务[M]. 北京：中国财富出版社，2014.
[17] 丁爱美. 仓储与配送管理实务[M]. 北京：中国轻工业出版社，2014.
[18] 常杰，马丽. 仓储管理实务[M]. 北京：人民邮电出版社，2013.
[19] 钱芝网. 仓储管理实务[M]. 北京：电子工业出版社，2011.
[20] 花永剑. 仓储管理实务[M]. 杭州：浙江大学出版社，2008.
[21] 洪平. 仓储与配送实务[M]. 福建：厦门大学出版社，2013.
[22] 杨阳. 仓储与配送管理[M]. 北京：中国书籍出版社，2015.
[23] 郑丽. 仓储与配送管理实务[M]. 北京：清华大学出版社，2021
[24] 郭冬芬. 仓储与配送管理实务(微课版) [M]. 北京：人民邮电出版社，2021.
[25] 刘昌祺，金跃跃. 仓储系统设施设备选择及设计[M]. 北京：机械工业出版社，2010.
[26] 于宝琴，陈晓，鲁馨蔓. 现代物流技术与应用[M]. 重庆：重庆大学出版社，2017.
[27] 张建奇. 仓储配送技术与实务[M]. 北京：北京大学出版社，2013.
[28] 方佳伟，宋英. 电子商务运营管理[M]. 北京：人民邮电出版社，2016.
[29] 许应楠，凌守兴. 电子商务与现代物流[M]. 北京：人民邮电出版社，2015.